유대인
초의상

유대인의 초상

ⓒ 함규진, 2015

초판 1쇄 2015년 2월 24일 찍음
초판 1쇄 2015년 2월 27일 펴냄

지은이 | 함규진
펴낸이 | 강준우

기획 · 편집 | 박상문, 안재영, 박지석, 김환표
디자인 | 이은혜, 최진영
마케팅 | 이태준, 박상철
인쇄 · 제본 | 제일프린테크

펴낸곳 | 인물과사상사
출판등록 | 제17-204호 1998년 3월 11일

주소 | (121-839) 서울시 마포구 서교동 392-4 삼양E&R빌딩 2층
전화 | 02-325-6364
팩스 | 02-474-1413
www.inmul.co.kr | insa@inmul.co.kr

ISBN 978-89-5906-319-2 03990
값 16,000원

이 도서의 국립중앙도서관 출판시도서목록(CIP)은 서지정보유통지원시스템 홈페이지(http://seoji.nl.go.kr)와
국가자료공동목록시스템(http://www.nl.go.kr/kolisnet)에서 이용하실 수 있습니다.
(CIP제어번호: CIP2015005587)

수난과 방랑이 그들을 인도할 것이다

함규진 지음

인물과
사상사

일러두기

1. 인명은 처음 나올 때 병기했으며, 국립국어원 외래어표기법을 따르되 일반화된 표기가 있는 경우 이를 따랐다.

2. 도서명은 국내 출간되지 않은 경우 병기했으며, 국내 출간된 경우 이를 따랐다.

3. 단행본 · 잡지 · 신문은 겹낫표(『 』)를, 논문 · 책의 일부는 홑낫표(「 」)를, 영상물 · 음반물 · 공연물은 가랑이표(〈 〉)를 사용했다.

나는 방랑자.

아득히 먼 길을 걷는 자라오.

길 어디에도 종착점이 없으며,

쉴 곳도 없다오.

영원토록 방랑하는 유대인처럼,

나는 이 길을 걷는다오.

비록 나는 영원하지도 않고

유대인도 아니지만.

프리드리히 니체Friedrich Nietzche가 쓴 『차라투스트라는 이렇게 말했다』
의 한 자락이다. 십자가에 달린 예수를 조롱한 죄로 세상이 끝날 때까지 정처 없이 방랑하도록 저주받았다는 유대인의 이야기는 중세의 설화지만, 유대 민족 전체의 운명을 표상하고 있기도 하다. 이들은 세계 각지에 흩어져 살며, 자신들의 신앙과 관습을 고집한다는 이유로 사회에 녹아들지 못한 채 긴 따돌림과 주기적인 박해를 받았다. 그런 소외와 차별은 한편으로 그들의 결속력을 다지고, 어떻게 해서든 성공해 두각을 나타내야 한다는 동기를 부여하기도 했다. 하지만 아무리 부와 명성을 쌓는대도 결국 그들은 국외자일 뿐이었으며, 사회적 갈등이 심각해질 때마다 원흉 또는 희생양으로 제일 먼저 지목되었다. 그런 흐름은 오늘날도 예외가 아니다. 좌파와 진보주의자는 세계 경제를 주름잡는 유대인을, 우파와 보수주의자는 '사회주의를 발명하고' 사회운동을 이끌어온 유대인을 손가락질하며 "저들이 진짜 악의 축이다!"라고 외치고 있지 않은가.

하지만 그런 고뇌 속에서 그들이 고안한 작품, 시도한 실험이 세계사의 흐름에 중요한 영향을 미치기도 했다. 20세기는 특히 그랬다. 카를 마르크스Karl Marx에서 로자 룩셈부르크Rosa Luxemburg, 레온 트로츠키Leon Trotskii로 이어지는 사회주의와 지크문트 프로이트Sigmund Freud, 알프레트 아들러Alfred Adler, 멜라니 클라인Melanie Klein, 에리히 프롬Erich Fromm, 빅터 프랭클Viktor Frankl 등이 이끈 정신분석학, 에드문트 후설Edmund Husserl의 현상학에서 이어지는 해나 아렌트Hannah Arendt와 레오 스트라우스Leo Strauss의 현대 정치철학, 루트비히 폰 미제스Ludwig von Mises에서 밀턴 프리드먼Milton Friedman에 이르는 여러 오스트리아 출신 유대인이 일구어낸 신자유주의 경제학과 현대 경제에서 경영자의 역할에 주목한 피터 드러커Peter Drucker의 경영학, 아널드 쇤베르크Arnold Schönberg, 에런 코플런드Aaron Copland, 조지 거슈윈George Gershwin 등의 현대음악, 발터 그로피우스Walter Gropius와 루트비히 미스 반데어로에Ludwig Mies Van Der Rohe 등의 현대건축, 알베르트 아인슈타인Albert Einstein의 상대성이론과 존 폰 노이만Johann von Neumann의 게임이론, 이 두 사람과 리제 마이트너Lise Meitner, 리처드 파인먼Richard Feynman, 로버트 오펜하이머Robert Oppenheimer 등이 힘을 합쳐 연 원자력 시대까지. 루트비히 비트겐슈타인Ludwig Wittgenstein은 또 어떤가? 발터 베냐민Walter Benjamin은? 에이브럼 놈 촘스키Avram Noam Chomsky는? 수천 년 동안 내려온 인류 문명이 바야흐로 '거대한 변환(이 표현을 처음 사용한 칼 폴라니Karl Polanyi 역시 유대인이다)'에 휘말려들었던 '극단의 시대(이 역시 유대인인 에릭 홉스봄Eric Hobsbawm이 만든 표현이다)'인 20세기의 지적 변혁을 주도한 유대인 거인의 목록은 끝도 없이 이어진다. 20세기는 '유대인의 세기'라고 보아도 지나치지 않다.

그러나 이 책을 엮으면서 깨달은 사실 몇 가지가 있다. 유대인에 대한 여러 가지 신화가 퍼져 있는데, 대부분 신화는 신화일 뿐이라는 것이다.

첫째, '유대인식 교육' 신화다. '유대인들은 어떻게 그토록 많은 성과를 낼 수 있었을까?'의 답으로 그들이 독특한 교육을 받았다면서, 유대인식으로 자녀를 교육하면 당신들의 자녀도 대단한 사람이 될 수 있다는 식의 상술이 전부터 있었으며 지금도 있다. 그러나 적어도 이 책에서 다루고 있는 인물들을 보면 '유대인식 교육'의 실체가 궁금해진다. 트로츠키나 폰 노이만, 폴라니처럼 어려서 착실한 가정교육을 받은 사람이 있는가 하면, 엠마 골드만Emma Goldmann처럼 거의 교육을 받지 못한 사람도 있고, 비트겐슈타인이나 아인슈타인처럼 비교적 평범하게 학교에 진학했다가 신통치 않은 성적을 거둔 사람도 있다.

유대 전통에 대한 훈육도 마찬가지다. 번스타인이나 스트라우스의 아버지, 클로드 레비스트로스Claude Levi-Strauss의 할아버지처럼 유대식 전통을 가르치는 데 열성인 사람들도 있었지만, 반대는 오히려 더 많았다. 베냐민이나 지그문트 바우만Zygmunt Bauman, 아렌트, 비트겐슈타인 등의 부모는 자식을 전혀 유대식으로 키우지 않아, 아렌트나 비트겐슈타인은 친구들의 놀림을 받고는 비로소 자신이 유대인임을 알고 놀랐을 정도였다. 말하자면 '유대인식 교육'이라고 할 만한 정해진 틀은 찾기 어렵다.

둘째, '유대인은 모두 천재' 신화다. 노벨상 수상자 중 유대인이 23퍼센트나 되는데 세계 인구의 0.3퍼센트도 안 되는 유대인 인구를 생각해보면 놀랍지 않을 수 없다며 "13억 인구의 중국은 6명, 16억 인구의 무슬림은 8명만 배출했다"라고 비교한다. 물론 탁월한 유대인들, 역사에 큰 족적을 남긴 유대인들이 있다. 그렇지 않으면 이 책이 쓰일 수가 없었을 것이다. 마르크스레닌주의, 정신분석학, 모더니즘 음악 등등 유독 유대인들이 주도적인 역할을 했던 지적 발전도 있다. 그러나 그것이 유대인 모두가 비유대인보다 뛰어난 지능의 소유자라는 주장의 근거는 되지 못한다. 그런 주장은 마치 나치가 내세웠던 정반대의 주장, 유대인은 지적으로 열등하며 다른 민족의 창조물을 베낄 줄밖에 모르는 민족이라는 주장(비트겐슈타인처럼 유대인으로서 그런 주장에 동조한 사람들도 있었다)과 별 차이가 없는 억측이다. 노벨상 수상자 중 유대인이 중국인이나 무슬림보다 많은 것은 사실이지만, 정확히 말하면 '서구인'이 '비서구인'보다 압도적으로 많은 것이다. 이는 19세기 말에서 20세기에 이르는 동안 서구인이 고등교육을 받고, 지적인 영역에서 활동할 기회를 얻고, 같은 서구인들이 평가하고 수상을 결정하는 노벨상 후보로 오를 가능성이 비서구인보다 압도적으로 높았다는 사실에서 비롯된다. 아프리카나 동구권에 살던 유대인들은 서방세계에서 태어났거나 서방세계로 이주한 동포들과 달리 노벨상 수상 등의 영예를 거의 누리지 못했다. 또한 서구에서도 20세기 이전에는, 바뤼흐 스피노자Baruch Spinoza나 펠릭스 멘델스존바르톨디Felix Mendelssohn-Bartholdy 같은 예외도 있지만, 대체적으로 두각을 나타낸 유대인 천재는 많지 않았다. 유대인에게 닥친 위기가 어떤 의미에서는 기회였고, 구질서가 사정없이 무너져내리는 속에서 그들 나름대로 질서를 창안할 수 있었기에, 20세기는 유대인의 세기가 될 수 있었던 것이다.

마지막으로, '세계를 지배하는 유대인' 신화가 있다. 「시온의정서」라는 묘한 문서를 둘러싼 숱한 이야기들, 유대인을 유명한 비밀결사 프리메이슨과 등치하고 미국 달러의 도안에서 프리메이슨의 상징을 '발견', 결론적으로 미국은 유대인의, 유대인에 의한, 유대인을 위한 나라라는 식으로 풀어버리는 이야기들은 식상할 정도다. 이런 이야기들의 공통점은 하나같이 억지 끼워 맞추기식으로 '근거'를 제시하고, 터무니없는 결론으로 비약한다는 데 있다. 가령 미국 대통령 후보였던 로버트 케네디Robert Kennedy를 암살했던 시르한 시르한Sirhan Sirhan은 케네디가 이스라엘의 무기 구매 요구를 지지한 정치인의 '일원'이라는 사실에서 "그는 유대인의 하수인이었다", "나는 그를 죽여서 미국이 유대인의 나라가 되는 일을 저지했다"라는 결론을 이끌어냈다. 우리나라에서도 외환위기 직후 국민은행의 바뀐 로고에 '다윗의 별 모양이 들어가 있다'는 생각에서 출발해 "외환위기는 세계

금융을 지배하려는 유대인들의 음모였다"라는 결론에 이른 사람들이 있었다. 이는 "독일이 전쟁에서 진 까닭은 유대인들의 음모 때문이었다"라는 나치의 결론과 판에 박은 듯 똑같다. 어느 음모론이든 스스로의 죄책감이나 열패감을 불식하기 위해 유대인을 악의 축으로 내세우려는 것이다. 시르한은 자신이 살인자가 아닌 영웅으로 불리기를 바랐으며, 국민은행 로고를 삐딱하게 본 사람들은 외환위기가 한국 스스로의 적폐와는 무관한, 억울한 사태라고 믿고 싶어했다. 그리고 아돌프 히틀러Adolf Hitler와 그를 지지한 독일인들은 자신들이 잘못해서 패배했다는 사실을 믿고 싶지 않았다.

물론 보이는 세계의 이면에는 능수능란한 손으로 세계정세를 조작하는 보이지 않는 정부가 있을지도 모른다. 그러나 확실한 것은, 세계사를 통째로 뒤져보아도 최고의 권력을 가진 집단이 말살 직전에 이를 만큼 무참하게 학살당한 적은 없으며, 그런 무자비한 학살을 겪고 난 직후에 최고의 권력을 손에 쥔 집단도 없다는 사실이다.

세기의 유대인들은 추구하는 이념이나 이론의 방향이 한결같지도 않았다. 사회와 경제를 보는 가장 좌측 시각에 트로츠키가 있다면 가장 우측에는 프리드먼이 있고, 미국이 힘을 가장 떨치던 시절 백악관에는 헨리 키신저Henry Kissinger가, 거리의 시위대에는 촘스키가 있었다. 포퍼는 프로이트를 불신하다 못해 혐오했고, 비트겐슈타인은 칼 포퍼Karl Popper에게 부지깽이를 들고 덤비기도 했다. 음모론자들은 키신저와 촘스키 같은 경우를 가리켜 "권력 중심을 유대인이 차지하는 한편 그 권력을 비판하는 세력의 중심마저도 차지함으로써 권력에 대한 진정한 위협을 원천봉쇄하려는 술수"라고 하지만, 과연 그럴까?

그렇지만 이 책에 나오는 유대인 거장들이 각각 뛰어난 개인일 뿐이고 유대인으로서의 공통점이나 공통된 의식이 없었느냐 하면, 그렇지는 않다. 베냐민과 스트라우스는 유대 신비주의인 카발라kabbālāh에서 사상의 핵심을 가져왔고, 프로이트는 스스로를 모세로 그려냈다. 아인슈타인 역시 어린 시절 유대교 공부에 푹 빠졌던 이후 세계의 보이지 않는 질서를 명상하고 탐구하는 일을 평생의 과제로 삼았다. 이는 유대인으로서의 의식이 약하거나 아예 유대적 정체성을 배격하던 사람들에게서도 찾아볼 수 있다. 프란츠 카프카Franz Kafka는 유대교의 정서와 세계관을 작품에 녹여냈고, 번스타인은 매번 『성경』과 유대교의 전설에서 작곡의 테마를 땄고, 촘스키는 어린 시절 히브리어를 공부하면서 언어학자의 길을 걷게 되었을 뿐 아니라 정치적으로도 오랫동안 시오니즘을 외면하지 못했다. 또한 대부분의 유대인 거장들이 거장의 반열에 오르기까지 유독 유대인 스승이나 선배의 도움을 받고, 유대인 동료들과 일하는 경우가 많은 것도 주목된다. 볼셰비키 유대인들이나 두 개의 오스트리아(빈) 학파(프로이트의 정신분석학파, 비트겐슈타인의 논리실증주의학파), 시카고학파 등은 물론이고 뉴욕의 뉴스쿨에서 강의했던 스트라우스, 아렌트, 프롬, 맨해튼프로젝트의 시작과 끝을 담당한 아인슈타인, 파인먼, 마이트너, 오펜하이머 등은 순전한 유대인만의, 또는 유대인이 다수인 집단을 이루어 협력하며 자신들의 영역에 막대한 영향을 끼쳤다.

그러나 무엇보다도 이 책의 유대인들에게서 공통적으로 찾을 수 있는 최대의 특징은 '수난'과 '방랑'이다. 프랑스에서 독일, 오스트리아, 체코, 헝가리에 이르는 유대인들은 20세기 초를 히틀러라는 악몽과 함께 살아가거나 죽을 수밖에 없었다. 비슷한 시기에 러시아에서도 숙청과 추방이 벌어졌다. 실로 수백만이 죽고 수백만이 고향을 떠나 방랑해야 했던, 근현대사 최대의 수난기였다. 이런 수난과 방랑의 운명을 이 책의 유대인들도 대부분 짊어졌으며, 카프카처럼 그 이전의, 번스타인·바우만·촘스키처럼 그 이후의 삶을 산 사람들조차 유대인에게 보내는 차가운 시선에서 자유로울 수 없었다. 그들 역시 유랑의 길로 나서거나, 자신들의 땅에서 이방인이 되어야 했다.

물론 그런 수난과 방랑의 결과 그들이 이 책에 실릴 수 있을 정도로 대단한 업적과 명성을, 경우에 따라서는 권력을 얻은 셈이기도 하다. 그러나 그런 유대인들조차, 처음부터 끝까지 행복하기만 했던 사람은 하나도 없었다. 그들의 영광은 숙명적인 암울함의 그늘에서 돋아난 버섯이었다.

그래서 그 '긴 목록의 거인' 중 일부의 생애와 업적을 글에 담아, 비극적이면서 위대한 삶이었던 모순된 이야기들을 풀어보려 한다. 이것이 소외와 사회갈등이 점점 남의 이야기가 아니게 변해가는 오늘날 우리에게도 의미가 있으리라고 본다.

2015년 2월

함규진

제 1 장

저 항 의 초 상

혁
명
가
들

● 근대 러시아는 유럽에서, 아니 세계에서 가장 많은 유대인이 사는 나라였다. 본래는 흑해

연안과 모스크바에 얼마간 있었지만, 18세기의 폴란드 분할로 그곳에 살던 100만 명가량의

유대인이 한꺼번에 차르의 통치를 받게 되었다. 차르는 그들을 환영하기는커녕 성가신 짐으

로 여겼으며, 우크라이나를 비롯한 변방에 유대인 거주 지구 '게토'를 만들고 그 밖에서는

살지 못하게 했다. 19세기 초에는 우크라이나 등의 개간을 위해 개척에 종사하는 유대인에

게 여러 혜택을 주기도 하고, 알렉산드르 2세 같은 개혁 군주는 유대인을 관료로 임용하는

파격을 실천하기도 했다. 하지만 19세기 후반이 되자 러시아 농민들이 경제난의 분풀이로

유대인을 습격하고 집과 상점을 불태우는 '포그롬'이 벌어졌으며, 정부도 어느 때보다 강력

한 유대인 압박 정책을 실시해 러시아 유대인의 미래는 암울 그 자체일 수밖에 없었다.

이런 암울함에 대한 반동으로 사회혁명을 꿈꾸는 유대인들이 차차 나타나기 시작했다. 부자

가 되어도 존경받지 못하고 성실히 일해도 좋은 이웃이 될 수 없다면 사회 자체를 확 뒤집

어버리는 게 낫지 않겠는가? 19세기 전반의 나로드니키Narodniki 운동에는 참여자가 많지 않

았지만(주도 세력이던 젊은 귀족들이 유대인이라면 다 샤일록처럼 여기는 경향도 한몫했다), 사회주의

진영에는 중심인물이 잇달아 나타났다. 그리고리 지노비예프Grigorii Zinovyev, 레프 카메네프

Lev Kamenev, 알렉산드르 아브라모비치Aleksizndr Abramov, 트로츠키 등등. '니콜라이 레닌Nikolai

Lenin을 제외한 볼셰비키 지도부 전원이 유대인'이라는 말은 과장이었지만 인구 비례로 볼

때 놀랄 만큼 많은 유대인이 러시아혁명의 주역이었음은 확실했다. 유대인의 몸에 밴 사고방식이 마르크스주의와 잘 맞았기 때문이라고도 한다. 마르크스와 프리드리히 엥겔스Friedrich Engels가 남긴 '교전敎典'을 깊이 연구하고 이론과 지식을 무기 삼아 이상사회의 도래를 위해 싸우는 마르크스주의자의 모습은 어려서부터 토라(유대교 율법)를 공부하며 언젠가 올 메시아를 그리는 유대인의 모습과 비슷하다는 것이다. 사회주의가 적어도 초창기에는 탈민족적 세계주의를 지향한다는 것도 이 뿌리 없는 민족의 구성원들에게 한 줄기 빛이 되었다.

한편 무정부주의라는 이름으로 흔히 불리는 아나키즘 역시 이 땅에서 꽃피고 있었다. 모든 정부의 지배를 거부하고, 또한 정부만이 아니라 자본, 종교, 전통, 남성우월주의 등 모든 억압적 기제의 소멸을 꾀했던 아나키즘은 본래 프랑스에서, 독일에서 시작되었으나 미하일 바쿠닌Mikhail Bakunin에 의해 러시아에서 많은 지지자를 확보했다. 그 가운데는 엠마를 비롯한 유대인들도 있었다. 그들 역시 사회주의에 열광한 것과 같은 이유에서 억압에 대한 저항을 부르짖는 사상에 심취했던 것이다.

사회주의, 그리고 더 급진적인 혁명을 꿈꾸었던 아나키즘. 고난의 동토凍土에서 돋아난 반역의 꽃을 피운 유대인들. 그중 두 사람을 가장 먼저 살펴보자. ●

레온 트로츠키
이 사람만 한
볼셰비키가 어디 있는가

★
Leon Trotskii, 1879.11.7~1940.8.20

도 련 님 에 서

혁 명 아 로

트로츠키의 본명은 '레브 다비
도비치 브론슈타인'이다. 그는 우크라이나의 야노프카에서 개척 농민으로
출발, 부농(쿨락)의 반열에 든 다비드 브론슈타인의 둘째 아들로 1879년에
태어났다. 어린 그는 똑똑한 도련님으로 부모의 기대를 한 몸에 받았다. 하
지만 똑똑하다 보니, 자신을 둘러싼 모순을 일찍부터 깨닫기 시작했다. '왜

우리 유대인은 열심히 공부해도 관리가 되지 못할까?', '왜 아버지는 소작인과 일꾼을 멸시하며 짐승처럼 다룰까? 저들 덕분에 우리는 편안히 사는건데?' 그런 생각은 스펜체르라고 하는 친척 대학생이 가정교사로 찾아오면서 더욱 발전했다. 의식 있는 대학생이었던 그는 트로츠키에게 속박된러시아 민중의 비애를 노래한 알렉산드르 푸시킨Aleksandr Pushkin과 니콜라이 네크라소프Nikolai Nekrasov의 시를 읽어주고, 민중의 비참한 삶을 그린 찰스 디킨스Charles Dickens의 소설도 몰래 전해주었다. 어린 트로츠키는 눈물을 흘리며 감동했다고 한다. 그는 아직 몰랐지만, 이런 비분이 결국 그를편안하지 못한 삶으로 이끌게 된다.

오데사의 고등학교를 수석으로 졸업한 그는 상트페테르부르크나 모스크바에 가서 대학생이 되리라 기대되었지만, 그에 대비해 편입한 니콜라예프의 김나지움에서 인생이 뒤바뀌게 된다. 사회주의를 공부하는 알렉산드라라는 여성에게 반해버린 것이다. 트로츠키는 그녀와 사귀고픈 마음으로사회주의 서클에 다녔지만, 차차 그의 반골 기질과 날카로운 지성이 사회주의 자체에 정신없이 빠져들게 만들었다. 어느새 모임의 주동자가 된 그는 '남부 러시아 노동자 동맹'을 조직했고, 그 때문에 1899년 20세의 나이로 시베리아로 유배되고 만다. 한때 장래가 촉망되던 소년은 제정러시아가 있는 이상 밝은 햇빛 속에서 활개 치며 살 수 없게 되었다. 그러나 그는아랑곳하지 않았다. 그는 시베리아 유형지에서 사회주의를 더욱 열심히파고들었으며, 그의 곁에는 옥중 결혼한 아내 알렉산드라가 있었다. 두 사람 사이에는 어느새 두 딸(지나이다, 니나)이 태어났다.

그는 시베리아를 탈출해 1902년 마침내 러시아혁명의 주역들과 어깨를 나란히하게 된다. 당시 레닌은 런던에 망명해 잡지 『이스크라』를 중심으로 망명 사회주의자들의 중심 역할을 하고 있었다. 그와 연락한 트로츠키는 아내와 딸들을 남겨둔 채 오스트리아, 프랑스를 거쳐 영국까지 갔다. 이때 여권을 위조하면서 성명란에 오데사 감옥에서 자신을 무척 괴롭혔던 간수 이름을 적었는데, 바로 '트로츠키'였다. 사자를 뜻하는 '레온'은 그의 본명 인 레브에서 따온 것이다. 1902년 10월 처음 만난 레닌과 트로츠키는 서로 의 지성과 카리스마에 감탄했지만, 둘은 무언가 기질적으로 맞지 않는 부 분이 있었다. 결국 그들은 1903년 브뤼셀의 러시아 사회민주노동당 전당 대회에서 충돌하고 만다. 그는 레닌의 처사가 독재적이며 행실은 부도덕하 기 짝이 없다고 비난을 퍼부어 장내를 북새통으로 만들었으며, 결국 레닌 이 『이스크라』에서 물러나지 않을 수 없게 했다. 트로츠키는 사상적으로도 레닌에 정면으로 반대해 레닌의 '전위정당론'을 반혁명적인 '대리주의'라 고 매도했다. 볼셰비키와 멘셰비키의 가름은 이 대립에서 비롯되었다.

유럽의 망명 사회주의자들이 이처럼 분열과 대립을 반복하는 사이에 곪 을 대로 곪아 있던 제정러시아 체제는 마침내 파탄이 났다. 1905년에 혁명 이 터지자, 트로츠키는 누구보다도 빨리 귀국해 혁명운동 지도에 나섰다. 그러나 사로잡혀 두 번째로 시베리아에 유배되는데, 얼마 후 또다시 탈출 해 유럽으로 가서 한동안 언론과 저술 활동에 주력했다. 그를 곁에서 돌본 사람은 런던에서 새로 맞은 아내 나탈리야였다. 이 시절에 그는 로자 룩셈 부르크와 카를 카우츠키Karl Kautsky 등 유명한 유럽 사회주의자와 교분을 나누었고 이오시프 스탈린Iosif Stalin과도 처음 만났는데, 두 사람은 처음부 터 서로를 거북하게 여겼다고 한다. 결국 러시아혁명은 제1차 세계대전의

— 1919년의 스탈린, 레닌, 트로츠키(왼쪽부터). 러시아혁명을 이끈 주역이었지만 이후 스탈린과 트로츠키는 라이벌 관계가 된다.

고통에 짓눌리던 노동자들이 일어선 1917년 본궤도에 올랐고, 레닌은 니콜라이 2세가 퇴위하고 알렉산드르 케렌스키Aleksandr Kerenskii가 이끄는 임시정부가 수립되었다는 소식을 듣고 부랴부랴 러시아로 돌아왔다. 트로츠키도 한 달 뒤에 귀국했고, 임시정부의 탄압을 거친 다음 레닌과 화해하고 볼셰비키의 일원이 된다.

이후 러시아혁명사에서 트로츠키의 기여는 한마디로 눈부셨다. 1917년 11월 7일, 그는 당내의 반대를 무릅쓰고 페트로그라드 소비에트 군사혁명위원회 의장 자격으로 무장봉기를 시도, 임시정부를 타도하고 러시아혁명을 성공시켰다. 그날은 트로츠키의 38세 생일이기도 했다. 이후 트로츠키는 외무인민위원이 되어 독일과 단독으로 강화하는 책임을 맡았는데, 제국주의 독일과 계속 싸워야 한다는 의견이 많았고 그도 강화를 독일 내부 혁명의 기회로 삼아야지 목표로 해서는 안 된다는 입장이었다. 하지만 '혁명에는 휴식이 필요하다'는 레닌의 완강한 입장과 불리한 전세 때문에 결국 1918년 2월 브레스트－리토프스크 조약을 맺는다. 트로츠키는 다시 군사인민위원이 되어 붉은 군대의 증강에 온 힘을 쏟았다. 그의 초인적인 행정능력과 적절한 결정 덕에 수천에 불과했던 인민군은 2년여 만에 500만으로 늘었고, 이는 레닌의 입에서 "이 사람만 한 볼셰비키가 어디 있는가!"라는 찬탄을 자아내게 했다. 1919년 3월에는 코민테른 집행위원이 되어 창립선언문을 썼으며, 10월에는 붉은 군대를 이끌고 반혁명군과 싸워 최종 승리를 거두고 모스크바로 위풍당당히 개선했다. 트로츠키 인생에서 가장 영광스러운 시기였다.

스탈린과의
대결

그러나 이런 영광에는 시기와 불신이 따르기 마련인데, 그가 거의 혼자 힘으로 군대를 크게 키우고 총사령관이 되자 "보나파르트 나폴레옹Bonaparte Napoléon이 되려는 게 아닐까?" 하는 쑥덕임이 크렘린을 뒤숭숭하게 했다. 프랑스혁명의 결실을 무력으로 빼앗아 황제가 된 나폴레옹처럼, 트로츠키도 쿠데타로 소비에트 정부를 뒤 엎고 군사독재자의 길을 갈지 모른다는 것이었다. 터무니없는 의심이었지만 두 가지 점이 의심의 불꽃에 부채질을 했다. 첫 번째는 그의 재승덕박才勝德薄한 성품과 교만한 이미지였다. 그는 타의 추종을 불허할 웅변가요

첫째가는 이론가였으며 행정 능력까지 발군인 천재였다. 그러나 천재 특유의 괴팍함도 있어서 다른 사람의 잘못을 너그럽게 넘기지 못했으며, 상대가 레닌이든 누구든 예의나 정치적 입장을 고려하지 않고 하고 싶은 말은 해야 직성이 풀렸다. 논쟁이 붙으면 타협이라는 걸 몰랐고, 자신과 조금이라도 다른 의견은 철저히 무시하거나 혹독하게 물고 늘어졌다. 또 불같은 성미여서 조용하다가도 주위를 온통 뒤집어놓기 일쑤였다. 그러다 보니 그에게 개인적으로 모욕을 당하고 앙심을 품는 사람이 늘어나는 게 당연했다.

그가 다름 아닌 유대인이라는 사실도 발목에서 떠나지 않는 족쇄였다. 혁명 주역에 유대인이 많다지만, 자세하게는 멘셰비키 쪽에 더 많았으며 유대인이라고 해서 혁명정부에서 좋은 대접을 받을 수는 없었다. 아니, 도리어 그 반대였다. 유대인에 대한 러시아의 근거 없는 혐오감은 미국 남부인이 한때 흑인에게 품었던 혐오감에 못지않았다. 어느 날 레닌이 길을 가다 불량배들과 마주쳤는데, "난 레닌이다"라고 말하자 오히려 그들은 기세를 올려 달려들었다고 한다. 나중에 붙잡아 들어보니 유대계 이름인 '레빈'으로 잘못 듣고, '유대인을 습격했다면 경찰도 눈감아줄 것'이라고 여겨 그랬다는 것이었다. 그만큼 유대인이라는 꼬리표는 혁명 이후에도 암울한 그림자를 벗지 못하고 있었다.

트로츠키는 유대인으로서의 정체성을 부정하는 쪽이었다. 그는 레닌과 등을 졌던 1903년 전당대회에서 유대인의 사정을 보아줄 수 없다는 주장을 강하게 내세우며 사회주의 내 유대인 분파를 깔아뭉갰다. 혁명 이후에도 거듭 찾아오는 유대계 대표들의 얼굴 한 번 보려고 하지 않았다. 그가 민족과 인종을 초월한 코스모폴리탄이어서라기보다 콤플렉스를 애써 외면하려고 했기 때문일 것이다. 그는 때에 따라 공산당 내의 유대인과 힘을 합치려 했다. 1903년에 레닌과 갈라선 까닭도 레닌이 유대인인 파벨 악셀로트Pavel Akselrod, 베라 자술리치Vera Zasulich 등을 배제하려는 데 분격했기 때문이며, 1926년에는 스탈린과 싸우기 위해 한때 사이가 나빴던 유대인 간부 지노비예프, 카메네프와 손을 잡는 모습을 보여준다. 물론 그 경우에도 동족애 같은 것이 발로한 것은 아니리라. 권좌에 있을 때는 유대인이라는 꼬리표가 부담스러워 유대인 티를 안 내려 애썼고, 수세에 몰렸다 싶을 때는 함께 위험해진 유대인 동지들을 가장 믿을 만한 합작 상대라고 여겼던 것이 아닐까. 조금이라도 지기 싫어했던 그의 행동도 자신의 입지에 대한 자신감 부족에서 나온 것이 아닐까.

이런 트로츠키의 등 뒤에서 그에 대한 불신의 불꽃을 열심히 부추기는 사람은 다름 아닌 스탈린이었다. 여러 혁명 동지처럼 대러시아 출신이 아니라 변방의 그루지야(조지아) 출신인 그는 트로츠키처럼 화려한 경력도 없고 혁명 과정에서의 공로도 변변찮았다. 그러나 레닌의 충복을 자처했으며, 민족인민위원을 맡아 여러 공화국을 소비에트연방에 통합하는 작업을 성공적으로(상당한 강제력을 동원하며) 수행하면서 레닌의 신임을 얻어 어느새 트로츠키의 라이벌로 떠올라 있었다.

두 사람은 정치 이념에서도 대립했다. 트로츠키는 '연속 혁명론'을 주장하며 사회주의 체제는 세계가 자본주의에 머무르는 한 오래 버틸 수 없으며 반드시 유럽을 비롯한 세계 혁명이 이어져야 한다고 보았다. 반면 스탈린은 러시아가 사회주의 체제로 충분히 지속할 수 있으며, 세계 혁명은 먼저 소련 체제를 안정시킨 다음의 문제라는 '일국사회주의론'을 내세웠다.

― 1920년 5월 모스크바 스베르들로프 광장에서 연설 중인 레닌. 연단 오른쪽에 서 있는 트로츠키가 보인다. 스탈린은 트로츠키를 축출한 다음 이 사진을 조작해 트로츠키의 모습을 지워버렸다.

스탈린은 수적으로나 정신 무장 면에서나 노동자들의 힘만으로는 체제를 유지할 수 없고 농민과 관료의 힘이 필수적이라고 보았지만, 트로츠키는 농민이 일시적인 파트너가 될 수 있어도 궁극적으로는 마르크시즘 교리대로 노동자가 독재해야 한다고 여겼다. 그리고 관료들이 인민의 자유를 구속하고 감시하는 체제는 혁명의 악몽이며 배반이라고 보았다.

트로츠키와 스탈린 사이에서 균형추 역할을 하던 레닌이 1922년 말에 쓰러져서 1924년 죽자(그는 두 사람 중 누구도 자신의 후계자로 불충분하다고 여겨왔는데, 최종적으로는 스탈린을 더욱 불신해 트로츠키와 동맹을 맺고 스탈린을 축출하려 했다) 트로츠키는 딱한 신세가 되었다. 스탈린은 레닌을 신격화하면서 자신을 충실한 추종자로 부각하고, 트로츠키는 과거에 레닌과 대립해 멘셰비키의 대표가 되었을 뿐 아니라 최근까지도 레닌의 노선에 정면으로 맞섰다고(일부는 맞는 말이었지만, 레닌과 트로츠키가 공감하는 문제에 스탈린이 반대 입장을 보인 경우도 많았다) 공격을 퍼부었다. 지노비예프, 카메네프와의 삼자동맹도 소용없었다. 트로츠키는 1925년에는 요직에서 해임되었고, 1926년에는 정치국에서 추방되었으며, 1927년에는 당에서 제명되었고, 1928년에는 세 번째로 시베리아 유형을 떠났고, 1929년에는 국외 추방되고 말았다. 트로츠키가 눈앞에서 사라지자 스탈린은 그가 남긴 유산을 모두 파괴하고 조작했다. 심지어 혁명 초기에 그가 레닌과 나란히 찍은 사진조차 없애거나 트로츠키 부분만 편집해 지워버렸다. 누구보다도 혁명에 기여한 사람의 위대한 발자취가 불과 10여 년 만에 거짓말처럼 지워져버린 것이다.

영원한 방랑
영원한 메시지

이렇게까지 된 데는 트로츠키의 '우유부단함'도 있었다. 그는 적어도 네 차례 주도권을 장악할 기회를 얻었지만 매번 그 기회를 흘려버렸다. 첫 번째는 1917년 혁명이 성공한 직후였다. 레닌은 그에게 인민위원회 의장을 제의했다. 새 정부의 국가원수에 해당하는 자리였다. 1905년에 홀로 혁명을 시도했고, 이번에도 독자적으로 무장봉기를 이끌어 혁명을 성공시킨 그이기에 결코 자격이 모자란다고 할 수 없었다. 하지만 그는 사양했다. 그러면 내무인민위원이라도 맡으라고 했지만, 트로츠키는 "그러면 민족 문제를 다루어야 할 텐데, 유대인인

나로서는 곤란합니다"라며 그것도 사양했다. 이때 눈 딱 감고 새 정부의 수반이 되었다면? 스탈린 따위는 평생 그의 발밑에 엎드려야 했을지도 모를 일이다. 그러나 그는 유대인 콤플렉스를 벗어버릴 수 없었고, 스스로 국외자, 머물 수 없는 운명의 소유자임을 의식해 투사는 몰라도 통치자는 꺼렸던 것이다.

두 번째 기회는 1922년, 다시금 레닌이 만들어주었다. 이번에는 인민위원회 부의장을 맡으라는 것이었는데, 그러면 레닌에 이은 2인자이자 후계자로 공식 인정받게 될 터였지만 역시 사양했다. 이번에도 이유는 "나는 유대인이라서……"였다.

레닌은 그해에 다시 세 번째 기회를 주는데, 스탈린에 맞서서 동맹을 맺고 그를 몰아내자는 비밀 제의였다. 그러나 이번에도 트로츠키의 고개는 좌우로 흔들렸다. 당의 원칙상 분파는 금지된다는 이유였다. 이미 스탈린이 분파를 만들어 당을 사납게 집어삼키는 중이었지만, 부정을 막자고 부정을 저지를 수는 없다는 참으로 지식인다운 생각이었다. 마지막으로 1923년, 잔뜩 수세에 몰려 있던 그에게 그를 따르던 군 장성들이 군부 쿠데타를 제의했다. 그러나 수세에 몰렸을지언정 불법 쿠데타를 해서는 안 된다는 트로츠키 앞에서 장성들은 탄식했다. 스탈린이었다면 이미 '나폴레옹'이라고 의심받던 시점에 쿠데타를 벌였으리라. 레온 트로츠키, 그는 유대인 콤플렉스와 지식인 기질을 최후까지 털어버리지 못했다. 그러나 사업에서와 마찬가지로, 정치에서도 모든 것을 털어버릴 줄 모르는 사람은 마지막에 승리할 수 없다.

영원토록 방랑하는 유대인, 이는 트로츠키에게도 내려진 저주였을까.

피와 땀으로 이룩한 새로운 조국에서 쫓겨난 그는 이후 10여 년간 터키, 프랑스, 노르웨이, 멕시코 등을 돌며 살았다. 유랑 중에도 저서와 논평에서 스탈린 체제를 공격하고 "지금의 소련은 관료들의 독재 체제일 뿐, 올바른 사회주의 체제가 아니다"라고 비판하기를 그치지 않았다. 1938년에는 스탈린의 꼭두각시가 되어버린 코민테른을 부정하고 '제4 인터내셔널'을 파리에서 창립했다. 스탈린은 그 보답으로 트로츠키의 피붙이를 차례차례 살해하더니, 끝내 트로츠키에게도 마수를 뻗쳤다. 트로츠키의 마지막 작품이 된 『배반당한 혁명』을 읽어본 스탈린은 길길이 뛰더니 "이놈의 머리를 뭉개버려라!"라고 외쳤다고 한다.

그대로 되었다. 트로츠키는 멕시코 코요아칸에서 얼마 전까지 화가 프리다 칼로Frida Kahlo와 나누었던 단꿈을 반추하는 중이었다. 그때 스탈린의 지령을 받은 화가 다비드 시케이로스David Siqueiros가 뛰어들어와 기관총을 난사했다. 그는 이 야만스러운 공격을 잘도 피해 살아남았다. 하지만 8월 20일에는 피하지 못했다. 오래전부터 트로츠키의 추종자를 가장하며 곁에 머물러 있던 스탈린의 하수인, 라몬 메르카데르Ramon Mercader가 뒤통수를 얼음송곳으로 내리찍은 것이다. 그는 하루 만에 숨을 거두었고, 코요아칸에 묻혔다.

트로츠키는 그 뒤 소련이 망하기까지 저주받은 이름이 되었고, 유대인은 트로츠키와 동족이라는 이유만으로 그야말로 철저히 숙청당했다. 웃지 못할 일은, 똑같이 트로츠키와의 관련 때문에 미국에서도 혹독한 유대인 탄압이 벌어졌다는 사실이다. 물론 '트로츠키를 비롯한 유대인이 소련을 세우고, 세상을 정복하려 하고 있다'는 인식 때문이었다. 하지만 그의 유산은 스탈린보다, 소련보다 오래 살아남았다. 1990년대 이후 '소련은 제대로 된 사회주의가 아니다'는 그의 이론에 착안한 사회주의자들이 '참된 사회 주의는 아직 실패하지 않았다'는 주장을 내세우며, 세계 자본주의가 불안 한 조짐을 보일 때마다 트로츠키의 사상에서 비롯한 이론들로 '사회주의 가 대안이다'는 분석을 내놓고 있기 때문이다. 생전에 많은 실수를 저지른 사람, 콤플렉스와 괴팍함에 찌든 불완전한 사람이었을지라도 트로츠키가 남긴 메시지가 공산주의든 자본주의든 인간의 자유를 억압하는 권력에 꿋 꿋이 맞설 것을 제시하고 있기 때문일 것이다. 그런 메시지는 유대인이든 아니든, 사회주의자든 아니든 인류가 존재하는 한 언제까지나 되새겨질 것 이므로.

엠마 골드만

'약자 중의 약자', 전사가 되다

★

Emma Goldmann, 1869.6.27~1940.5.14

무엇을 할 것인가

　　'예언자' 트로츠키는 새로운 조국을 건설했지만, 끝내 그곳에서 살지는 못했다. 그런데 그와 같은 시대를 살았던 또 하나의 위대한 러시아계 혁명가, 엠마 골드만은 죽을 때까지 그런 조국을 건설하지도, 발을 한번 디뎌보지도 못했다. 하지만 그곳은 어쩌면 영원히 다다를 수 없는 나라였을 것이다.

"투표권 따위가 뭐란 말입니까! 오직 혁명만이, 아나키즘 혁명만이, 여성에게 자유를 줄 것입니다. 아나키즘 혁명이야말로 우리에게 미지의 나라로 나아갈 힘을 주고, 자유로운 여성과 자유로운 남성을 창조할 힘을 줄 것입니다!"

'미지의 나라'는 마르크스와 트로츠키의 나라처럼 계급이 없는 나라일 뿐 아니라 유대인이냐 아니냐, 남자냐 여자냐 따위의 차이에 따른 차별도 없는 나라였다. 어떤 억압도 규제도 없으며, 모두가 무엇으로 태어나서가 아니라 단지 태어났으므로 자유로운 나라, 그러면서 서로 돕고 화합하며 모두가 인간답게 사랑하며 살아가는 나라였다. 그런 나라는 엠마와 마찬가지로 오늘날 우리에게도 '미지의 나라'다. 그러나 엠마는 그런 나라가 아니라면 자신의 조국이 될 자격이 없다고 생각했다. 그리고 그런 나라를 만들기 위해 평생 노력을 그치지 않았다. 때로는 번민도 있었지만, 좌절의 연속일 수밖에 없는 고독한 혁명가의 길에서 그녀는 마지막 순간까지 꿈을 포기하지 않았다. 그것이 그녀가 위대한 까닭이다.

엠마도 트로츠키처럼 러시아 태생의 유대인이다. 하지만 트로츠키와는 달리, 그녀는 부유하지 못한 가정에 태어난 그리 환영받지 못한 자식이었고(그녀의 어머니 타우베는 남편을 여의고 아브라함 골드만과 재혼했는데, 아브라함은 대를 이을 아들을 원했지만 엠마가 태어나자 크게 실망했다. 연년생으로 남동생이 태어나자, 그녀는 완전히 '찬밥'이 되었다), 무엇보다 여성이었다.

그런 차이는 두 걸출한 혁명가의 가치관과 생애에 큰 영향을 남겼다. 1869년 6월 27일에 지금은 리투아니아령인 러시아의 코브노에서 태어난 엠마는 젖먹이를 면한 뒤부터 아버지, 고모부, 교사 등 '남자 어른' 들의 잦은 체벌에 시달려야 했다. 특히 아버지는, 철이 든 뒤 엠마 스스로 분석하기로는 엠마를 때리며 가장의 권위를 확인할 뿐 아니라 스트레스를 해소했던 것 같다. 아무리 열심히 일해도 떨쳐버릴 수 없는 가난, 유대인이라는 이유로 당해야 하는 핍박은 그의 가슴을 울분으로 가득 채웠다. 그는 울분을 '말 안 듣는 못된 계집애'를 두들겨 팸으로써 분출했다. 자본주의와 반유대주의가 아버지를 미치게 만드는 셈이었지만, 엠마는 자신이 불행한 원인이 유대인의 전통 자체와 뿌리 깊은 가부장주의에도 있었다고 분석했다.

전통 유대인 사회에서는 남성만이 율법을 연구하고 가르칠 수 있으며, 내킨다면 그런 고상한 일(비유대적인 철학이나 정치도 포함될 것이다)에 종사하느라 생계를 등한시해도 좋다. 그러나 여성은 가사는 물론 생계까지 책임을 지고, 늘 바쁘고 고단한 생활에서 벗어날 길이 없다. 엠마는 유대인이라고 박해를 받으면서도 한사코 전통을 고수하는 아버지나 여러 유대인 남성이 그런 '특권'에 연연한다는 사실을 꿰뚫어보았고, 이 모든 괴로움을 여자로 태어났다는 이유만으로 묵묵히 받아들이고 순종하는 어머니도 경멸했다. 결국 엠마는 평생을 두고 가족과 종교를 혐오하게 되며 국가, 자본, 남성을 비롯한 그 어떤 지배 권력도 인정하지 않고 불꽃처럼 싸우는 삶을 선택하게 된다. 성공한 유대인 가정의 도련님으로 자라던 트로츠키가 부족함 하나 없는 생활 속에서 약한 사람들의 고통에 눈을 뜨고 차차 혁명의 길로 빠져들었다면, 엠마는 약한 사람 중에서도 가장 약한 사람의 입장에서 혁명의 여전사, '빨갱이 엠마'로 거듭났던 것이다.

1881년, 먹고살 길을 찾아 이리저리 옮겨 다니던 가족이 수도 상트페테르부르크에 정착하자, 엠마는 학업을 중단하고 12세 나이로 공장에 나가 집안 살림을 도와야 했다. 어린 그녀는 학구열이 대단했고 학교 성적도 뛰어났지만, 이구동성으로 "여자 따위가 무슨 공부냐"라는 말을 되풀이하는 아버지와 선생님 때문에 뜻을 꺾을 수밖에 없었다. 그러나 그녀는 포기하지 않고, 언젠가 억압에서 벗어나 자유롭게 하고 싶은 일을 하며 살리라는 꿈을 새기고 또 새겼다. 당시 상트페테르부르크의 분위기는 그런 엠마의 의지를 더욱 다져놓았다. 개혁 군주 알렉산드르 2세가 암살당하자 범인이 유대인이라는 말이 돌면서 유대인에 대한 공적, 사적인 박해가 더 심해졌다. 헛소문이었지만, 어린 엠마는 감히 황제의 목숨을 빼앗은 암살범에게 감탄했으며 그를 영웅처럼 생각했다. 급진파 젊은이들의 사랑과 투쟁을 그린 소설 『무엇을 할 것인가』를 탐독하면서 혁명가에 대한 동경은 더욱 무르익었다. 그러나 그녀가 러시아 땅에서 그들처럼 살기란 무척 어렵고, 많은 시간과 행운이 필요할 것이었다. 결국 그녀의 영웅이란 유복한 가정 출신에 대학 교육을 잘 받은 대러시아 청년들이며, 자신은 가정과 일터에서 혹사당하는 고교 중퇴 유대인 소녀가 아닌가? 어느 날 그녀는 점원으로 일하던 속옷 가게에서 손님에게 성폭행을 당했는데, 그 사실을 알고도 오히려 자신을 타박하는 부모 앞에서 절망하지 않을 수 없었다. 그러나 엠마는 절망 앞에서 새로운 도전을 모색한다. 이제 본격적으로 펼쳐질 그녀의 인생에서 절망을 마주칠 때마다 그렇게 하듯.

16세의 엠마가 찾은 새로운 도전은 미국 이민이었다. 그녀는 헛꿈 꾸지 말고 시집이나 가라는 아버지에게 악착같이 맞선 끝에, 이복 언니 헬레나와 함께 뉴욕행 배에 올랐다. 미국은 숨 막힐 듯한 러시아와 달리 바라는 삶을 살 수 있는 약속의 땅이라고 생각했다. 하지만 그 생각은 곧 환상이었음이 드러난다. 그녀와 헬레나가 살기 시작한 뉴욕 인근 로체스터의 공장은 러시아의 공장보다 현대적이었지만 그만큼 노동 통제도 철저했다. 기계처럼 일하며 손에 쥐는 돈은 물가 차이를 감안하면 러시아보다 나을 것도 없었다. 미국의 정치나 사회도 러시아보다 활기차고 진보적인 듯했지만, 중산층 이상에게나 해당되는 이야기고 노동자와 유대인에게는 여기나 저기나 암울한 세상이었다. 다시금 찾아온 절망에 엠마는 결혼이라는 방법으로 도전했다. 상대는 역시 러시아에서 이민 온 유대인 방직공 제이컵 커시너였다. 하지만 결혼 직전에 부모가 미국으로 와서 합류하는데, 점점 심해지는 러시아의 유대인 탄압을 견디다 못한 선택이었다. 대하기 괴로웠던 아버지를 다시 만난 데다, 기대했던 제이컵도 결혼하고 나니 유대인 남성으로서의 권위를 요구하면서 술과 도박과 여자에 빠지는 모습을 보고 젊은 엠마는 다시 절망했다. 결국 그녀가 뜻대로 살 수 있는 세상은 어디에도 없는 것인가?

또 하나의 돌파구는 엠마가 나중에 말하듯 '나은 세상이 우리에게로 내려오는 일은 없다. 우리가 나은 세상으로 걸어 올라가야 한다' 즉, 스스로 미지의 세계를 개척하는 길에 뛰어드는 것이었다. 1887년, '헤이마켓사건'이 일어났다. 하루 8시간 노동을 요구하는 노동자들의 집회가 열리던 시카고에서 폭탄과 총기 테러가 벌어져 경찰 7명과 시민 4명이 숨진 것이다. 당국은 용의자로 아나키스트 8명을 체포했는데, 그들이 테러를 했다는 증거가 거의 없음에도 재판부는 "아나키스트라는 이유만으로 처벌하기에 충분"하다며 7명을 처형대로 보냈다. 이 사건은 18세의 유대인 여공이자

— 헤이마켓사건의 순교자 7명. 노동자 집회에서 테러로 경찰과 시민이 숨졌고
단지 아나키스트라는 이유로 이들이 처형대에 올랐다.

주부였던 옘마의 영혼을 뒤흔들었다. 어떤 권위에도 굴하지 않고 신념대
로 살다가 떳떳이 죽어간 아나키스트들은 러시아의 젊은 영웅들과 오버랩
되었고, '단지 아나키스트라는 이유로' 국가권력에 의해 박해받는 그들의
처지는 단지 유대인이라는, 단지 여자라는 이유로 자신과 수많은 사람이

걸머져야 했던 십자가를 떠올리게 했다. 이제 그녀는 결심했다. 아나키스트가 되자! 평생 혁명을 위해 살자! 그래서 새로운 세상을 내 손으로 만드는 것이다. 누구도 억압받지 않고, 차별받지 않으며, 자유와 사랑을 마음껏 누릴 수 있는 세상을!

이런 결심은 먼저 사생활을 묶고 있던 굴레를 끊는 행동으로 이어졌다. 1889년, 엠마 커시너는 1년여 만에 제이컵과 이혼하고 엠마 골드만으로 되돌아갔으며, 가족과도 결별하고 홀로 뉴욕에서 살기로 했다. 그녀는 먹고살기 위해 계속 공장 일을 하는 한편 아나키스트들의 모임에 입문해 활동을 시작했는데, 거기서 스승과 평생의 동료를 만난다.

행동하지 않으면 혁명이 아니다

요한 모스트Johann Most는 독일 출신 이민자였고, 엠마처럼 어려운 가정에서 학대받으며 자라서 과격한 사회운동에 뛰어든 사람이었다. 40대의 그는 20년 이상의 사회운동 경력자로서 엠마에게 아나키즘의 기초를 가르치는 스승 역할을 했다. 그녀의 '사형제'가 된 알렉산더 버크만Alexander Berkman은 나이가 1세 아래였고 그녀와 마찬가지로 유대계 러시아 이민자여서 처음부터 통하는 데가 많았다. 이 젊은 이상주의자들은 곧 연인으로 발전했으며, 모스트는 그녀가 보기 드물게 총명할 뿐 아니라 연설에 특별한 재능이 있음을 알아보고 자신이 주도하는 대중 연설에 연사로 내세웠다. 엠마는 이른바 능변가는 아니었지만 조리와 위트를 적절히 구사했고, 이디시어 어휘와 억양이 두드러지는 영어는 청중을 거슬리게 하면서도 그녀의 불꽃같은 열변에 묘한 이국적 정취를 남겨주었다.

그러나 엠마는 곧 모스트와 거리를 두게 되는데, 그가 아나키즘을 부르짖으면서도 가부장적 권위는 인정하려는 태도를 보인 점, 그녀를 은근히 이성으로 대하는 점이 거북했기 때문이다. 그런 불화는 1892년에 그녀와 버크만이 '프릭 암살 음모'를 계획하면서 돌이킬 수 없게 되었다. 헨리 프릭Henry Frick은 카네기 철강의 대표였으며, 당시 홈스테드 공장에서 벌어진 파업을 폭력 진압해 경비원 3명, 노동자 10명의 목숨을 잃게 만든 장본인이었다. 격분한 골드만과 버크만은 프릭을 암살해 '노동자들의 원수를 갚고' 민중을 탄압하는 자는 천벌을 받는다는 본보기를 보이기로 했다. 엠마는 암살에 필요한 자금을 마련하려 한때 성매매에 뛰어들 결심을 했을 정도로 적극적이었지만, 결행은 버크만 혼자 했다가 실패해 투옥되었다. 모스트는 이 일을 두고 버크만을 신랄히 비난했는데, '굳이 절실하지도 않은' 일을 벌여 아나키즘 운동이 설 땅이 없게 만들었다는 이유였다. 그 사실을 알고 불같이 화가 난 엠마는 모스트의 연설장에 뛰어들어 그의 뺨을 갈겨 버렸으며, 이후 14년이나 옥살이를 하게 되는 버크만의 구명 운동을 멈추지 않았다.

이는 경솔한 행동이었을까? 손익계산을 해보면 그렇다고 해야 하리라. 모스트의 우려대로 이 사건은 "아나키스트는 흉악한 살인마들"이라는 정부와 주류 언론의 프레임 씌우기에 도움을 주었고, 이는 미국 헌법이 보장한 자유가 아나키스트에게는 예외라는 암울한 상황으로 이어졌다. 또한

_ 1917~1919년 사이의 엠마와 버크만. 그녀의 '사형제'가 된 버크만은 나이가 1세 아래였고 그녀
와 마찬가지로 유대계 러시아 이민자여서 처음부터 통하는 데가 많았다.

폭력 사용이 타당한지 진보 진영에서 온건파와 급진파가 논란을 벌이고, 개인적으로는 엠마가 아나키즘의 주류에서 환영받지 못하고 외톨이로 남게 되는 계기가 되었다. 엠마는 끝까지 이 일을 후회한다고 하지는 않았지만, 나중에는 '폭력을 사용하는 일 자체를 금기시할 필요는 없지만, 그것은 최후의 수단이 되어야 한다'고 입장을 정리하게 된다. 그러나 엠마는 말로 떠들기만 하는 것은 아무런 의미가 없으며, 혁명을 하고 아나키스트가 되려면 '직접 행동'에 나서야 한다고 굳게 믿었다. 이는 혈기가 끓어오르던 젊은이 시절을 지나서도 평생의 신조로 남는다.

사랑과 영광의
10년

엠마가 국가와 자본주의에 맞선 혁명 못지않게 중시한 가치는 바로 '사랑'이었다. 트로츠키나 모스트, 아나키즘의 대부인 표트르 크로폿킨Pyotr Kropotkin 등이 체제의 억압 문제에만 골몰하고 가정이나 여성 등의 문제는 '사적인 문제'로 여겨 소홀히한 반면, 엠마는 개인이 사적으로도 자유로워지지 않으면 완전한 해방을 얻을 수 없다고 믿었다. "내가 춤출 수 없는 혁명은 내가 바라는 혁명이 아니다!" 이는 가족제도와 결혼제도의 거부로 이어졌다. 스스로의 절절한 체험에 비추어 결혼과 가정은 개인, 특히 여성의 자유를 억압하고 뜻 있는 삶을 살 여력을 없애버린다고 본 것이다. 아나키즘 운동 초기에 그녀는 자궁에 문제가 있어서 임신이 어렵다는 진단을 받았지만, 오히려 잘되었다고 여기며 출산과 육아에 반대하는 입장을 세웠다. 그만큼 여성을 남성과 가정에 옭아매는 장치가 어디 있는가? 그러나 '여성과 남성의 완전한 격리'를 외치는 급진주의 여성주의자들과는 달리, 그녀는 연애와 성생활은 결코 포기할 필요가 없고 포기해서도 안 될 인생의 가치라고 여겼다.

결혼을 거부하면서 그런 가치를 추구하려면? '자유연애'만이 대안이었다. 그녀는 제이컵을 버리고 뛰쳐나와 버크만을 만난 직후부터 동료들과 '정절을 따지지 않는 자유로운 관계'를 실천했다. 여성은 정절을 최고의 미덕으로 삼아야 하며 성에는 늘 소극적이어야 한다는 당대의 통념에서 경천동지驚天動地할 입장이었다. '난잡'하지 않느냐, 창녀처럼 살자는 것이 아니냐는 비판에 그녀는 "내가 추구하는 연애는 육체의 만족만을 목표로 하는 게 아니라, 정신의 만족을 반드시 요한다. 남녀가 진심으로 서로를 갈구한다면, 결혼이라는 틀에 구애될 필요가 없다'라고 반박했다. 1895년에 유럽을 방문했다가 접한 프로이트의 이론도 그녀의 그런 생각에 확신을 보탰다. 성이 억압될 경우 인생은 고달파지며, 각종 사회악도 여기서 비롯된다고 이해했던 것이다. 하지만 그녀는 프로이트의 콤플렉스 이론에는 동조하지 않았다. 사람은 유년 시절 겪은 체험의 노예가'아니라 스스로 운명을 개척할 힘이 있으며, 아버지나 어머니를 갈망하는 것이 아니라 부모에게서 벗어나 짝을 찾는 과정이 성의 본질이라고 생각했기 때문이다.

그런데 1908년, 그런 그녀의 신념을 뒤흔드는 남자가 나타났다. 벤 라이트만Ben Reitman은 역시 유대인 출신 의사였는데, 아나키스트보다는 보헤미안에 가까운 사람이었다. 향락과 사치를 즐기면서도 고매한 이상 추구에 집착한다는 모순을 안고 사는 남자였기에 열혈 혁명가이면서 자유연애론자인 엠마에게 관심을 가질 수밖에 없었고, 시카고 연설회장에서 그를 처음 본 엠마도 급속하게 이끌렸다. 이후 10년 동안 두 사람은 평생 화인火印처럼 남게 될 사랑과 합작을 했다. 엠마가 '빨갱이 엠마'로 명성을 날리게 된 데는 라이트만의 헌신적인 보좌가 결정적이었다. 그녀는 이미 『어머니 대지』라는 잡지를 발행하며 상당한 입지를 얻고 있었지만, 성마른 성격에 뭐든 적당히 하는 법이 없는 완벽주의, 자신의 잘못을 결코 인정하지 않으려는 고집 때문에 주변에 사람이 모이기란 어려웠다. 게다가 언론을 불신하고, 이미지를 포장하는 일을 못마땅해했으므로 자신의 이상과 주장을 홍보하기는커녕 오해만 사고 있는 지경이었다. 그런데 라이트만이 그런 쪽에서 더할 나위 없는 도움이 된 것이다. 그들이 함께한 10년 동안, 엠마는 두 권의 책(『저주받은 아나키즘』, 『현대 연극의 사회적 의미The Social Significance of the Modern Drama』)을 쓰고, 미국 전역을 돌며 강연을 해서 명성과 수입에서 일약 일류의 반열에 들 수 있었다.

그런데 도무지 진지하기 어렵고 쾌락주의적인 라이트만의 기질은 엠마와 사귈 때에도 여전했다. 그는 기회만 있으면 새로운 여자와 잠자리를 했다. 엠마는 그 사실을 알면서도 그를 성토할 수는 없었다. 자유연애와 성의 해방을 주장한 사람이 다름 아닌 자신이었기 때문이다! 하지만 필생의 사랑이라고 할 만한 라이트만이 다른 여자의 품을 찾는다는 사실에, 그녀는 질투의 불길이 타오르는 자신을 억제할 수가 없었다. 연애의 현실에서는 자신도 여느 여인처럼 상대를 독점하고 싶어하고, 그와 단란한 가정을 꾸미기 바란다는 사실을 인정해야만 했다. 그녀는 처음으로 강연에서 주장하는 내용과 본심이 둘로 나뉘는 현실을 괴로워했으며, 이는 그녀가 겪은 첫 번째의 대안 없는 절망이었다.

모순에 빠진 엠마의 사랑은 그녀가 1910년대 후반에 두 가지의 과격한 '반체제' 운동에 뛰어들면서 파국으로 치닫는다. 하나는 마거릿 생어 Margaret Sanger가 주도하던(나중에 그녀는 이 운동을 누가 먼저 시작했느냐를 놓고 생어와 긴장 관계가 된다) 산아제한 운동이었고, 다른 하나는 제1차 세계대전에 뛰어들려는 미국을 저지하는 징집 반대 운동이었다. 산아제한 운동은 '신의 섭리를 거역하고, 성의 방종을 부추기는' 것으로, 징집 반대 운동은 '국익을 외면하고 정부를 부정하는' 것으로 여겨지며 심각한 탄압에 부딪쳤다. 엠마는 결국 1918년에 버크만과 함께 체포되어 2년을 감옥에서 보냈으며, 출소 후에는 "이들은 미국에서 가장 위험한 아나키스트들이다"라는 존 후버John Hoover CIA 국장의 심판과 함께 국외로 추방당하고 만다. 당시 라이트만은 옘마보다 순종적이고 전통적인 여성에게 기울었으며, 아나키즘 자체도 '모든 것을 비판할 뿐, 이룰 수 있는 것은 없다'고 회의하면서 발을 빼버린 참이었다. 결국 1919년 12월 21일, 옘마는 버크만과 함께 자신의 조국이 되리라 믿었던 미국을 떠나 34년 만에 원래의 조국, 공산화된 러시아로 떠났다. 사랑도 모순도 뒤에 남겨둔 채. "언젠가 다시 만나요. 해방된 러시아에서, 그곳이 아니라면, 사람들이 미워하지 않고 오직 사랑하기만 하면 되는 미지의 나라에서." 그녀가 라이트만에게 남긴 편지였다.

다시, 무엇을 할 것인가

다시 한 번, 옘마는 절망 앞에서 새로운 도전을 택하기로 했다. 혁명이 막 이루어진 러시아에서 혁명 완성에 평생을 바친다는 것이었다. 볼셰비키의 강령은 아나키즘과는 거리가 있었지만, 차르 폭압 체제와 자본주의 세력을 분쇄하고 서민 대중이 주인 되는 체제를 이룩했다는 점은 아나키스트들도 들뜨지 않을 수 없는 진보의 쾌거였다. 다소의 견해 차이는 있어도, 새로운 사회주의 정권은 자본주의 정권과는 전혀 다르리라고 믿는 것이 당연했다.

그러나 러시아 땅을 밟은 지 얼마 안 되어, 옘마는 다시 한 번 이상이 현실에 짓밟혔음을 깨닫게 된다. 그가 아는 아나키스트들은 대부분 볼셰비키에게 탄압을 받고 있었고, 서민은 궁핍과 감시에 시달리고 있었다. 옘마가 레닌을 만난 자리에서 "왜 아나키스트들을 감옥에 가두었는가"라고 묻자, 그는 "혁명정부에 반대하지 않는 아나키스트는 가둔 적이 없다"라고 대꾸했다. "언론 자유가 보장되고 있지 않다"라는 말에도 "언론 자유? 그것은 부르주아적인 가치 아닌가? 혁명은 언론 자유 따위보다 중요하다"라고 답했다. 실망한 옘마는 1921년에 크로폿킨이 볼셰비키를 저주하며 쓸쓸히 숨지고, 언론 자유와 실질 참정권 보장 등을 요구하며 봉기한 크론슈타트의 수병들이 트로츠키의 지시에 따라 무참하게 진압되는 모습을 보고 러시아에 대한 기대를 완전히 접었다. "친구들의 칼이 내 심장을 찢었다." 1921년 12월 1일, 그녀는 결국 버크만과 함께 러시아를 떠나는 기차에 몸을 실었다. 12세에 이 땅에서 황제의 암살을 보며 혁명가의 꿈을 키웠고, 18세에 미국에서 헤이마켓사건 용의자들의 처형 소식을 듣고 아나키스트가 되었다. 그리고 52세. 혁명이 이루어진 땅에서, 혁명가들의 손으로 수천 명이 몰살당하는 현실을 견디지 못해 다시 떠나고 있는 것이다. 이제는 어디로 갈 것인가? '무엇을 할 것인가?' 기차가 출발하자, 옘마는 왈칵 울음을 터뜨렸다.

국외 추방을 당한 미국으로 돌아올 수도 없던 옘마는 한동안 유럽 여러 나라를 전전했으며, 『러시아에서의 나의 환멸My Disillusionment in Russia』(원래는 이런 제목이 아니었지만 출판사가 자극적으로 고친 것이다)을 쓰고 볼셰비키를 성토하는 강연을 하면서 각국의 사회주의자들에게 '배신자', '자본주의자' 등의 비난과 모욕을 받아야 했다. 그녀는 완전히 의기소침해졌고, 자신의 일생이 무슨 가치가 있었는가 하는 의문에 빠져 한동안 우울증에서 헤어나지 못했다.

그런 그녀를 절망의 늪에서 건진 것은 역시 사랑이었다. 몇 번의 자잘한 사랑 외에, 그녀의 혼이 깨어나도록 한 사람은 캐나다의 상인 리언 말메드였다. 그 덕분에 그녀는 캐나다에서 순회강연을 하고 나중에도 캐나다에서 삶을 마감하게 되지만, 그와의 로맨스는 끝내 가정에 충실하려 한 그의 태도 때문에 2년 만에 끝이 났다. 이제 노년에 접어든 엠마는 '남자에 대한 사랑 대신, 이상과 혁명에 대한 사랑으로 남은 삶을 살자'는 결의를 다졌으며, '새로운 도전'의 일환으로 『나의 삶을 살다Living My Life』라는 자서전을 써냈다. 그리고 다시 세계를 돌며 사랑과 자유와 아나키즘을 강연했으며, 1934년에는 90일간의 임시 입국허가를 얻어 미국에서도 강연했다.

　당시 친러시아 경향이 미국 지식인 사회에 팽배한 상황에서 그녀의 강연회는 라이트만과 함께하던 시절처럼 큰 흥행을 거두지는 못했지만, 그녀에게 감동하고 진보적인 삶을 결심하는 사람이 평범한 미국인 중에서 계속 나왔다. 백발이 된 그녀가 젊을 때와 다름없는 열정과 확신으로 이상주의를 역설하기 때문이었다. 둔하고 완고해 보이는 외모와 이디시어 억양이 밴 거친 영어에도, 길고 화려한 투쟁 경력을 가진 노인이 아직도 초심자인 듯 자신의 신념을 단호하게 외치는 모습을 보며 사람들은 가슴으로 이끌렸던 것이다.

　1936년, 67세가 된 그녀는 옛 연인이자 평생의 동지인 버크만의 죽음을 맞았다. 그리고 새로운 열정으로 스페인 내전에서 파시스트와 싸우는 저항군 지원 운동에 앞장섰다. 그녀는 자유주의자들에게는 히틀러의 대두를 막아야 한다고, 사회주의자들에게는 스탈린을 믿지 말라고 경고했지만 비웃음만 들었다. 그러나 결코 포기하지 않고, 늙고 아픈 몸을 생각해 은퇴하지도 않고, 마지막까지 한 이탈리아 출신의 진보운동가를 구명하는 활동을 하다가 1940년 8월에 뇌졸중으로 쓰러졌다. 미국 정부는 죽은 다음에야 그녀의 귀국을 허락해, 유해를 헤이마켓 용의자들이 묻힌 묘지에 안장하도록 했다.

엠마는 단순한 무정부주의자라고 할 수 없다. 그녀는 일생 동안 8시간 노동제 운동, 자유 학교 운동, 산아제한 운동, 반전 운동 등 당시 서구사회에서 나타났던 거의 대부분의 진보적 운동에 참여했다. 그만큼 업적이 많지만, 한편으로는 그만큼 사상가로서 성격 또는 '진영'이 확실하지 않다고도 할 수 있다. 생전에 주류 무정부주의자들은 그녀를 따돌렸으며, 여성주의자들도 자유연애를 주장하는 그녀를 '남자라면 사족을 못 쓰는 천박한 여자'로 경멸했다. 자유주의자는 그녀를 위험한 과격파로, 사회주의자는 혁명의 배반자로 경원했다.

그러나 히틀러와 스탈린에 대해 그녀가 했던 경고는 결국 사실로 드러났다. 미국 같은 '자유 국가'도 자칫하면 인권을 억압할 수 있으며, 자유는 투표권이나 헌법 조항에 매몰되어서는 안 된다는 교훈도 1960년대의 저항 운동가들에게 절실히 되새겨졌다. 오늘날 여성주의는 분리주의 성향을 대부분 걷어내고, 엠마가 꿈꾸던 대로 여성, 노동자, 소수 인종 등이 연대해 남성, 자본, 국가 등의 헤게모니를 타파하자는 '에코페미니즘'의 가능성을 새롭게 주목한다. 그리고 사적인 일상에서 해방되지 못하면 공적인 해방도 의미가 없다는 것이야말로, 포스트모더니스트들이 무엇보다 강조하는 말이다.

생전에는 그녀 평생의 노력이 별로 큰 반향을 얻지 못했지만, 이후의 세계는 오히려 그녀에게 많이 배우고 있다. 왜 그럴까. 약자 중의 약자에서 출발한 그녀가 근대 사회의 모순을 누구보다도 넓고 깊게 보았기 때문이며, 그녀가 지성과 감성으로 얻어낸 결론들이야말로 오늘을 살아가는 우리 모두의 고민에 직접 닿아 있기 때문일 것이다.

제 2 장

분 석 의　초 상

정
신
분
석
가
들

● 칼 쇼르스케Carl Schorske는 『세기말 빈』에서 세계대전을 전후한 시기에 서구 지성사에 큰 변동이 일어났다고 밝힌다. 그때까지 서구 지식인들은 사회주의를 비롯한 정치 이념에 힘입어 세상을 변혁하려는 원대한 꿈을 지녀왔다. 그러나 서구의 문명인들 스스로 처참한 파괴와 살육을 저지르지 않았던가? 대공황과 대전쟁은 오랜 미신과 관습의 사슬을 끊고 인간이 스스로를 위해 이상을 달성할 수 있다는 계몽주의의 믿음을 박살내버렸다. 그리하여 인간은 거침없는 진보의 발걸음을 멈추고 그 자리에 떨며 선 채로 스스로의 본성을 되돌아보게 되었다. 위대한 이성의 소유자면서 무시무시한 야욕에 휩쓸릴 수도 있는, 때문에 인류와 자연환경까지 파멸할 수 있는 위험한 존재임을 자각하게 되었다. 그래서 마르크스 대신 프로이트가, 정치학 대신 심리학이 지성사에서 유행하기 시작했다.

세계에서 마음으로, 이성에서 본능으로. 이런 새로운 흐름의 물꼬를 튼 사람 중에도 유대인이 많았다. 오스트리아를 중심으로 정신분석학이라는 새로운 지적 모험을 시도한 프로이트, 아들러, 오토 랑크Otto Rank, 프롬, 클라인, 카렌 호나이Karen Horney, 에릭 에릭슨Erik Erikson……. 초기 정신분석학파의 주요 인물 중에서 카를 융Carl Jung을 제외하면 유대인이 아닌 사람이 거의 없을 정도다. 어째서 그랬을까. 아무리 성공하고 저명인사가 되더라도 끝내 이방인이라는 눈초리를 면할 수 없었고, 모두 자연스레 여기는 문화와 관습을 이해하면서도 제3자의 냉정한 눈으로 분석할 수 있었고, 계몽주의와 기술문명의 찬란한 빛 속에 숨겨진 어두운 그림자를 보기에 익숙했던 그들이기에 그렇지 않았을까.

이 '미지의 나라'(비록 옘마가 꿈꾼 것과는 전혀 다른 색깔의 나라였지만)의 개척자들 가운데, 비슷

하면서도 대조적인 두 사람을 살펴보기로 하자. ●

지크문트 프로이트

낡은 소파 위의
정복자

Sigmund Freud, 1856.5.6~1939.9.23

"감 상 하 기 **보 다**
분 석 **해 야** 한 다"

러시아에서 자라난 트로츠키와
엠마는 생활이 힘들 정도로 차별과 박해를 당하는 유대인을 똑똑히 볼 수
있었다. 그렇기에 기존 사회 자체를 부수어버리는 혁명을 일찍부터 꿈꾸
게 되었으리라. 반면 세기말의 오스트리아에서는 유대인의 사정이 한결
나았다. 노력하면 부자가 되거나 시민으로 인정받을 수 있었다. 하지만 사

소한 신상 차이가 괴롭힘의 빌미가 되기 쉬운 획일적 집단, 가령 학교나 군대, 관공서 같은 곳에서는 역시 유대인의 피를 받았다는 사실이 뼈에 사무치는 경우가 왕왕 있었다.

프로이트도 그런 경우여서, 김나지움의 학우들에게 당한 설움은 평생 '나는 유대인이다'라는 자각에서 벗어나지 못하도록 했다. 어느 정도는 이 때문에 어릴 적 꿈인 정치인–공무원을 포기하고 한때 사회주의에 물들었다가, 결국 전문직업인(의사)이자 지식 권력의 소유자(학자)를 지향한 프로이트였다. 또한 프로이트는 자신이 정신분석의 길을 걷게 된 특별한 경험으로 3세 때 어머니의 나체를 우연히 본 일을 내세우지만, 그보다는 11세 때 아버지에게서 "예전에는 이 나라에서도 반유대주의가 심각했단다. 내가 젊었을 때 길을 가는데, 웬 기독교인 남자가 다짜고짜 나를 유대 놈이라고 욕하더니 모자를 빼앗아 진흙구덩이에 던져버렸단다"라는 이야기를 들은 경험이 더 중요한 영향을 미치지 않았을까. 어린 프로이트는 그런 모욕을 당하고도 한마디 항의도 못한 채 진흙탕에서 모자를 집어올리고 도망치듯 자리를 피했다는 아버지의 말에 정신을 잃을 듯한 분노와 굴욕감을 느꼈다. 프로이트는 나중에 이런 설명을 한다. "아들은 어릴 때 아버지에게서 완벽한 남자, 뛰어넘을 수 없는 존경과 경외의 대상을 본다. 그러나 나이가 들면서 아버지의 약한 모습과 평범함을 깨닫게 되고, 아버지와 자신을 분리해 독립된 인격체로 성숙해간다." 하지만 프로이트에게 아버지의 '약한 모습'은 민족적인 곤경과 결부되어 있었다. 그는 성인이 된 다음 유대교의 율법을 버리고 아예 무신론자가 되었으며, 독실한 유대인 가정 출신이던 아내 마르타에게 "내 집에서 유대교 의식은 절대로 안 돼"라고 강요할 만큼 조상 대대로 내려온 전통에 적대감을 표했다. 하지만 그러면서도 유대 민족은 지겹도록 편견과 박해에 시달리는 민족이었고, 그런 민족의 구원과 해방을 위해 싸우고 싶다는 염원을 마음 한편에 늘 간직하고 있었다.

프로이트가 26세 때 마르타와 열렬한 연애를 시작하면서 그녀의 사진을 방에 걸어두었을 때, 이미 방에는 알렉산드로스Alexandros, 한니발Hannibal, 소포클레스Sophocles, 올리버 크롬웰Oliver Cromwell의 사진이 있었다. 알렉산드로스는 부왕 필리포스 2세를 시해했다는 의혹을 받고 있었고, 한편으로 소국의 젊은 지도자로서 노대국老大國 페르시아를 정복했다. 프로이트가 어릴 때부터 가장 좋아했다는 한니발은 조국 카르타고를 압박하는 로마의 심장부로 당당히 쳐들어가 로마인의 혼을 빼놓았다. 크롬웰은 청교도혁명으로 찰스 1세의 목을 베어버린 사람이다(프로이트는 자신의 둘째 아들에게 올리버라는 이름을 붙였다). 그리고 『오이디푸스 왕』의 작가 소포클레스. 당시는 프로이트가 오이디푸스 콤플렉스를 이론적으로 정립하기 훨씬 전이었지만, 아버지를 살해한 영웅 이야기를 그려낸 이 고전 작가는 그가 가장 중시하는 옛 인물이었다. 프로이트에게 아버지를 없애는 일과 압제자에게 저항하고 강자를 거꾸러뜨리는 일은 뚜렷이 구분되지 않았다(의식적으로나, '무의식'적으로나).

하지만 강대국을 정복하고 민족을 해방하는 일은 영웅의 위업인 반면, 부친 살해는 가장 흉악한 범죄다. 프로이트는 왜 영웅의 길보다 개인의 범죄에, 문명의 가장 음습한 면에 힘을 기울였는가? 스스로 정치가나 군인이 되기에는 기질이 맞지 않는다고 판단해서였을지도 모른다. 하지만 그는 김나지움을 최우등으로 졸업하기 직전까지 가져왔던 법관의 꿈을 갑자기

— 한니발은 카르타고를 압박하는 로마로 쳐들어가 로마인의 혼을 빼놓은 인물이다. 프로이트는 20대 시절 그의 사진을 방에 걸어두었다.

버리고 의대에 진학하는데, 왜 그랬는지는 별로 설명이 없다. 그러면서도 적어도 20대 후반까지 영웅들의 사진을 늘 곁에 두고 지냈다. 그리고 일생 동안 권력 지향적이었다. 부인에게 유대교 신앙을 버리도록 강요했을 뿐 아니라, 한때 자신을 추종하다가 다른 입장을 세운 아들러나 융, 랑크 등을 결코 용서하지 않는 냉혹한 면모가 그의 트레이드마크인 온화한 현인의 풍모 속에 감추어져 있었다(확실하지는 않지만, 딸 안나를 떠나보내지 않기 위해 그녀의 혼삿길도 막았던 것 같다). 그는 전화를 싫어했는데, 안나의 설명에 따르면 누구에게나 위압감을 주는 자신의 날카로운 눈빛을 전화상으로는 전할 수 없었기 때문이라고 한다.

그런데 그가 학자의 좁은 서재와 진료실의 낡은 소파를 택한 까닭은? 그곳에서 더 강력한 권력을 발견했기 때문이 아니었을까? 타인은 지극히 내밀한 존재다. 권력자라고 해도, 역사에 흠집을 남길 만한 폭군이 아니라면 가족도 노예도 아닌 자의 몸을 마음대로 볼 수 없다. 그러나 의사는 어떤가? 숱한 타인의 몸을 안팎으로 속속들이 헤집어볼 수 있다. 예술가는 피상적인 이미지에 몰입해서 미의 영감을 얻을 뿐이지만, 애인의 몸을 더듬으면서도 "여기는 견갑골", "이 부분은 3번 요골"이라고 되뇐다는 의사는 냉정한 분석자의 시선으로 타인의 아름다움과 추함을 관찰할 수 있다(프로이트는 '나는 예술을 사랑하지만 단순히 감상하기보다는 분석해야 한다. 분석하지 않는 감상은 내게 의미가 없다'라고 말한 적이 있다).

한 걸음 더 나아가, 타인의 육체가 아닌 정신은? 과학이 최고조로 발전했다고 여겨지던 당시에도 마음은 여전히 '테라 인코그니타terra incognita(미지의 세계)'였다. 아무도 발걸음을 디딘 적 없는 땅을 밟는 크리스토퍼 콜럼버스Christopher Columbus, 로알 아문센Roald Amundsen의 희열을 프로이트는 진료실의 의자에 편안히 앉아서 누릴 수 있었다. 프로이트는 "심리학 서적보다 고고학 서적을 많이 읽었다"라고 말할 만큼 고고학에 심취했고, 여가를 보내는 취미는 추리소설 읽기였다고 한다. 반쯤 부서지고 닳아 없어진 고대의 비석에 달라붙어 해독하는 고고학자, 용의자의 진술을 듣다가 범죄의 단서를 알아채고 회심의 미소와 함께 "모든 수수께끼는 풀렸다!"라고 외치는 명탐정처럼, 프로이트는 자신의 어린 시절 이야기를 늘어놓는 낯선 사람들의 마음을 괴롭히는 원인을 분석하고 치료에 성공할 때마다 한 사람의 독립된 인격을 파헤치고 들어가, 그가 남들 앞에 내세우는 꾸며진 모습을 걸어내고는 '이 사람은 ……이다!'라고 진료 기록에 휘갈겨 쓰며 더없는 만족감과 영광을 맛보았다.

마음속의
신대륙을 찾아

수많은 사람이 은밀한 사연을 자기 앞에서 털어놓을 뿐 아니라, 마음 문제의 핵심에 성性이 있음을 발견하면서 정복자 프로이트의 영광은 더욱 빛날 수 있었다. 당당한 권력자나 부자, 천재, 미인이 우울증에 빠지고 자살을 고민할 정도로 괴로워하는 원인이 성 문제에 있었다니? 프로이트는 『꿈의 해석』에서 오토 폰 비스마르크Otto von Bismarck의 꿈 이야기를 읽고 분석한다. 꿈에 알프스 산맥을 말을 타고 건너는데 거대한 바위가 앞을 가로막았다. 비스마르크가 채찍으로 갈기자 바위가 거짓말처럼 둘로 쪼개지고, 반대편으로 건너갈 수 있었다는 이야기를 놓고 프로이트는 '채찍은 남근을 상징한다. 채찍에 맞아 쪼개지는 바위는 성교의 성공이다. 비스마르크는 무의식중에 성욕을 충족하고자, 외형적으로 이렇게 장엄한 꿈을 꾼 것이다'라고 풀이했다. 독일을 통일하고 근대 독일 자체를 혼자 힘으로 만들어냈다고 보아도 과언이 아닌 대정치가, 철혈鐵血의 수상도 그에게는 노년의 발기부전을 고민하는 평범한 남자에 지나지 않는다. 프로이트는 인간은 교황이든 성녀든, 심지어 천진난만한 어린아이조차도 리비도libido의 노예이며 모든 인간 행동의 근본에는 성욕이 있다고 함으로써 숱한 위인을 '정복'했을 뿐 아니라 인류 문명까지 정복했다.

'범성욕설'이라는 평가를 받는 이런 이론을 프로이트는 1893년, 37세 때 처음 정립하기 시작했지만 그의 전적인 창안이라기보다 장 샤르코Jean Charcot를 비롯한 여러 사람의 영향으로 만들어낸 것이다. 하지만 누구도 프로이트처럼 대담하고 체계적으로 이론화하지는 못했다. 계속해서 그는 1896년에 '정신분석'이라는 용어를 처음 썼으며, 1897년에 오이디푸스 콤플렉스를 정립, 1899년에 『꿈의 해석』을 출간했다.

그러나 프로이트의 이름이 처음부터 세계를 놀라게 하지는 않았다. 『꿈의 해석』 초판은 1년 동안 겨우 100여 부가 팔렸을 뿐이다(오늘날 이 책과 대등한 무게를 가진 혁신적 저작으로 평가받는 찰스 다윈Charles Darwin의 『종의 기원』은 출간 하루 만에 1,250부가 판매되었다). 동료 연구자들은 그의 이론을 근거가 희박한 문학 같다고 여겼고(그런 비판은 오늘날에도 꾸준하다), 그가 성의 중요성을 강조하는 데 질겁해서 오래 묵은 교류를 끊어버리는 사람마저 있었다. 프로이트는 40대 중반의 나이에 겨우 그에게 공감하는 사람들을 찾아내 '수요심리학회'를 결성, 아들러나 빌헬름 슈테켈Wilhelm Stekel 등 몇몇 학자와 학문적 동아리를 만들지만 대부분 유대인이자 학계의 비주류였다. 천재의 일반적 특징이 일찌감치 두각을 나타내는 것이라지만, 그는 1902년 46세가 되어서야 겨우 객원교수직을, 그것도 그의 '열성 팬'인 페르스텔 남작부인의 로비 덕분에 얻을 수 있었다.

그러나 막 시작된 20세기가 한 해씩 지나갈수록, 프로이트의 명성과 영향력은 착실히 커져갔다. 1908년에는 수요심리학회를 '빈 정신분석협회'로 발전시킬 수 있었고, 잘츠부르크에서 제1회 국제 정신분석가 대회가 열렸다. 1909년에는 그에게 명예 법학박사를 준 미국의 클라크 대학을 방문해 처음으로 해외에서 정신분석을 강의했다. 이듬해에는 국제정신분석협회가 수립되었고(프로이트는 후계자로 점찍고 있던 융에게 협회장을 맡겼다), 1911년에는 미국에 정신분석협회가 세워졌다. 1912년에는 정신분석 잡지 『이마고』를 창간했고, 같은 해에 니체와 라이너 마리아 릴케Rainer Maria Rilke의 연인이던 '세기말의 여신' 루 안드레아스 살로메Lou Andreas-Salomé와 친분을 맺기 시작했다.

어째서 프로이트와 정신분석학이 이름을 떨칠 수 있었는가? '모든 인간 행동의 근본에는 성욕이 있다'는 그의 주장이 '신은 죽었다', '인간은 원숭이의 후손이다'처럼 기존의 권위와 관념 질서를 쇠망치로 후려치듯 파괴하는 것이었기에, 격렬한 반발과 함께 센세이션도 폭발적으로 일어났다고 할 수 있다. 이는 한편으로 열렬한 지지자들과 멋도 모르고 유행처럼 추종하는 무리(프로이트는 "이른바 정신분석학자라는 이름을 내세우는 사기꾼들이 '마음의 병을 치료하려면 마음껏 섹스를 하면 된다'고들 한다"라며 분개했다)도 양산했다. 또한 프로이트가 학문 연구에 힘쓰는 한편 임상 치료에서 손을 떼지 않았기에, 그의 치료를 받고 묵은 응어리가 풀렸다는 유명 인사들이 정신분석의 전도사가 된 점도 있었다.

하지만 더 근본적으로, 프로이트 이론은 인류의 정신사에 지워질 수 없는 새로운 발자국을 남겼다. 무의식이라고 하는 신대륙의 발견과, 그에 따라 '우리는 우리가 생각하고 있는 것처럼 이성적인 존재가 아니다'라는 깨달음이다. 광기에 대한 철학이나 정치 이론은 옛날에도 많았다. 그러나 정신분석학은 우리가 완전히 통제할 수 없는 무의식에 따라 움직이며, 따라서 어떤 점에서는 모두 미친 것과 같다는 판결을 내렸다. 나중에 프로이트 이론을 계승·발전시켜 철학 체계를 구축한 자크 라캉Jaques Lacan은 이를 "나는 내가 생각하지 않는 곳에 존재한다"라고 풀이했다. 왜 인간은 누구나 부러워할 재산과 지위를 가지고도 자살하는가? 왜 애써 쌓아올린 문명을 순식간에 잿더미로 만드는 전쟁을 벌이는가? 이미 신을 믿을 수 없게 되었으면서 왜 새로운 미신에 빠져드는가? 프로이트는 모든 것이 우연한 경험에 따라, 무의식에 새겨진 도표에 따라 움직인 결과라고 밝혀주었다. 그래서 오늘날 리비도 이론이나 욕망충족 이론 등이 의심받거나 부정되는 경향이 있음에도, 인간의 심층에 무의식이 존재하며 인간은 그 힘에서 완전히 벗어날 수 없다는 명제를 대부분의 심리학자, 인류학자, 철학자, 사회학자 등이 프로이트에게 빚지고 있는 것이다.

문 명 속 의
불 만

프로이트의 50대는 인생에서 가장 활기차고 성공적인 때였다. 하지만 그가 밝혀낸 모든 영광 뒤의 그림자처럼, 프로이트의 영광에도 그림자가 따랐다. 1911년에는 아들러가, 1914년에는 융이 프로이트와 결별했다. 특히 융은 거의 유일하다시피 한 비유대인 정신분석가로서 프로이트가 일찌감치 후계자로 낙점했으며 '정신적인 아들'로 생각하고 있었기에 상처가 컸다. 아들러도 융도 프로이트의 그런 '개인적인 집착'과 가부장적 태도에 환멸을 느끼기도 했지만, 프로이트가 지나치게 개인 심리의 영역에만 머무르려 한다는 점을 끝내 납득하지 못했기에 등을 돌릴 수밖에 없었다. 아들러는 사회주의적인 정치변혁에 대한 믿음을 포기하지 않았고, 융은 개인의 심리를 넘어선 '집단무의식'에 이끌렸다. 그들은 프로이트와는 달리 성욕만이 인간 행동의 원동력이라고 보지 않고, 권력욕이나 명예욕, 인생을 완성해 더 높은 자아로 승화하고 싶은 욕망 등이 인간을 이끌어간다고 보기도 했다.

프로이트는 분명 개인사를 파헤치고, 두개골 속에 숨겨진 비밀을 캐내는 데만 전력을 다했다. 그는 사회주의를 불신했으며 민주주의를 혐오했다. 그렇다고 왕정복고를 꿈꾸는 보수주의자는 아니었다. 굳이 따지자면 그에게 가장 잘 맞는 정치 이념은 세기말 빈에서 꽃핀 자유주의였지만, 그는 자유주의의 그림자 속에서 차별받는 유대인을 직접 보고 느낀 사람이었다. 결국 어떤 정치 이념도 흥미롭지 않았으며, 사회를 변혁하기보다는 해석하는 것이 그의 관심사였다.

그래도 20세기 초의 유럽인을 정신없이 취하게 만든 민족주의에는 그도 초연하지 못했던 것 같다. 적어도 한때는 말이다. 1914년에 사라예보에서 페르디난트 황태자 부부가 암살되면서 제1차 세계대전이 일어나자, 프로이트는 "어느 때보다도 내가 게르만인임을 느낀다"라면서 적국이 된 프랑스, 영국의 친구들과 거리를 두려고 했다. 하지만 전쟁은 독일과 오스트리아에 참담한 몰락을 가져왔고, 프로이트는 다른 '게르만인'과 마찬가지로 상상을 초월하는 경제난에 부딪혀 고된 삶을 살아야 했다. 그런 와중에 당시 전쟁보다도 더 많이 유럽인들의 목숨을 앗아가고 있던 스페인 독감에 걸린 둘째 딸 조피가 죽고, 그도 구강암에 걸리고 말았다. 이런 개인적, 사회적인 암울함 속에서 그의 이론도 변화를 겪었다. 리비도만 내세웠던 그는 이제 사람을 움직이는 원동력에는 삶과 일과 사랑을 부추기는 '에로스'만이 아니라 죽음과 파괴와 고립을 바라는 '타나토스'도 있다고 생각했다. 고대 그리스의 죽음의 신, 타나토스가 존재하지 않는다면 저 찬란했던 문명을 몇 년 만에 황무지로 만들어버린 전쟁을 무엇으로 설명할 것인가? 또한 인간의 심리는 의식과 무의식만으로 구성되지 않고, 동물적 충동인 '이드'와 신적인 절제 의식인 '초자아'가 '자아'를 치받고 누르는 세력 구도로 이루어져 있다고 했다. 초자아가 이드의 충동을 누르지 못하면, 세상은 사람 탈을 쓴 짐승들이 날뛰게 된다. 반대로 초자아가 너무 강력하게 통제하면, 인간성이 질식해버리는 무자비한 압제 체제가 출현한다. '좋았던 옛 시절'을 백일몽으로 돌려버린 전쟁과 대공황은 정치에 무관심했던 프로이트에게 정치적·사회적 변동을 심리학적으로 설명하지 않을 수 없도록 한 것이다. 프로이트는 1930년에 『문명 속의 불만』을 펴내, 초자아가 강화됨으로써 인간의 욕망을 억제하는 문명이 이룩되지만 이는 이드에 대한 과도한 억압을 초래, 결국 불만에 찬 이드에 의해 문명 파괴가 일어난다고 정신분석학적 사회심리학을 정리했다.

지 친 발 걸 음 을
멈 추 다

급격한 정치 변동은 프로이트의 목을 죄는 데까지 치닫고 있었다. 1933년 집권한 히틀러는 반유대주의를 공공연히 외칠 뿐 아니라 국가의 가장 중요한 정책으로 내세웠다. 그해 5월에는 베를린 광장에서 여러 유대인 작가의 저서와, 나치가 싫어하는 작가의 저서가 불태워지는 행사가 열렸다. 마르크스, 트로츠키, 토마스 만Thomas Mann, 에리히 레마르크Erich Remarque, 헬렌 켈러Helen Keller 등이 쓴 책들과 더불어 프로이트의 책들, 그리고 『이마고』 잡지가 "인간의 동물적 본능을 수치스럽게 확대하는 행위를 반대하자! 인간 영혼의 고귀함을 위해!"라는 구호와 함께 불더미 속에 던져졌다. 그리고 우레와 같은 "하일 히틀러Heil Hitler!" 소리 속에 지지직거리며 재가 되었다. 이 소식을 들은 프로이트는 "그래도 다행이야. 옛날에는 사람을 태웠는데 이제는 책만 태우고 있으니"라고 농담을 했다. 그러나 어찌 알았으랴. 불과 몇 년 뒤에 사람도 태우게 되리라는 것을.

5년 뒤에 마침내 오스트리아가 나치 독일에 합병되자, 82세가 되어 노쇠와 병마 때문에 지친 프로이트는 완전한 절망에 빠졌다. 이미 정신분석협회 회원을 포함한 유대인들이 오스트리아를 잇달아 빠져나가고 있었지만 프로이트는 끝까지 남겠다고 고집을 부렸다. 야만스러운 적에게 굴복할 수 없다면서 말이다. 하지만 그는 그렇다고 나치에 반대하는 성명을 내거나 시위에 나서지는 않았다. 그리고 프로이트 쪽의 기록에 따른 '나치의 박해' 이야기에서는, 훗날 아렌트가 예루살렘의 법정에서 아돌프 아이히만Adolf Eichmann을 보며 말했던, 영혼이 사라진 꼭두각시가 풍기는 악의 냄새는 잘 느껴지지 않는다. 나치당원들은 프로이트의 집을 급습해 얼마 안 되는 돈을 갈취했고, 늙은 프로이트가 모습을 보이자 '그 눈빛에 기가 꺾여' 달아났으며, 프로이트를 대신해 안나가 게슈타포에 연행되었지만 몇 시간

만에 아무 일 없이 풀려났다. 나치는 결국 프로이트가 빈을 떠날 때 '우리가 당신을 푸대접해서 떠나는 게 아니라고 증언해달라'는 부탁을 남겼다. 프로이트 같은 유명 인사를 함부로 대하기 어렵다는 상부의 판단 때문이었을까? 아니면 프로이트가 자신의 기록에 일부 '억압'을 가한 것일까?

마침내 1938년 6월, 프로이트는 3세 때 출생지인 모라비아에서 이사한 뒤로 무려 80년이나 살아온 빈을 떠나 영국으로 향했다. "나도 결국 '방랑하는 유대인'이었네. 이제 새로 머물 곳을 찾아가야지." 그의 오랜 동료이자 측근이던 영국인 어니스트 존스Ernest Jones에게 보낸 편지였다. 영국에서 프로이트는 기대 이상의 환영을 받았다. 가장 감격스러웠던 일은 영국 왕립학회가 『명예의 책』에 그의 이름을 써넣게 해준 일이었다. 아이작 뉴턴Isaac Newton, 다윈과 같은 반열에 들게 된 그는 인생 최고의 영예라고 기꺼워했다. 하지만 그의 인생은 1년도 채 남아 있지 않았다. 그도 느꼈던지, 자신의 늙은 육체를 좀먹어가는 병에 신음하면서도 오랫동안 다듬어왔던 『인간 모세와 유일신교』를 손질해 펴냈다. 이 책에서 프로이트는 자신을 모세와 동일시하는데, 그가 젊은 시절 부오나로티 미켈란젤로Buonarroti Michelangelo의 위풍당당한 모세상을 보았을 때 느낀 것처럼 모세는 신앙의 사도라기보다 '낡은 신앙의 파괴자'였다. 프로이트도 위선적인 기독교 질서의 기반을 파괴했으며, 모세가 파라오에게(그리고 우상숭배를 버리지 못한 히브리인들에게) 쫓겼듯 새로운 신에 목말라 있던 나치에게 쫓긴 것이었다.

그리고 그는 미켈란젤로의 모세상에서 또 다른 특징을 찾아냈다. 『성서』의 묘사와는 달리 모세는 우상숭배로 날뛰는 히브리인들을 노한 얼굴로 바라보기만 할 뿐, 십계명 돌판을 들어 깨부수지는 않는 모습이다. 프로

— 인생의 막바지에 이른 프로이트는 비굴하지도 경솔하지도 않은 선지자 모세와 자신을 동일시하고, 아버지와도 동일시함으로써 마침내 정복자의 몽상을 승화했다.

이트는 나치에 반대했지만 정면으로 투쟁하지는 않았다. 그의 초자아와 자아는 바람직한 안정 상태여서, 이드의 투쟁 욕구에 사로잡혀 격한 행동으로 치닫지는 않았던 것이다. 단지 광란자들을 경멸하고, 냉정히 분석하며, 잘못을 공표하는 것으로 충분했다. 여기서 프로이트는 자신도 모르게 어린 시절의 아버지와 화해한다. 반유대주의자의 모욕에 거칠게 저항하지 않았던 아버지. 어린 프로이트는 그런 아버지가 불만스러웠으며 한니발이나 알렉산드로스를 꿈꾸었다. 그러나 이제 인생의 막바지에 이른 그는 비굴하지도 경솔하지도 않은 선지자 모세와 자신을 동일시하고, 아버지와도 동일시함으로써 마침내 정복자의 몽상을 승화했던 것이다.

그랬다. 아직 미완의 저작이 남아 있었지만, 프로이트는 삶의 목표를 다 이루었다. 1939년 9월 23일, 히틀러가 세계대전을 일으켜 다시 한 번 문명을 철저히 파괴하기로 했다는 소식을 들은 지 얼마 안 되었을 때, 그는 지긋지긋한 암을 견디는 일이 더 이상 무의미하다고 확신했다. 그래서 전에 정했던 대로, 오랜 친구이자 의사인 막스 슈어Max Schur에게 최후의 부탁을 했다. 안락사를.

프로이트는 이집트인이던 모세가 히브리인을 이집트에서 탈출시켰지만, 히브리인들에게 배반당해 살해당했다고 상상했다. 모세와 마찬가지로 프로이트도 '약속의 땅'으로 사람들을 인도하지만 그곳에서 살 수는 없을 것이었다. 그는 자신을 과학자라고 생각했지만, 오늘날에는 그런 평가를 거의 받지 못한다. 그의 인기는 자연과학 쪽보다는 인문학과 예술 쪽에 많다. 꿈은 욕망이나 상징보다는 생리적 물질대사와 정보처리 차원에서 이해되는 것이 대세다. 그러나 프로이트가 아니었다면, 누가 자기 마음속에 도사린 괴물을 꿰뚫어볼 수 있었을 것인가. 프로이트가 아니었다면, 누가 오랜 세월 켜켜이 쌓인 관행과 인습의 먼지를 씻어내고 문명의 속살을 드러냈을 것인가. 오늘날 누가 프로이트를 무시하고, 이성과 계획만으로 이상사회를 건설할 수 있다고 큰소리칠 수 있는가. 우리는 아직도 그가 찾아낸 세상에 살고 있다.

빅터 프랭클

미칠 듯한 공포에서
살아남기

★

Viktor Frankl, 1905.3.26~1997.9.2

절망과 죽음을
딛고

"1,500명의 사람들이 기차를 타고 며칠 밤과 낮을 계속해서 달렸다. 열차 한 칸에 80명이 타고 있었다. 사람들은 마지막 남은 소지품을 담은 짐꾸러미 위에 누워 있었다. 열차 안이 너무나 꽉 차서 창문 위쪽으로 겨우 잿빛 새벽의 기운이 들어올 수 있을 정도였다. 우리는 모두 이 기차가

군수공장으로 가는 것이기를 바랐다.……잠시 후 기차가 덜컹거리며 옆
선로로 들어갔다. 종착역이 가까워진 것이 분명했다. 바로 그때 불안에
떨고 있던 사람들 틈에서 울부짖는 소리가 들려왔다. '아우슈비츠야! 저
기, 저기 팻말이.' 그 순간 모든 사람들의 심장이 멈추었다. 아우슈비츠!
가스실, 화장터, 대학살. 그 모든 공포를 불러일으키는 이름, 아우슈비
츠!……새벽이 되자 거대한 수용소의 윤곽이 드러나기 시작했다. 길게
뻗어 있는 몇 겹의 철조망 담장, 감시탑, 탐조등 그리고 희뿌연 새벽빛 속
에 미지의 목적지를 향해 뻗어 있는 황량한 길을 따라 질질 끌려가고 있
는 초라하고 누추한 사람들의 행렬. 가끔 고함 소리와 호루라기 소리가
들렸다. 하지만 우리는 그것이 무엇을 의미하는지 알지 못했다. 나는 사
람들이 대롱대롱 매달려 있는 교수대를 상상해보았다. 소름이 끼쳤다.
하지만 사실 이것만 해도 괜찮은 편이었다. 왜냐하면 그 후로 점점 더 끔
찍하고 엄청난 공포와 만나야 했기 때문이다."

　세계적인 신경학자이자 정신의학자로, 빈 정신분석 학파의 영향을 받았
으면서 '로고테라피'라고 하는 새로운 심리요법을 개척한 빅터 프랭클의
『죽음의 수용소에서』의 한 자락이다. 프로이트나 아인슈타인, 아렌트 등
여러 유대인 지식인은 나치의 박해를 받았지만 대부분 부랴부랴 외국으로
몸을 피했기에 나치 치하의 유럽에서 스러져간 600만 명의 동포에 들지는
않았다. 그러나 프랭클은 체포될 때까지 빈에 남아 있었고, 그야말로 '죽음
의 수용소'에 끌려가 천신만고 끝에 살아남았다. 그래서 오늘날 그의 이름
을 떠올리는 사람은 위대한 심리학자에 앞서 절망과 죽음을 딛고 일어난

한 인간으로 기억하는 경우가 많다.

그런데 조금 이상한 점이 있다. 『죽음의 수용소에서』는 그가 수용소에서 직접 겪은 이야기를 회상한 책이다. 그런데 아우슈비츠로 들어가는 이 장면은 첫머리에 나와 있지 않다. 첫머리는 카포(유대인 수감자이면서 나치에 협력했던 자들)가 나치보다도 악독하게 굴었다는 이야기로 시작되며, 이어서 수용소 사이에서 수감자를 이동시키던 방식을 설명하다가 갑자기 '이 책을 쓰게 된 동기'를 이야기하고, 다시 자신이 강제 노역에 동원되었지만 일을 잘해서 담배를 상으로 받았다는 이야기로 넘어간다. 그러고 나서야 처음으로 아우슈비츠에 끌려가던 이야기가 나온다.

그뿐이 아니다. 책의 내용은 시간적으로 뒤죽박죽이며, 프랭클은 아우슈비츠뿐 아니라 카우페링과 튀르크하임 수용소에서도 생활했는데 언제나 "수용소에서"라고만 해 정확히 언제 어디서 그랬다는 말인지 알 수 없게 만든다. 그러다 보니 앞뒤가 맞지 않는 듯한 내용마저 눈에 띈다. "수용소 생활이 하도 가혹해, 모두들 동물과 같은 수준으로 전락해서 오직 먹을 것밖에는 생각하지 않게 되었다"라고 했다가 "수용소의 혹독함에도 불구하고, 우리는 틈만 나면 정치를 토론하고 예술을 평했으며 작은 음악회를 열기도 했다"라고 하는 식이다. 수용소마다 분위기와 대우가 조금씩 달랐기 때문이리라. 왜 프랭클은 이렇게 '두서없이' 책을 쓴 것일까? 왜 통상적인 방식대로, 처음 수용소에 들어가서 해방되기까지의 이야기를 시간 순서에 맞게 서술하지 않았을까?

무의식과 자아를
넘어서

빅터 프랭클은 1905년 3월 26일에 오스트리아 빈의 레오폴트슈타트에서 태어났다. 아버지 가브리엘은 공무원이었고, 어머니 엘사는 대대로 랍비를 배출해온 집안 출신으로 모두 경건한 유대인 중산층이었다. 2남 1녀의 차남인 빅토르는 훗날, 아침마다 유대식으로 기도를 올리는 아버지의 모습이 어릴 때 기억 중에서 가장 오랫동안 생생히 남아 있다고 말했다.

그러나 프랭클이 지망한 것은 랍비가 아니라 의사였다. 겨우 3세 때 "나 커서 의사 될래!"라고 하자, 본래 의사를 꿈꾸었지만 가정 형편 때문에 공무원을 선택했던 아버지 가브리엘은 아주 대견스러워했다. 그래서 어린 아들의 손을 잡고 의과대학을 견학시켜주곤 했으며, 프랭클은 의과대생들조차 진저리를 치는 시체 냄새와 포르말린 냄새를 흐뭇한 표정으로 음미했다고 한다.

어린 소년의 마음을 사로잡은 의사의 꿈은 의사놀이로도 이어졌다. 장난을 좋아하고 어찌 보면 '교활'하기도 한 그의 면모는 그때 이미 싹수를 나타냈다. 여동생 슈텔라와 의사놀이를 하며 "손님, 편도선이 심하게 부어 있네요. 수술을 해야 해요" 하고는 여동생의 입에 가위를 넣고 무언가 하는 시늉을 내더니, 다른 손에 감추어둔 돌조각을 내보이며 "수술이 잘 끝났어요. 이걸 잘라냈으니 이젠 안 아플 거예요. 그럼 수술비 내세요!" 이렇게 말하고 부모님이 여동생에게 준 용돈을 우려냈다는 이야기다.

12세 때는 11세 때 프로이트가 간접경험한 '아버지의 치욕'과 흡사한 상황에 맞닥뜨리기도 했다. 라이히스 다리를 혼자서 건너가는데, 불량소년 5명이 그를 막아서더니 "인마, 너 유대인이지?" 하며 시비를 걸더라는 것이다. 프로이트의 아버지는 비슷한 상황에서 아무런 저항 없이 모욕을 받아들였고, 이는 어린 프로이트에게 분노와 경멸의 트라우마를 남겼다. 그러면 프랭클은? 그의 말대로라면 저항하지도 달아나지도 않았다. 다만 침착하게 "맞아. 나 유대인이야. 그래서 뭐? 유대인은 인간도 아니니?"라고 말했다. 그러자 불량소년들은 주춤대더니, 그의 솜털 하나 건드리지 않고 가버렸다! 20세기 초 오스트리아에서는 불량소년들조차 인간미가 넘쳤던 것일까? 프랭클은 이 에피소드를 "그들의 인간성에 호소한 결과, 그들의 양심이 눈을 뜬 것"이라고 설명했다. 하지만 무언가 석연치 않은 구석이 있는 이야기다. 아무튼 아버지에게 실망한 어린 프로이트가 '정복자'를 꿈꾸기 시작하고 결국 '아무도 손대지 못했던 정신세계의 정복자'를 지향해나갔듯, 이 에피소드도 프랭클의 인생 경로에 의미심장한 지표가 되었다. 그는 '박해받는 사람'이 될 것이었다. 그러나 순교자도 투사도 아닌, 최악의 상황에서도 인간의 존엄을 잃지 않고 신념을 지켜나가는 '정신적 영웅'이 될 것이었다.

1918년, 오스트리아는 제1차 세계대전에서 패배했으며 바야흐로 암울한 시대가 시작되려 하고 있었다. 하지만 이제 13세가 된 프랭클은 개인적으로 알찬 성장 시대를 맞이했다. 그는 명문 슈페를감나지움의 우등생이었고, 10대 청소년을 넘어서는 영역에 벌써 발을 디디고 있었다. 그는 학과 공부뿐 아니라 철학, 심리학, 정치학까지 새로운 지식을 열광적으로 흡수했으며, 정신분석학의 기틀을 다지고 세계적인 인물이 되어 있던 프로이트와 편지로 대화와 토론을 벌이기도 했다. 어느 날, 그는 공원에 앉아서 생각을 거듭하다가 그 자리에서 논문 한 편을 써서 프로이트에게 보냈다. 프로이트의 반응은 프랭클의 기대 이상이었다. 프로이트의 『정신분석 국제저널』에 싣고 싶다는 것이었다! 아직 대학에도 가지 못한 10대 학생이 하루아침에 쓴 논문이 '당대 최고수'에게 인정을 받고, 세계적으로 이름 있는 학술지에 실리다니! 논문은 이런저런 사정으로 미루어져서 프랭클이 김나지움을 졸업한 1924년에야 게재되지만, 세상의 인정을 받기까지 꽤나 오래 걸렸던 프로이트에 비해 프랭클의 전도는 양양하기 짝이 없었다. 그가 평생의 취미로 삼게 될 암벽 등반에 입문한 것도 이때였다(뭐든 '어려움에 도전해 극복'하기를 좋아했던 그는 70대에도 자일과 로프를 둘러메고 암벽을 탔으며, 그래서 등산객들 사이에는 그가 세계적인 심리학자가 아니라 '훌륭한 등반가'로 알려져 있기도 했다).

프랭클은 1923년에 김나지움을 졸업하고 빈 의과대학에 입학했다. 그리고 신경학과 정신의학을 전공한다. 1924년에는 '오스트리아 사회주의 청소년협회' 회장을 맡는 등 정치에도 손을 댔지만, 곧 의학 공부와 심리치료 연구에 집중하게 되었다. 그런데 마냥 순조로운 듯했던 그의 앞길이 이때쯤 사잇길로 빠지기 시작했다. 불운에 의해서라기보다 스스로 택한 길이었다. 마침내 『정신분석 국제저널』에 논문을 실은 프랭클은 유명한 빈 정신분석협회의 일원이 되기를 원했고, 어렵지 않게 프로이트의 추천을 얻어 가입 면담을 하게 되었다. 그런데 면담을 맡은 폴 페데른Paul Federn은 프랭클의 재능을 높이 평가하면서도 '일단 의과대학부터 마치고 보자'는 뜻을 전했다. 실망한 프랭클은 이를 계기로 정신분석과 프로이트 이론 자체에 회의를 품기 시작했다. 복잡한 인간의 행동을 오직 쾌락 원칙으로만 설명해도 되는 것일까? 유년기의 경험에서 평생 벗어날 수 없다면, 인간은 사실상 진정한 자유를 가지지 못한 존재가 아닌가? 이런 생각에서, 프랭클은 한때 프로이트의 동지였다가 결별한 아들러에게 접근했다.

1925년, 그는 아들러 학파에 가입했으며 프로이트의 잡지에 논문을 실은 지 1년 만에 아들러의 잡지에 논문을 실었다. 하지만 그는 아들러의 심리학에도 곧 회의를 느꼈다. 프로이트와는 달리 쾌락보다 권력을 중시하지만, 아들러도 단순한 원리로 사람의 행동을 풀이하려는 입장임은 마찬가지였다. 또한 프로이트나 아들러나 정신적 문제가 있는 인간을 '해석'하는 일에 중점을 두면서, 그런 인간이 스스로의 힘으로 '변혁'을, 다시 말해 갱생할 가능성을 무시하고 있었다. 프랭클은 심리치료사의 일이란 환자가 스스로 일어서게끔 돕는 데 있지, 환자를 치료사와 과거 앞에 무력한 존재로 만들고 구원의 손길을 뻗어주는 데 있지 않다고 보았다. 프랭클은 자신이 프로이트와 아들러에게 큰 빚을 졌으며 "거인들의 어깨 위에 선 덕분에 멀리 내다볼 수 있었다"라고 겸손한 듯 이야기했다. 그러나 그 말을 되새겨보면 그가 두 거인의 어깨를 "밟고 올라서" 있다는 뜻도 된다. 그는 정신분석의 치료 가능성을 계속해서 의심했으며, 정신분석 치료를 받고 호전되었다는 사람은 일시적이거나 스스로의 힘으로 그렇게 된 것이라고 주장했다.

결국 1926년, 그는 뒤셀도르프의 개인심리학 국제총회에서 기조연설을 하는 '영광'을 얻었지만 그 자리를 빌려 아들러의 개인심리학 원칙을 여러모로 비판해버렸다. 이런 '배은망덕'에 프로이트가 그랬듯 아들러도 펄펄 뛰었으며, 몇 개월 뒤 그는 아들러 학파에서 추방당했다. 이로써 정신의학

계통에서 고립된 셈인 프랭클은 다소 의기소침해졌지만, 곧 무소의 뿔처럼 자신만의 길을 가기 시작했다. 그는 아직 22세의 의과대학생에 불과했지만, 우울증과 이에 연관된 자살 문제에 일찍부터 관심을 보이면서 그 분야에서 자신의 입지를 꾸준히 쌓아두었다. 당시 정치적으로나 경제적으로나 혼란스러웠던 빈에서는 청소년 자살자가 속출했는데, 프랭클의 계획에 따라 청소년 상담센터를 세우자 4년 만에 자살자가 1명도 나오지 않는 놀라운 결과를 낳았다. 빈의 상담센터가 성공하자 프랭클은 유럽의 다른 6개 도시에도 센터를 개설할 수 있었다.

그는 실무뿐 아니라 이론에서도 독자적인 길을 개척해나갔다. 당시 유럽 지성계를 뒤흔들던 철학책은 마르틴 하이데거Martin Heidegger의 『존재와 시간』이었다. 프랭클도 이 책에 열심히 매달렸으며 마침내 인간을 올바르게 이해하는 접근법을 찾아냈다고 생각했다. 인간은 '세계 내에 던져진 존재'이며, 따라서 우연을 벗어날 수 없지만 전혀 허무한 존재는 아니다. 그와 연결되어 있는 '세계'가 있으며, 무엇보다 자신이 있기 때문이다. 세계 속에서 자신이 존재하는 '의미'를 찾게 될 때, 그는 던져진 존재인 자신을 넘어서 나아갈 수 있게 된다. 이처럼 프랭클은 심리학적 기반에 철학적 사유를 더하고, 자신이 살면서 체험해온 지혜와 판단을 덧붙여 '로고테라피'를 구성해냈다. 로고스logos와 테라피therapy를 결합한 이 신조어는 인간이 과거에 얽매여 살 것이 아니라 미래를 지향하도록 한다. 그리고 무의식이나 자아에 머물지 않고 더 높은 곳으로 초월하도록 한다.

아 우 슈 비 츠 로
가 는   열 차

1937년, 프랭클은 마침내 레지던트 과정을 마치고 여동생 슈텔라의 집에 자신만의 정신신경과 병원을 열었다. 그러나 빈은 점점 거칠어지는 나치당의 분란으로 흉흉했고, 4년 전에 독일을 장악한 히틀러의 마수를 막을 힘도 없었다. 1938년 3월 11일, 오스트리아는 지도에서 사라져버렸다. 프랭클은 그날, 빈 중심가의 극장에서 강연을 하고 "총통 만세! 유대인들은 꺼져라!"라는 나치들의 외침이 가득한 거리를 한없이 무거운 마음으로 걸어 귀가했다.

오스트리아를 접수한 나치는 곧바로 무차별 학살을 벌이지는 않았지만, 유대인들의 인권을 하나하나 박탈해갔다. 유대인은 전문직에 종사할 수 없고, 건물이나 기업을 소유할 수도 없었다. 학교에 다닐 자격도 없었다. 자동차나 마차를 타고 다녀서도 안 되었다. 강제로 거리 청소 등에 동원되어도 항의할 수 없고, 유대 교회가 불타고 물건을 마구 훔쳐가는 데도 보고만 있어야 했다. 모든 유대인은 그들을 상징하는 노란색 별을 옷에 붙이고 다녀야 했고, 이름도 남자는 이스라엘, 여자는 사라를 덧붙여 불러야 했다. 예배, 결혼식, 음악회, 장례식 등 문명사회의 인간이 누리는 모든 축제와 의례에 참석할 자격도 송두리째 박탈되었다.

유력한 유대인들은 속속 망명길에 올랐으며, 프랭클의 여동생 슈텔라도 뉴질랜드로 떠났다. 그러나 프랭클은 앞서 신청한 미국 비자가 나왔는데도 빈에 그대로 남아 있었다. 왜 그랬을까. 극도로 쇠약해져서 먼 길을 떠나기가 불가능한 부모를 버려두고 갈 수 없다는 이유가 있었다. 로스차일

오스트리아를 접수한 나치는 유대인들의 인권을 하나하나 박탈해갔다. 모든 유대인은 그들을 상징하는 노란색 별을 옷에 붙이고 다녀야 했다.

드 병원에서 환자를 돌보는 일(프랭클의 의사 자격증은 박탈되었으며, 병원도 빼앗겼다. 그러나 당분간 유대인 환자를 진료하는 일만은 허용되었다), 나치가 유대인들을 암암리에 말살하려고 도입한 '정신병자 안락사 계획'에 유대인들이 휘말려 죽어가는 것을 막는 일을 저버릴 수 없기도 했다. 하지만 무엇보다 눈앞의 위험이 두려워서 등을 돌리는 것은 그에게 맞지 않았다. 그는 자신만큼 쓸모 있는 전문가는 나치도 함부로 하지 못할 거라고 믿었을지도 모른다. 어린 시절 여동생을 속여 넘겼던 것처럼, 불량소년들의 린치를 피했던 것처럼, 학창 시절 야단치는 선생님들을 청산유수의 언변으로 구워삶았던 것처럼 이번에도 나치들을 잘 구슬러서 위기를 넘길 수 있으리라고 자신했을지도 모른다. 그는 심지어 새로 가정을 꾸리기까지 했다. 상대는 로스차일드 병원의 간호사인 틸리 그로서였다. 두 사람은 1941년 12월에 결혼했으며, 그 직후로는 나치가 유대인의 결혼조차 불허했기에 마지막으로 나치 치하 빈에서 결혼한 유대인 부부가 되었다.

1942년 9월 25일, 마침내 운명이 프랭클 부부의 신혼집 문을 두드렸다. 두 사람은 프랭클이 졸업한 슈페를김나지움으로 끌려갔다가 임시 수용소인 체코슬로바키아의 테레지엔슈타트 수용소로 이송되었다. 프랭클의 부모, 장모, 형 발터도 함께였다. 쇠약해질 대로 쇠약해져 있던 아버지 가브리엘은 시련을 견디지 못하고 테레지엔슈타트에서 병사했다. 1944년 5월에는 장모가 아우슈비츠로 이송되었으며, 도착하자마자 '처리 대상'으로 분류되어 가스실에서 죽었다. 10월에는 프랭클이 이송 열차에 올랐다. 아내는 이송 대상 명단에 없었지만, 자청해 남편을 따라나섰다. 그러나 그들의 인연은 아우슈비츠로 가는 열차 안이 끝이었다. 수용소에 도착하자마자 남녀로 분리 수용되면서 부부는 떨어졌으며, 그것이 마지막 작별이 되었다. 얼마 후 아내는 베르겐벨센 수용소로 이송되어 죽었고, 테레지엔슈타트에 남아 있던 어머니와 형도 아우슈비츠로 왔다. 가족 상봉은 없었지만 말이다. 어머니는 가스실에서, 형은 강제 노동 도중에 최후를 맞이했다.

삶 의 의미,
그 세 가지 실마리

프랭클의 기록대로라면, 그는 그야말로 구사일생으로 살아남았다. 아우슈비츠에 도착하자마자 수감자들은 일단 남녀로 분류되고 그다음에 친위대 장교 앞에 서게 되는데, 그가 말없이 왼쪽을 가리키느냐 오른쪽을 가리키느냐가 삶과 죽음을 갈랐다. 왼쪽으로 간 사람들은 곧바로 가스실로 들어갔으며, 몇 시간 지나지 않아 연기로 변해서 아우슈비츠의 하늘 위로 날아갔다. 대다수가 왼쪽이었으며, 잘 부려먹을 수 있을 것 같은 소수만 생명을 연장했는데 프랭클은 튼튼해 보이지 않았는데도 오른쪽이었다. 그 뒤로도 잘못하면 맞아죽을 뻔하던 상황에서 공습경보가 울리거나, 다른 수용소(전원 '처리'된다고 소문이 나 있던)로 이송되는 명단에 들었지만 별일이 없고 이전 수용소가 비참한 상황에 처하거나 하는 '운명의 장난'이 이어졌다.

하지만 아우슈비츠에서, 그다음 카우페링과 튀르크하임에서 보낸 6개월은 최악의 고통과 불안과 절망의 시간이었다. 일상적인 욕설과 폭행, 비위생적인 환경과 혹한, 끝없이 이어지는 굶주림, 체력의 한계를 시험하는 강제 노동, 옆에서 죽어가는 동료와 어디서 죽었을지 모르는 가족에 대한 연민, 죽음이 자기 자신에게도 언제 닥칠지 모른다는 사실이 주는 미칠 듯한 공포.

그러나 프랭클은 꺾이지 않았다. 그는 살아남았을 뿐 아니라, 자신이 처한 상황을 로고테라피의 원리를 증명하는 기회로 삼았다. 그리하여 스스로와 주위 사람들을 위로하고 고통 속에서도 평안하게 지낼 수 있었다. 그는 "왜 살아야 하는지, 의미를 아는 사람은 어떤 상황도 견뎌낼 수 있다"라는 니체의 말을 신조로 삼았으며, 크게 세 가지에서 삶의 의미를 찾아낼 수 있었다.

첫 번째, 자신이 해야 할 일, 자신밖에 할 수 없는 일을 찾는다. 프랭클은 오랫동안 써온 원고를 수용소에도 가져왔으며 마지막까지 놓지 않으려 했지만 결국 빼앗겼다. 그래도 그는 틈날 때마다 적을 것을 찾아서 원고를 이어나가려 했다. 자신이 정립했고 지금은 한창 '검증' 중인 로고테라피를 더 많은 사람에게 알려야 한다는 사명감이 절망에 몸부림칠 여지를 빼앗았다. 그리고 해방되기 얼마 전부터는 의사로서 동료 환자들의 상태를 돌보는 일을 했으며, 그 외에는 누구도 할 수 없는 그 일이 살아갈 동력을 주었다. 그렇다고 무언가 거창한 사업이나 전문지식이 있어야 한다는 것은 아니다. 누구의 부모이고, 자식이고, 동료이고, 친구이기만 해도 되지 않은가. 가족이나 동료나 친구가 그렇게 쉽게 '대체'될 수 있는 것은 아니니까. 우리 모두는 우리밖에 할 수 없는 일을 하는 독보적인 존재가 아닌가.

두 번째, 사랑을 찾는다. 사랑이야말로 우리를 이 지루한 세상에 남아 있게 만드는 유일한 가치이며, 우리는 사랑을 지키기 위해 때로는 죽음도 불사한다. 누군가를 사랑하며, 누군가에게 사랑받고 있다는 것을 영혼으로 기억하는 사람이라면 어떤 절망도 죽음에 이르게 하지 못하리라.

"때때로 나는 하늘을 바라보았다. 별들이 하나둘씩 빛을 잃어가고, 아침을 알리는 연분홍빛이 짙은 먹구름 뒤에서 서서히 퍼져가고 있었다. 하지만 내 머릿속은 온통 아내 모습뿐이었다. 나는 그녀의 모습을 아주 정확하게 머릿속으로 그렸다. 그녀가 대답하는 소리를 들었고, 그녀가 웃는 것을 보았다. 그녀의 진솔하면서도 용기를 주는 듯한 시선을 느꼈다.……나는 몇 시간 동안 얼어붙은 땅을 파면서 서 있었다. 감시병이 지나가면서 욕을 했고, 나는 또다시 사랑하는 사람과 대화를 나누었다. 그러자 점점 더 그녀가 곁에 있는 것같이 느껴졌으며, 그녀는 정말로 내 곁에 있었다. 그녀를 만질 수 있을 것 같았고, 손을 뻗쳐서 그녀의 손을 잡을 수 있을 것 같은 느낌이 들었다. 너무나 생생했다. 그녀가 정말로 거기에 있었던 것이다. 바로 그 순간 새 한 마리가 날아와 내가 파놓은 흙더미 위에 앉았다. 그러고는 천천히 나를 바라보았다."

영화의 한 장면 같은 이 묘사를 통해 프랭클은 인간은 사랑으로 구원받으며, 사랑은 죽음만큼 강하다는 것을 깨달았다고 독자들에게 고백한다.

세 번째, 고난을 찾고 받아들인다. 아우슈비츠에 비할 정도는 아니겠지만 우리 모두는 고민과 불안 속에서 살아가고 있다. 객관적으로 보면 딱히 힘들게 사는 것도 아닌데, 공연히 마음이 자꾸만 가라앉고 세상의 빛이 바래는 느낌도 든다. 아무리 즐거운 일이 있어도 인생은 기본적으로 고통이며, 이를 견디며 살아갈 의미가 보이지 않기 때문이다. 그러나 프랭클은 말한다. "창조와 즐거움만 의미가 있지는 않다. 삶의 의미가 있다면, 시련이 주는 의미이리라. 운명처럼, 죽음처럼, 시련은 우리 삶의 불가결한 부분이다. 고통 없고 죽음 없이 인생은 완성되지 않는다." 고통이 크고 시련이 가혹할수록 그것은 우리에게 삶의 의미를 부여한다는 것이다. 시련을 이겨내는 자체가 의미 있고, 시련을 이겨낸 우리는 그전보다 강인한 존재가 되어

— 아우슈비츠에서 보낸 날들은 최악의 고통과 불안과 절망의 시간이었다. 일상적인 욕설과 폭행, 비위생적인 환경과 혹한, 끝없이 이어지는 굶주림. 그러나 프랭클은 꺾이지 않았다.

있을 것이므로. 삶의 고통을 꺼리며 그것을 잊을 수단을 찾아 헤맬 것이 아니라, 정면으로 받아들이고 극복하는 데서 의미를 찾으라는 것이다. 이렇게 크게 세 가지를 마음에 새기고 실천하면, 아무리 어려운 상황에 있더라도 삶은 포기할 수 없는 것, 끝까지 최선을 다해 살아야 하는 것이 된다.

정 신 승 리 의
변 증 법

　　　　　　그러나 감동은 잠시 접어 두고, 냉정하게 그의 주장을 다시 생각해보자. 프랭클의 '세 가지 의미의 근거'는 도리어 사람을 끝없는 절망에 이르게 하는 근거가 될 수도 있지 않은가? 프랭클은 자신이 목숨처럼 소중히 하던 원고를 빼앗겼다. 최선을 다해 이어 가려 하지만 한계가 있다. 애당초 그가 죽음의 수용소에서 살아남아 로고테라피든 뭐든 사람들에게 전할 가능성이 거의 없다. 그러면 목적의식이 뚜렷한 사람일수록 절망에 빠지지 않을까? 차라리 '인생 뭐 있어?' 하며 적당히 먹고 놀기만 하는 사람이 정신적으로 덜 위험하지 않을까?

사랑도 그렇다. 프랭클이 작은 새를 바라보던 때, 그의 아내는 이미 죽어 있었다. 물론 프랭클은 그런 사실은 별 문제가 되지 않으며, 사랑은 상대가 곁에 있든 없든 세상에 남아 있든 그렇지 않든 영혼을 충만하게 한다고 주장한다. 하지만 그렇게 숭고한 생각을 진심으로 할 수 있는 사람이 얼마나 될까? 사랑이란 그만큼 고통스럽지 않던가? 아주 잠시의 헤어짐도 아쉽고 괴롭거늘, 그를 다시는 만나볼 수 없다는 사실을 알고도 평화롭고 충만할 수 있을까? 내게 대체 무슨 죄가 있다고 이런 고통을 주느냐며 하늘을 욕하고 미쳐버리지 않을까?

고난을 시련으로 받아들이라는 충고도 그렇다. 많은 경우 우리는 우리에게 주어지는 고통을 선택하지 못한다. 물리적 고통과 재난이 우리를 완전히 파멸시킬 수도 있고, 그렇지 않을 때는 단지 우연히 모면한 것일 때가 많다. 프랭클만 해도 아주 작은 우연 때문에 몇 번이나 목숨을 건졌다고 하지 않았는가? 아무리 애써도 운명을 통제할 수 없는데, 내게 떨어지는 우연의 폭격을 어떻게 축복으로 받아들인단 말인가?

프랭클은 이렇게 대답할 것이다. "우리는 어떤 상태로부터의 자유가 아니라, 그 상태에 대한 태도를 선택할 수 있는 자유가 있다." 수용소에 갇히든 로또에 당첨되든 우리는 우연의 손에 놀아난다. 하지만 우리는 그것을 다르게 해석하고 다르게 지향할 수 있으며, 그것이 인간에게 주어진 자유라는 것이다. 그러면 결국 로고테라피는 흔히 '정신 승리'라고 말하는 것과 본질적으로 다르지 않음을 알 수 있다. 객관적인 득실이 문제가 아니라 주관적으로 매기는 득실이 중요하다. 빈민촌에서 죽어가면서도 삶에 감사할 수 있고, 재벌의 자식으로 태어났어도 삶이 권태로울 수 있다.

그런데 로고테라피라는 생소한 말을 쓰지 않아도. 아주 전통적으로 '정신 승리' 하는 법이 있다. 종교적인 태도다. '내가 수용소에 갇힌 것은 나를 단련하시려는 신의 뜻이다', '내가 수용소에서 죽지 않았던 것은 신이 나를 쓰시려 했기 때문이다', '가족이 모두 죽고 나만 살아남은 것도 신의 뜻이다' 이런 식으로 모든 것을 원만하고 밝게 이해할 수 있다. 그런데 프랭클은 그런 태도는 취하지 않는다. 어릴 적에 본 아버지의 기도에 감명받았으며 자신도 마음이 괴로울 때는 기도를 했다지만, 『죽음의 수용소에서』에서 종교인의 관점은 찾아볼 수 없다. 삶의 의미는 인간 스스로 부여하는 것이지, 신이 부여하는 것이 아니기 때문이다. 자신과 가족, 동포가 겪은 고난은 그 자체로는 단지 우연이며, 순수한 악이기 때문이다. 집단적, 민족적인 시련을 위해 신이 예비한 것이 그런 잔혹하고 야만적인 고난이라고 한다면, 그 따위 신은 용서할 수가 없기 때문이다. 히틀러와 아우슈비츠는 어디까지나 우연한 재앙이어야 했으며, 희생자는 그것을 피할 수 없는 이상 스스로의 인생에서 그것이 지닌 의미를 찾아야 했다. "아버지의 뜻이 아니라, 자신의 뜻으로." 이후에도 프랭클은 신앙심이 개인을 절망에서 구할 수 있다고 인정하면서도, 목사들이 흔히 그러듯 오만 가지 사건에서 신의 뜻을 찾아내라고 강요하지는 않았다.

프랭클이 『죽음의 수용소에서』에서 자신의 경험을 체계적으로 서술하지 않은 까닭도 자신만의 주관적인 체험이었기 때문이다. 객관적인 사실의 나열은 중요하지 않았다. 그는 어떤 의미에서는 한 번도 수용소에 있지 않았으며, 어떤 의미에서는 아직도 수용소에 있었던 것이다.

프랭클은 1945년 4월 27일, 튀르크하임 수용소에서 미군에 의해 해방되었다. 그는 나치가 소멸된 빈에 돌아왔다. 그리고 의사 일을 계속했다. 『죽음의 수용소에서』를 저술하는 일도 잊지 않았으며, 그 책은 27개 언어로 번역되고 영어판만 400만 부가 팔렸다. 가족의 유일한 생존자인 여동생과 다시 만났고, 재혼도 했다(이번에도 같은 병원에서 근무하던 간호사 엘리 슈빈트였다. 두 사람은 틸리의 죽음을 공식 확인하고 이틀 만에 결혼했다). 놀라운 책을 쓴 놀라운 사상가로서 세계 각국에서 강연회도 열었고, 더 많은 환자와 더 많은 암벽과 더 많은 책을 접했다. 그리고 1997년 9월 2일, 심장수술의 후유증으로 숨을 거두었다.

프랭클의 사상은 프로이트에서 시작해서 거기에 머무는 면도 있지만 프로이트와 반대를 지향한다. 인류가 스스로에게 저지른 잔악 행위에 사고가 마비되고, 젊은이들이 '빌어먹을 구세대가 만들어놓은 빌어먹을 세상'을 탓하고 있을 때, 그는 "어떤 일이 있어도 삶을 포기하지 않을 이유"를 제시해주었다. 로고테라피를 있는 그대로 이어받은 심리치료사는 별로 없지만, 크게 실존치료 또는 인본주의 심리학이라고 할 수 있는 그의 사상과 이론은 루 메리노프Lou Marinoff나 에이브러햄 매슬로Abraham Maslow 같은 인물에게 큰 영향을 주었다.

비판도 있다. 롤로 메이Rollo May는 실존치료와 인본주의 심리학의 영역에 속한 인물이었지만 로고테라피를 '권위주의적'이라며 비판했다. 아무리 해도 의미를 찾지 못하는 환자는 어떻게 할 것인가? 우울증 환자의 경우 정신력이 보통 이하로 저하되는 것이 특징인데 과연 보통 이상의 의지를 이끌어내 의미를 찾을 수 있는가? 프랭클은 프로이트와 아들러가 환자에게 자신의 방식을 강요하고 있다고 비판했지만, 그도 그렇지 않은가? 털끝 하나 들어 올릴 힘도 남지 않은 사람에게 "일어나요, 당신은 그럴 힘이 있어요?"라고 강요하면서?

그리고 프로이트와 마찬가지로, 결국 그의 사상은 개인적인 영역에서만 머문다. 객관적 재앙을 축복이라고 여겨버리는 태도는 자신에게는 득이 될 수도 있다. 그러나 재앙이 일어나지 않도록 사회를 변혁할 수 있겠는가? 프랭클은 몰개인적 집단으로 처분 대상이 되는 것도 혐오했고, 집단으로 가해자나 희생자를 논하는 것도 싫어했다. 그가 어느 강연에서 "좋은 사람과 나쁜 사람은 어느 집단에나 속해 있다.……학살자도 마음을 바로 가지면 좋은 사람으로 거듭날 수 있다"라고 하자 강연을 듣던 유대인들이 일어나 욕설을 퍼붓기도 했다. 물론 집단적 적개심과 원한이야말로 끝없는 비극의 불씨이지만, 사고의 범위를 개인 이상으로 확대하지 않는 것도 옳지만은 않다.

그렇더라도, 인간은 본질적으로 개인이다. 그리고 개인의 존재가 전혀 무의미해질 뻔한 상황에서 '의미 부여의 주체'라는 의미를 외쳤기에, 그것이 스스로 무의미의 밑바닥에서 기어 나온 사람의 목소리였기에, 이 역시 인류의 고귀한 자산이 아닐까.

제 3 장

생각의 초상

사
상
가
들

● 19세기에 인류는, 정확히 말해서 서구인은 멋진 신세계에 있었다. 한때는 영영 신비와 습속의 영역에 속해 있을 듯하던 자연·사회·문화계의 원리가 하나하나 베일을 벗었고, 이성과 과학의 힘으로 하늘 끝과 땅끝까지 도달할 것만 같았다. 하지만 20세기로 전환하면서부터, 그런 자신감과 희망은 연달아 붕괴되어갔다. 사상 최악의 전쟁, 학살, 공황, 피지배 민족들의 반란. 20세기 초반이 지났을 때 서구인은 자신들이 여전히 '제1세계'에 속해 있지만 이미 대부분은 다른 세계로 바뀌어 있음을 깨달았다. 수십 년 전, 그들이 문명의 차원에서는 최초로 통일했던 세계에서, 그들은 더 이상 문명의 대표자도 아니고 지배자도 아닌 '일원'일 따름이었다.

그러한 서구의 몰락 과정은 지적인 혼란과 분열 또한 아울렀다. 헬레니즘과 헤브라이즘에 뿌리를 두고 이성과 과학을 앞세웠던 서구 근대사상은 불신과 회의, 뒤를 이은 해체와 전복을 이겨내지 못한 채 나아갈 길을 잃어버렸다. 이런 가운데, 서구 사상의 전통을 밑바닥부터 재검토하는 한편 구원과 승화의 단초를 마련하려 분투하던 사람들이 있었다. 그리고 그중 상당수가 유대인이었다. 후설은 철학을 가장 엄밀한 보편학의 수준으로 끌어올리고자 했고, 포퍼와 비트겐슈타인은 서구 사상에서 '불순한' 부분을 과감히 잘라내고자 했다. 또한 베냐민은 서구 사상이 근대화 과정을 겪으며 왜곡되고 변형된 부분을 지적하려 했다.

이들은 서구적 전통에서 늘 소수자요, 국외자였다. 그러나 그들은 인종과 민족의 개별성을 초월해 보편적 진리를 탐구하는 서구 사상을 신뢰했으며, 위기를 극복하는 첨병 역할을 기꺼이 맡고자 했다. 유대인다운 성실함과 꼼꼼함, 체제 안에 있으면서도 국외자의 시각에서 냉정히 문제점을 꿰뚫어보는 특유의 시각을 가지고. ●

에드문트 후설

엄격하고 절대적인
철학을 찾아서

★

Edmund Husserl, 1859.4.8~1938.4.27

보편적인 것의

유혹

후설이 시작한 '현상학 운동'은
인문사회과학 세계에서 마르크시즘이나 정신분석학 못지않은 반향을 일
으켰다. 하지만 후설은 마르크스나 트로츠키, 프로이트 등에 비하면 그다
지 굴곡 있는 삶을 살지 않았다. 1859년 4월 8일, 오스트리아령이던 모라
비아의 프로스니츠에서 부유한 모자 제작자이자 상인의 아들로 태어나 부

족함 없이 자랐기 때문이다. 그의 성장기는 오스트리아 제국이 유대인에게 가장 관대했던 '다문화의 시대'였던 만큼 평생 트라우마가 될 폭력이나 차별도 없었다. 일찍 공부에 뜻을 두고 모범적인 학생과 학자 생활을 꾸준히 계속했으며, 19세에 결혼해 수십 년을 해로하는 동안 이렇다 할 가정적 위기나 소란도 겪지 않았다.

하지만 그렇게 평온해 보이는 인생사에도 '나는 유대인이다. 결코 완전한 독일 민족이, 오스트리아인이 될 수는 없다'는 인식이 그의 섬세한 정서에 일말의 그림자를 던졌던 것 같다. 그래서 후설의 마음을 일찌감치 사로잡은 것은 '보편적'이고 '절대적'인 것, 민족이나 인종의 특수성을 뛰어넘어 하나가 될 수 있는 무엇이었다. 보다 강한 억압이나 트라우마가 있었다면 트로츠키나 엠마의 길을 걸었을지 모르고, 적어도 그의 성향이 그만큼 부드럽고 조용하지 않았더라면 프로이트처럼 되었을지도 모르지만, 소년 후설이 느꼈던 유대인으로서의 그림자는 그런 그림자를 녹여버리는 크고 밝은 빛을 꿈꾸게 했던 것이다. 청소년의 입장에서 그런 보편성과 절대성은 자연과학이나 수학에서 찾을 수 있는 듯 보였다. 그는 1876년에 라이프치히 대학에 입학하고 1878년에 훔볼트 대학, 1881년에 빈 대학으로 옮기면서 수학을 집중적으로 공부했다. 그의 스승이 된 카를 바이어슈트라스 Karl Weierstrass는 당대 최고의 수학자였으며, 후설은 1883년에 변수 계산에 관한 논문으로 박사학위를 받은 다음 계속 그의 조교로 일하며 앞날이 유망한 수학도로 학계에 이름을 알리기 시작했다.

그러나 그해에 바이어슈트라스가 건강 악화로 휴직하자, 후설은 자원입대해 1년 동안 군에 복무한다. 전투에 참여할 일은 없었지만, 매일 연구실

_ 1916~1937년 후설이 살았던 집. 풍족한 집안에서 태어난 후설은 부족함 없이 자랐지만 완전한 독일 민족이 될 수 없다는 인식이 그에게 보편적인 것에 대한 갈망을 일으켰다.

에 틀어박혀 수식과 씨름하다가 맞이한 병영 생활은 그의 기분과 생각을 전환하고, '사람'을 새롭게 들여다볼 계기를 주었다. 이때를 전후해 빈 대학에서 사귀게 된 친구 토마시 마사리크Tomáš Masaryk(나중에 체코슬로바키아의 초대 대통령이 된다)도 그가 시야를 넓히도록 도와주었다. 그의 권유로 후설은 『신약성경』을 공부하기 시작했으며, 몇 년 뒤에는 유대교에서 루터파 개신교로 개종한다(하지만 열렬한 종교적 회심의 결과라기보다 조선 실학자들의 천주교 개종처럼 학문적인 탐구에 따른 부산물 같은 것이었다). 그리고 당시 풍미하던 실증주의적 분트 심리학과는 다른 식으로 심리학과 철학에 접근한 프란츠 브렌타노Franz Brentano의 강의도 듣게 된다. 그리하여 1884년, 그는 수학에 대한 관심을 놓지 않은 상태에서 철학을 주된 연구 분야로 삼기로 결심한다.

철학자로서 후설의 가장 큰 문제의식은 무엇이었을까? '엄밀한 학문으로서의 철학'을 세워야 한다는 것이었다. 그가 보기에 세기말의 철학은 그야말로 위기에 처해 있었다. 뉴턴과 고트프리트 라이프니츠Gottfried Leibniz의 시대만 해도 모든 학문의 머리이자 몸통인 철학이었지만, 진격하는 자연과학의 발걸음 아래 철학의 의의는 모호해지고, 영역은 협소해져버렸다. 진리는 철학이 아닌 과학으로 규명해야 하고, 철학은 객관성이라고는 없이 이 사람 저 사람이 제멋대로 늘어놓는 사변에 불과하다고 여기게 된 것이다. 후설은 철학이 수학처럼, 아니 그 이상으로 엄밀한 학문이 되어야 한다고 여겼고, 그러기 위해 당시의 철학을 '오도誤導하는' 접근법들을 배격했다. 먼저 '실증주의'. 영국 경험론의 전통에서 출발한 이 사조는 게오르크 헤겔Georg Hegel 이후 관념론의 퇴조와 과학기술 만능 사상에 힘입어 철학을 포함한 정신과학을 자연과학에 통합해버리려고 했다. 후설은 하인리히 리케르트Heinrich Rickert, 빌헬름 딜타이Whilhelm Dilthey와 더불어 정신과학의 독자성을 주장하고, 나아가 철학을 모든 학문의 기초가 되는 보편학으로 제시하려 했다. 과학은 '객관적이고 보편적'인 해답을 내놓는 것처럼 보이지만, 애초에 순수하게 객관적인 해답은 있을 수 없다. 과학 연구나 결과 인식이나 모두 사람이 하는 것이기 때문이다.

또한 실증주의는 인간 외부에 사물이 질서 있게 존재하며 우리는 질서를 규명하기만 하면 된다고 전제하지만, 후설은 그런 전제는 억지일 뿐이고 참으로 엄밀한 학문은 사물의 존재까지 의심하는 '무전제의 학'이어야 한다고 여겼다. 또한 실증주의와 연결되는 '심리주의'가 있다. 이는 논리학이나 윤리학 등 정신과학의 내용도 심리적 작용일 뿐이라고 '환원적'으로 접근하고 있었다. 가령 삼단논법도 객관적으로 옳기 때문에 옳은 것이 아니라, 그것을 옳다고 여기는 사람의 심리 때문에 받아들여질 뿐이라는 것이다. 이 역시 조지 버클리George Berkeley나 데이비드 흄David Hume에서 존 스튜어트 밀John Stuart Mill 등으로 이어지는 영국 철학의 전통에서 비롯된 것이었고, 넓게 보면 정신분석학도 그런 접근법의 선상에 있었다. 결국 심리주의는 실증주의와 달리 정신과학의 영역을 보장하는 것 같지만, 모든 것을 물질적 역학관계의 산물로 본다는 점에서 실증주의의 단짝이라고 보아도 좋았다. 후설은 1901년의 『논리연구Logische Untersuchungen』에서 심리주의를 맹비난했다. 심리주의는 실증주의와 마찬가지로 귀납적으로 타당성을 확보하려 하며, 따라서 엄밀하지 못했다. 인간의 정신 작용을 '주관적'으로 보며 객관성을 근본적으로 부정하는 자세도 지나친 것이었다.

또한 '역사주의'도 배격해야 했다. 역사주의는 독일 관념론의 전통에서 비롯되었으며, 적어도 인문사회 영역의 모든 것을 특수한 시대의 산물로 바라보았다. 말하자면 진리도 한때일 뿐, 시대를 초월한 실제는 없다는 것이었다. 후설은 1900년대 초에 딜타이와 협력해 실증주의를 비판했지만, 이후 그의 접근법을 역사주의로 이해하면서 거리를 두게 된다.

실증주의, 심리주의, 역사주의 모두 철학의 엄밀성은 고사하고 독자성과 고유 영역을 훼손해버리면서, 철학이 어떤 보편적 진리를 규명할 수 있다는 전통적인 믿음을 포기한 사조였다. 그리고 삶의 가치를 제시해주는 철학의 역할 또한 외면했다. 실증주의는 몰가치적이었고, 심리주의와 역사주의는 상대주의로 빠질 가능성이 농후했기 때문이다. 후설은 한때 모든 사조에 경도되었지만, 결국 모든 것을 배격하고 혼자만의 길을 오롯이 걷기로 결심했다.

현 상
그 자 체 로 !

후설은 어떻게 순수한 철학을, 절대적인 철학을 구축할 수 있었는가? 그는 자신이 배격한 영국 경험론과 실증주의의 틀을 빌리고, 대륙 철학의 두 거인인 르네 데카르트René Descartes와 이마누엘 칸트Immanuel Kant의 방법론에서 본뜬 장치를 부착해 철학 체계를 수립했다. 말하자면 '종합을 통한 초월'을 시도한 셈이다.

그는 철학의 출발점에 "현상 그 자체로 돌아가라!"라는 명령을 세울 것을 주장했다. 이는 경험 가능한 현상에만 주목하는 실증주의와 비슷해 보인다. 그러나 실증주의자에게 현상이란 실재하는 대상을 경험한, 실재가 반영된 정보지만 후설의 현상은 실재의 반영일 수도 있고 아닐 수도 있다. 내가 어두운 곳에서 무엇에 부딪치는 감각 현상을 경험했다는 사실이 반드시 그곳에 무엇이 실재한다는 사실을 반영하지는 않는다. 따라서 후설은 데카르트적인 회의의 결과 현상에 집착하게 된 것이다. 일찍이 데카르트는 올바른 철학의 주춧돌을 찾기 위해 모든 것을 회의했으며, 마침내 "회의하는 나의 존재는 회의할 수 없다"라는 명제에 도달했다. 후설도 비슷한 회의를 했지만, 그는 데카르트가 얻은 깨달음에는 더 심오한 의미가 있다고 보았다. '회의하는 나'는 주체성을 보장한다기보다 나와 세계가 만나서 내가 어떤 현상을 경험함을 제시하는 것이다. 내가 세계를 일방적으로 받아들이는 것도 아니고, 세계란 실재하지 않고 오직 내 마음만이 움직이는 것도 아니다. 나의 정신이 세계와 만나고, 나의 관점에서 세계를 들여다본다. 그것이 후설의 스승 브렌타노가 개념화한 '지향성'에 따른 인식이며, 그 인식의 순간은 주관과 객관이 구별되지 않는다. '너'와 '내'가 만나 '하나'가 된 순간, 즉 절대적인 순간, 모든 앎의 근원이 되는 순간이다.

그런 절대 순간, 현상 인식의 의미를 분석하기 위해 후설은 다시 칸트에게 의존한다. 일찍이 칸트는 논리학을 둘로 나누어 선험논리학과 형식논리학을 설명했다. 형식논리학은 삼단논법이나 배중률排中律처럼 우리가 익히 아는 논리학이며, 선험논리학은 그런 논리학을 구성하는 논리에 대한 논리학이다. 오랫동안 선험논리학은 모호하고 불필요하다 해서 철학자들에게 외면받아왔지만, 후설이 그 가능성에 주목한 것이다. 그래서 현상 그 자체로 돌아가는 과정에서 모든 전제와 선입견을 없애 현상 자체만을 남기는 방법으로 그는 '현상학적 환원'을 제시하는데, 이는 다시 '형상적 환원'과 '선험적 환원'으로 나뉜다. 형상적 환원은 이른바 '본질직관'을 하기 위해, 즉 대상의 개별성을 괄호 치고 공통성을 남김으로써 본질을 파악(가령 전두환, 김일성, 스탈린, 히틀러 등의 개별성에서 벗어나 '독재자'라는 본질을 얻는 식으로)하기 위해 시도하는 것인데, 이는 사실 플라톤Platon 이래 거의 모든 사상가가 사상의 기초 작업으로 해오던 것이다.

그런데 후설은 여기서 한 걸음 더 나아가 '선험적 환원'을 시도한다. 이는 본질이라는 것 자체도 어떤 공리나 상식 등으로 구성되어 있으므로, 그런 원초적 전제들까지 모조리 괄호 처버리고 본질의 본질, 초월적 세계로

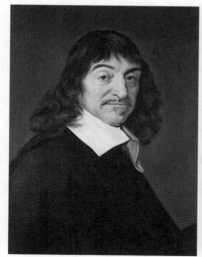

— 후설은 데카르트(왼쪽)과 칸트(오른쪽)의 방법론에서 한 걸음 더 나아가 순수한 철학, 절대적인 철학을 구축했다.

진입하는 것이다. 그것이야말로 서구 사상사에서 초유의 시도였다(선험논리학 개념을 처음 세운 칸트조차 '대상 자체'는 인식할 수 없다고 배제했으니까). 후설은 그런 초월적 기초 위에 서야만 비로소 철학이 절대적으로 엄밀한 학문, 모든 학문을 아우르는 보편적인 학문이 되리라고 믿었다. 그가 한때 엄밀하다고 여겼던 수학조차 여러 가지 공리公理에 기초하지 않는가? 수학조차도 인간의 구성물이기에 고대 그리스 학자들은 '무리수'를 설명하지 못해서 쩔쩔맸고, 근대 수학은 여러 가지 '역설'을 놓고 골머리를 앓고 있는 게 아닌가?

초월적으로
인간을 이해하기

이처럼 순수한 사고를 하려면 어지간한 사람은 도저히 이해할 수 없는 영역을 노닐 수밖에 없다. 노련한 철학자라고 해도 어마어마한 집중력을 발휘해, 미세한 개념 차이도 놓치지 않고 구별해 나가야 한다. 그래서 禪에 열중한 고승처럼, 후설은 자신만의 정신세계에 깊이 몰입한 나머지 주변 세계를 깡그리 잊어버리는 일이 많았다고 한다. 어떤 때는 강의 중에도 학생들은 그가 자신들을 보지도 듣지도 않고 알 수 없는 말만 끊임없이 중얼거리는 모습을 보고 앉아 있어야 했다. 보통의 관점에서 친절한 선생은 아니었던 셈인데, 그래도 그런 모습에서 어떤 숭고함을 느끼고 추종자가 되는 학생들도 있었다. 하이데거도 그중 하나였다. 후설의 수제자였던 시절, 하이데거는 후설이 쓴 원고를 신이 내려준 문서처럼 경건한 마음으로 만지작거렸다고 한다. 20세기가 막 시작되던 무렵, 후설의 학문적 성취는 저작 – 『논리연구』(1901), 『논리학과 인식론 입문』(1907), 『현상학의 이념』(1907), 『엄밀한 학문으로서의 철학』(1911), 『순수현상학과 현상학적 철학의 이념들 1』(1913) – 과 강연으로 빛을 떨쳤으며 서구 철학계 전체가 그를 주목했다. 그사이에 그는 할레 대학 사강사, 괴팅겐 대학 부교수를 거쳐 1916년에 리케르트의 후임자로 프라이부르크 대학 정교수가 되어 직업적 안정도 찾았다.

그러나 그가 평온하기만 한 생활 속에서 마음껏 명상과 집필을 하는 시절도 차차 변해가고 있었다. 1914년, 제1차 세계대전이 일어났다. 그리고 그의 둘째 아들 볼프강이 참전했다가 전사했다. 후설 생애에 처음 겪는 찢어지는 고통이었다. 그리고 1918년에 오스트리아와 독일의 패배로 전쟁이 끝나고 나자, 모든 유럽인은 일찍이 상상도 못했던 시체더미와 폐허와 경제난에 망연자실했다. 후설도 동요하지 않을 수 없었다. 그의 학문적 관심사도 자연히 변화를 겪어서, 순수와 초월에만 집중하던 데서 '생활세계'라는 소박하고 일상적인 차원을 탐구하게 되었다. 그리고 그런 작업은 1935년 『유럽학문의 위기와 선험적 현상학』이라는 강연과 저술로 널리 공개되었다. 후설에 따르면 오늘날의 위기는 곧 지적인 위기이며, 이는 서구 학문이 근대화 과정에서 계량적 기술과학에만 몰두하면서 생활세계에서 인간을 잊어버린 결과(막스 베버Max Weber식으로 말하자면, 도구적 이성에 골몰한 결과)로, 인간이 자초한 것이었다. 인간을 행복하게 하기 위해 태어난 문명이 인간을 고통에 빠뜨리고 있으며, 사람들은 합리적 과정을 거쳐 야만스럽게 살육된다. 그래서 선험적 현상학을 통해 잃어버린 인간성을 되찾고 생활세계를 복원함으로써 위기에서 벗어날 수 있다는 것이었다.

그런데 유럽학문의 위기를 강연하던 후설은 실질적인 위기에 직면해 있었다. 나치의 마수가 그의 목을 죄고 있었기 때문이다. 그리고 선봉에는 한때 후계자로 의심치 않았던 애제자 하이데거가 있었다. 하이데거는 이미 1920년대에 후설의 영향권에서 벗어났다. 그가 보기에 현상학은 매우 유용한 방법이었지만, 그것을 통해 인간의 실존에서 '본질적 고려(생물학적 본성, 사회적 지위, 문화적 특질)'를 괄호 친 뒤 남는 인간의 적나라한 존재에 이르기만 하면 그만이었다. 후설처럼 굳이 현상학적 환원을 거듭하며 아득한 관념의 세계에서 헤맬 필요는 없었던 것이다. 관습이나 통념에 따라 살아가던 인간이 실제로는 "세계에 내던져진" 불안한 존재임을 깨닫는 것,

그것이 하이데거의 주된 관심사였다. 그의 사상을 담은 주저 『존재와 시간』이 1927년에 출간되자(그 책은 후설에게 헌정되었지만) 후설은 실망을 금치 못했다. 그가 보기에 하이데거는 자신이 그토록 경계해온 역사주의에 매몰되어 있었다. 그러나 하이데거는 거리낌 없이 반문했다. 인간은 시간에서 벗어날 수 없는 존재가 아닌가? 역사를 한사코 배제하고 초월적으로 인간을 이해하는 일이 가능한가? 가능하더라도 우리에게 어떤 쓸모가 있는가?

이처럼 학문적으로 결별한 하이데거에게 그래도 후설은 자신의 프라이부르크 대학교수 후임자 자리를 내주었다. 그러나 얼마 후 하이데거는 나치 지배 아래 프라이부르크 대학 총장으로서 후설을 박해하는 데 앞장서거나 최소한 묵인하는 모습을 보이게 된다. 19세기 오스트리아의 해맑은 빛속에서, 한 가닥 그림자조차 지워버리려 했던 후설은 시대와 세계에 배반당하고, 다시 인간에게 배반당한 것이다.

그러면 이제 무엇을 할 것인가? 후설은 정년이 1년 남은 때 서둘러 퇴임했는데, '더 많은 글을 쓰기 위해서'였다. 이제 그는 자신에게 주어진 시간이 얼마 남지 않았음을 느끼고 있었다. 따라서 한때는 명상에 몰입하느라 9년 동안 한 편의 글도 쓰지 않았지만, 이제는 밥 먹을 시간도 아껴가며 집필에 전념했다. 퇴임 교수로서 대학 도서관에 출입하며 자료를 열람하는 일은 집필 과정에 필수적이었다. 그는 작업에 헌신하고자, 1933년에 미국 캘리포니아 대학의 교수직 제의도 정중하게 거절했다.

그러나 바로 그해에 나치가 집권했다. 그리고 곧바로 공표된 반유대법에 따라, 후설은 대학과 도서관 출입이 금지되었다. 또한 독일 전역에서 그의 저작을 출판하고 강연을 할 기회도 박탈되었다(『유럽학문의 위기와 선험적 현상학』은 오스트리아와 체코슬로바키아에서 간신히 출간되었다. 그러나 오스트리아는 2년 뒤, 체코는 3년 뒤 히틀러에게 짓밟힐 운명이었다). 스스로 입대했으며 자식을 전쟁에서 잃은, 오래전에 기독교로 개종까지 한, 세계적으로 유명하고 존경받는, 파리 한 마리도 죽이지 못하는, 정치 문제는 거의 돌아보지 않고 오직 학문의 세계에만 침잠해온, 이 늙은 학자에게 나치의 도구적 이성은 거리낌 없이 '유대인'이라는 도장을 찍어버린 것이었다. 80세를 바라보는 그는 이제 그야말로 갓난아이처럼 세계에 "내던져졌다". 그는 늘 다니던 동네를 걸어갈 때조차 나치당원들의 적의에 찬 눈빛을 한 몸에 받아야 했다. 그의 가슴팍에 달린 다윗의 별인 유대인 표식 때문이었다. 간신히 생필품을 사고 비틀거리며 돌아간 집 대문에는 "유대인은 꺼져라!"라는 낙서가 얼룩져 있었고, 현관에는 늘 독일 국기가 걸려 있었다(모든 유대인은 집에 국기를 걸어두어야 한다는 1935년 법에 따른 것이었다).

"나 는
철 학 자 다"

인생 말년의 치욕과 불안이 길지 않았던 것이 그의 마지막 남은 행운이었을까? 홀로코스트가 본격화되기 전에 세상을 떠날 수 있었으니 말이다. 그는 1938년 4월 27일에 병사했는데, 그해 11월에 나치는 '제국 수정의 밤'을 일으켜 수만 곳의 유대인 상점과 저택, 예배당을 불태우고 수만 명을 폭행하고 수백 명을 살해한다. 그리고 1940년대에는 본격적으로 유대인을 가스실로 보내기 시작한다. 그래도 그가 절망 속에서 삶을 마감했을 가능성은 충분하다. '위기'는 멈출 기미가 없고 세상은 온통 미쳐 돌아가며, 평생 추구해온 자신의 현상학 이론도 결국 벽에 부딪쳤다고 통감했기 때문이다.

그의 선험적 환원에 대해서는 하이데거뿐 아니라 막스 셸러Max Scheler를 비롯한 한때의 지적 동료들도 고개를 흔들고 외면해버렸으며, 생활세계에 대해서는 많은 이가 "엄밀한 학을 추구한다더니 이제는 주관적 관념론자가 되어버렸다"라고 폄하했다. 그리고 후설 자신조차 그들의 '오해'를 효과적으로 반박할 방법을 찾아내지 못했다. 임종을 얼마 앞두지 않은 병상에서 그는 자신의 지적 실험이 실패했다고 토로했다. 그리고 다시 고독한 투병이 이어졌다. 인생의 그런 때에는 종교가 최선의 위로가 되련만, 그의 곁에는 오래전에 버린 유대교의 신도, 연구의 일환으로 받아들인 개신교의 신도 없었다. 그는 공자가 하늘을 믿었던 것처럼 신을 믿어왔다. 교도가 아닌 철학자로서 섬겨온 것이다.

그리고 마지막 순간, 그는 말했다. "나는 철학자다. 언제나 철학자로서 살아왔다." 무슨 마음으로 남긴 말이었을까. "이것이 나의 운명인가? 그러면 다시 또 한 번!"이라 외쳤던 니체처럼 자신의 운명을 긍정한 것인가? 아니면 반대로, 하늘의 별을 관찰하다가 그만 구덩이에 빠지고 말았다는 '최초의 철학자' 탈레스Thales를 떠올리며 자신의 운명을 조롱한 것일까? 알 수 없다. 어쩌면 "현상 그 자체로 돌아가라!"라는 명령을 자신의 인생에 적용한 것이었을지도 모른다. 기쁨과 슬픔, 영광과 좌절을 초월해 자신은 한 사람의 철학자로 존재하고 철학자로 살았노라고 세계에 외친 것일지도 모른다. 결코 '한 사람의 유대인'으로서가 아니라 말이다.

후설의 죽음과 함께 나치는 그의 저작과 연구 성과를 일체 탄압했다. 다른 유대인 학자와 마찬가지로, 그의 이름도 제3제국에서는 금기가 되었다. 하이데거는 1941년에 『존재와 시간』 개정판을 내면서 후설에 대한 헌정사를 지워버렸다. 다른 철학자와 철학사가들도 독일인 철학자들의 업적만을 서술했으며, 이런 경향은 전후에도 남아 오랫동안 후설의 이름은 그늘에 가려져 있었다.

그러나 하마터면 통째로 불태워질 뻔했던 후설의 원고는 천신만고 끝에 무사히 빼돌려졌으며, 4만 쪽에 달한다는 원고는 후설 전집으로 편집되어 아직까지도 출간 진행 중이다. 그리고 현상학은 한동안 세계 학계를 풍미했다. 마르크스의 계급론이나 프로이트의 범성욕설이 강렬한 인상을 남겨 지적 유행을 일으켰듯, 순수함의 극한까지 이르려 했던 후설의 '판단 중지(에포케)' 역시 대단한 관심을 끌었던 것이다. 현상학은 실존주의와 비판이론, 포스트모더니즘에까지 영향을 길게 남기며 오늘날에도 흔히 거론된다. 하지만 후설 자신도 최종적으로는 결판을 내지 못했듯, 현상학적 방법은 널리 알려졌어도 그것으로 무엇을 어떻게 이룩할 것인지는 모호하게 남아 있다. '관념의 유희'가 지나친 사조였으니 그럴 만도 하리라. 20세기 말, 『타임』은 '20세기를 만든 사상가'를 열거하며 마르크스, 프로이트, 비트겐슈타인을 들었지만 후설은 들지 않았다. 하이데거, 장 폴 사르트르Jean Paul Sartre, 모리스 메를로퐁티Maurice Merleau-Ponty 등 실존철학의 거장들도 빠졌으니, 현상학 운동은 시대를 창조하는 힘을 그다지 발휘하지 못했다는 평가를 받은 셈이다.

그러나 달 표면을 잠시 돌아다니다 온 일이 '인류의 거대한 도약'이듯, 인간의 정신사에서 미답의 영역을 파고들어갔던 일이 쉽게 잊히거나 폄하될 수는 없다. 각 학문마다 분과 고유의 논리와 어법을 당연히 여기고, 자신들의 좁은 세계에서만 통용되는 지식 생산으로 충분하다고 여기는 오늘날의 지적 풍토에, 이 여리지만 대담했던 인간의 모험은 되새겨볼 가치가 있지 않을까.

칼 포퍼

열린사회를 향해
뚜벅뚜벅 걸어가다

★
Karl Popper , 1902.7.28~1994.9.17

수동적인 질서를
거부하다

오래전, 대학생이던 시절에 서
울대학교에서 어느 교수의 강의를 들은 적이 있다. 교수는 포퍼의 '열린사
회' 개념을 간단히 설명하고는 "우리 사회는 열린사회다"라고 부연했다.
그 근거는? "여기 앉아 있는 자네들이 근거일세! 그 누구도 무슨 '빽'이나
'돈'으로 여기 들어온 게 아니잖나? 누구나 노력하면 서울대학교에 갈 수

있는 우리 사회는 열린사회임이 틀림없네." 그의 의기양양한 발언에 나는 마음이 불편했다. 내가 서울대생이 아니라 청강생이라는 사실이 가장 큰 원인이었지만, 한편으로 과연 그것만으로 충분한지 의문이 솟구쳤다. 어떤 지위가 생득적인 것이 아니라고 해서, 그것이 곧 기득권이 되는 일이 정의로운 것일까? 19~20세의 나이에 손에 넣은 대학 입학 허가서가 평생의 성공을 보장하는 사회가, 과연 포퍼인지 뽀빠이인지 하는 사람이 생각한 열린사회일까?

유대인이 아니더라도, 어떤 인물의 인생에는 아버지의 영향이 상당히 크기 마련이다. 프랭클처럼 자신이 못 이룬 의사의 꿈을 갖도록 부추긴 아버지든, 엠마처럼 욕하고 때리는 아버지든 말이다. 그런 면에서 포퍼가 학자나 지성인의 길을 걷는 데 아버지 시몬 지크문트 포퍼는 '완벽한' 배경을 마련해주었다. 그는 상당한 수입을 올리는 유능한 변호사인 한편, 법학박사이자 최고 수준의 지성인이었다. 그의 집은 책으로 가득 차 있다시피 했으며, 고대 그리스어나 라틴어 고전을 번역하는 일이 취미였다고 한다. 그는 지크문트 프로이트와 이름이 일부 같았을 뿐 아니라 그와 같은 해에 태어났고(프로이트만큼 '야심'이 크지는 않아서 그랬는지 한때 프로이트가 가려다가 돌아선 법조인의 길을 착실하게 걸었다), 프로이트 가족(그리고 당대의 쟁쟁한 오스트리아 지성인들 여럿)과 개인적 친교를 맺고 있었다. 말하자면 유대인 출신으로는 가장 성공한 오스트리아인이었던 셈인데, 그런 사람에게서 흔히 볼 수 있는 권위적이고 보수적인 성향과도 거리가 멀었다. 프리메이슨 단원으로 열성적인 자유주의자였으며, 빈의 보수 정치를 꼬집은 저서는 곧바로 금서 목록에 포함되었다. 고아와 노숙자를 위한 쉼터를 운영하기도 했는데, 젊은 시절의 히틀러도 한때 거쳐 갔다.

지크문트의 아내는 예술가 기질이 충만했고(그녀의 자매들은 전문 연주자였고, 친척 중에는 위대한 지휘자인 브루노 발터Bruno Walter도 있었다), 부부관계는 언제나 원만했다. 또한 후설처럼 그는 '인종적 편협함에서 벗어나고자' 루터교로 개종했으며, 따라서 1902년의 여름에 막내 칼이 태어났을 때는 루터교식 세례가 베풀어졌다.

부유하고 지적이며, 유대인이지만 거의 유대인 냄새가 나지 않는 집안. 능력도 인격도 '완벽한' 아버지의 막내아들. 그런 조건은 포퍼에게 어떤 영향을 미쳤을까? 먼저 그는 누구보다도 '유대인'이라는 꼬리표를 싫어했다. 태어날 때부터 한 번도 유대 율법을 따른 적이 없고, 결혼도 비유대인과 했으며(비교적 드문 일이었다), 나중에 『영국 유대인 인명록』에 자신의 이름이 오르자 항의할 정도였다. 배경만 보면 아버지를 따라 법관의 길을 밟든지 후설처럼 오직 학문에 매진하는 게 자연스러워 보이는데, 그는 지적인 욕구는 왕성했지만 좀처럼 한 우물을 파려 들지 않았다. 김나지움을 중퇴하고 대학 청강생으로 수학, 물리학, 철학, 심리학, 역사학, 의학을 두루 기웃거리고, 음악을 전공하려 들고, 전문 목수의 길로 나서는 등 다양한 경험으로 '편력 시대'를 채워나갔지만, 묘하게도 법학만은 한 번도 돌아보지 않았다.

포퍼는 무능하지도, 무식하지도, '꼴통'이지도 않았으며, 존경할 수밖에 없는 아버지를 두었지만 그래도 한사코 아버지의 그늘에서 벗어나고 싶었던 것일까? 그는 말년에 펴낸 자서전에서 "그분이 변론하시는 모습은 단한 번 보았다. 바로 1923년인가 1924년인가, 내가 일하던 탁아소에서 벌어진 사고의 책임을 놓고 내가 피고석에 섰을 때였다"라고 밝혔다. 그리고 프로이트의 어린 시절에 강렬한 흔적을 남긴 아버지와의 '분리 경험'을 포퍼는 10대 때 겪는데, 토론하다가 아버지가 고개를 절레절레 흔들며 "대체 무슨 소리를 하는지 모르겠구나" 하는 반응을 보였을 때였다.

포퍼는 "나는 나중에 아버지가 당시의 일반적 견해를 따르고 계셨음을 알았다. 그러나 처음으로 아버지와 말이 통하지 않은 나는 무척 당황했고, 아버지 같은 분도 이런 쪽으로는 무지하다는 생각을 떨칠 수 없었다. 그리고 그때의 경험에서, '철학에서 언어의 문제를 두고 씨름해서는 안 된다'는 깨달음을 체득했다"라고 회상한다. 포퍼는 자신만의 견해와 철학을 세움으로써 정체성을 얻을 수 있었으며, '포퍼 박사님네 막내'가 아닌 칼 포퍼가 될 수 있었다. 유대인으로 분류되기를 싫어했던 것과 마찬가지로, 그는 평생 남이 만들어놓은 질서에 편입되어 주어진 역할에 안주하기를 거부했다. 그에게 세계란 항상 열려 있어야 했다.

"이론은 반증되어야 한다"

포퍼는 '화려한 편력 시대'가 꼭 자의는 아니었다고 변명한다. 제1차 세계대전(공교롭게도 그의 열두 번째 생일날 발발했다)과 뒤이은 무시무시한 경제난은 포퍼가家의 풍요로운 생활을 거짓말처럼 앗아가버렸던 것이다. 16세의 포퍼는 집안이 이런데 맘 편히 공부나 하고 있을 때가 아니라고 생각했으며, 그래서 집을 나와 빈 대학의 청강생으로 기숙사 생활을 하게 되었다고 말한다. 하지만 이 '가출'의 배경에는 그가 사회주의에 빠져든 점도 있었을 듯하다. 포퍼는 종전 직전 소련이 독일, 오스트리아와 단독으로 휴전조약을 맺을 때 트로츠키가 "우리는 평화와 인도주의를 위해 전쟁을 거부합니다"라고 한 연설에 깊이 감동했다. 그리고 전후의 어수선함 속에서 맹렬히 유행하던 사회주의에 빠져들었다. 포퍼는 이 대목에서 말을 아끼지만, 골수 자유주의자였던 아버지와 그 점에서도 충돌했던 것 같다. 가출한 그는 사회주의 청소년협회에 가입해 활동을 시작했다.

그러나 몇 년 뒤 조직의 회장까지 맡게 되는 프랭클과는 달리, 포퍼는 두어 달 만에 사회주의를 집어치웠다. 1919년, 투옥된 동료의 석방을 요구하는 사회주의자들의 시위가 유혈 진압으로 끝나는 사건이 벌어졌는데, 당 지도부에서 일손을 도우며 지켜본 포퍼는 지도부가 유혈 사태를 오히려 유도하는 모습에 충격을 받고 당을 나와버렸다. 인도주의의 문제만이 아니라, 개인을 장기판의 말로 서슴없이 써먹는 조직의 생리에 참지 못할 거부감이 들었던 것이다. 그는 건성으로 읽던 『자본론』을 열독하고는 "마르크시즘은 근본적으로 잘못되었다"라고 탈당의 명분을 마련했다.

이때부터 본격적으로 포퍼의 편력이 시작되었다. 이 학문, 저 분야를 섭렵하면서 막노동이든 뭐든 닥치는 대로 하며 생계를 때워가는 나날. 1922년에 빈 대학의 정식 학생이 된 뒤에도 그런 생활은 한동안 계속되었다. 그가 수강한 대학교수들은 하나같이 당대의 일류 학자들이었지만, 포퍼는 내가 서울대 강의를 청강하며 들었던 것과 비슷한 느낌을 그들의 강의에서 받았을 것이다. 당시만 해도 그는 스스로가 학계의 거물이 되리라고는 꿈꾸지도 바라지도 않았으며, "언젠가 학교를 세워서, 교수들이 고압적으로 학문을 주입하는 것이 아니라 교수와 학생이 한데 어우러져 즐겁게 배울 수 있게 하는" 꿈을 그려보고 있었다. 그는 틀에 묶이지 않은 지식을 노동자들에게 배우고, 생계를 위해서뿐만 아니라 때 묻지 않은 아이들을 가르치는 것이 좋아서 목공소나 탁아소에서 아르바이트를 계속했다. 그러다가 만난 탁아소 동료와 결혼하고, 중등교사 자격증을 얻어 교편을 잡으며 비로소 생활이 조금 안정되었다. 1930년, 그의 나이 28세 때였다.

포퍼는 마냥 소박한 영혼의 소유자가 아니었다. 그는 미칠 듯한 지식욕과 함께 세상에 한번 이름을 떨쳐보고 싶다는 야망을 품고, 박사학위를 받고 나서도 공부를 놓지 않았다(그는 "내 음악이나 목공예 등의 재능이 평범하다는 게 드러나지 않았더라면 학자의 길을 고려하지 않았을 것이다"라고 했다). 그의 편력 생활에서도 위대한 지적 모험의 재료가 건져졌다. 가령 어머니에게서 물려받은 음악적 재능을 살려 한때 작곡에 심취하던 중, 요한 크리스티안 바흐Johann Christian Bach와 루트비히 판 베토벤Ludwig van Beethoven의 음악을 비교하며 얻은 성찰은 그의 철학에 중요한 디딤돌이 되었다. 당시 세상을 떠들썩하게 했던 아인슈타인의 물리학도 '이론은 반드시 시험을 거쳐야 한다'는 포퍼 특유의 반증론에 실마리를 주었다. 빈 대학 시절에는 루돌프 카르나프Rudolf Carnap나 헤르베르트 파이글Herbert Feigl 같은 빈 학회, 논리실증주의의 창시자들과 교류했으며, 학파의 좌장이던 모리츠 슐리크Moritz Schlick의 비위를 건드리는 바람에 학회에 가입하지는 못했지만 그들의 영향으로 과학철학에 관심을 집중해 1930년부터 『탐구의 논리Logik der Forschung』를 쓰기 시작했다.

『탐구의 논리』에서 그는 논리실증주의에 반대한다. 논리실증주의는 "논리적으로 자명하거나 경험적으로 검증할 수 있는 명제만이 의미 있다"라는 태도를 취했는데, 포퍼가 보기에 이는 두 가지 면에서 잘못되었다. 먼저 무엇이든 엄밀하게 '검증'한다는 것은 불가능하다. 일찍이 흄이 내놓은 질문, "내일 또 해가 뜰 것이라고 어떻게 확신할 수 있는가?"를 보자. 귀납 논리로는 이제껏 수천, 수만, 아니 셀 수 없는 해가 떠올랐으니 내일도 해가 떠오를 거라고 추정하는 것은 타당하다. 하지만 같은 결과가 많이 나온다고 절대적인 진리일 수는 없다. 포퍼가 존경했던 버트런드 러셀Bertrand Russell은 "닭의 입장에서는 매일 모이를 주던 주인이 어느 날 목을 비틀어 죽이는 상황은 귀납적으로 이해할 수 없을 것"이라며, 귀납적으로 명제의 진위를 확실히 검증할 수 없음을 주장했다. 그러면 우리는 어떤 확신도 얻을 수 없다는 말인가? 꼭 그렇지는 않다. 명제를 '검증'할 수는 없지만 '반증'할 수는 있기 때문이다. 가령 "모든 까마귀는 검정색이다"라는 명제는 검은 까마귀를 100억 마리 찾아낸대도 확실히 검증할 수 없지만, 검정색이 아닌 까마귀를 한 마리만 찾아내면 거짓임을 증명(반증)할 수 있다. 이렇게 처음의 명제나 이론을 철저하고 엄격하게 반증해서 오래 견디면 일단 잠정적인 신뢰를 해도 되며, 반증으로 무너진다면 이를 반영해 더 발전된 명제나 이론(가령, "대부분의 까마귀는 검정색이다")을 도출한다. 포퍼는 과학이란 이렇게 조금씩 잘못을 고치고 다듬으며 발전해나간다고 보았다.

그러면 "죄를 지으면 지옥에 간다" 같은 명제는 어떻게 반증할 수 있는가? 죽은 다음에 지옥에 가는지 안 가는지 확인할 길이 없으므로, 이런 명제는 반증이 불가능하다. 그러나 논리실증주의자들의 주장처럼 '무의미'

한 것은 아니다. '과학적이지 않을' 뿐이다. 종교도 예술도 정치도 각각의 가치와 방식을 지니고 있으며 존중받아 마땅하다. 다만 반증이 불가능한 이상 과학은 아닌데, 중요한 문제는 반증 불가능하면서도 과학이라고 큰소리치는 '사이비 과학'을 참 과학과 구분해내는 데 있다. 포퍼는 마르크스주의도 마르크스의 원래 사상과는 달리 사이비 과학이 되어버렸다고 비판했다. 마르크스는 자본주의가 극도로 발달하면 자체 모순에 따라 필연적으로 사회주의로 전환된다고 말했다.

그러나 러시아혁명은 가장 자본주의가 덜 발달한 나라에서 성공했는데, 이를 놓고 레닌이나 트로츠키는 "러시아는 국제 자본의 착취에 따라 발전이 정체되어 있었으며, 따라서 자본주의 세계 체제의 '가장 약한 고리'로서 가장 먼저 파괴되기 시작한 것"이라며 마르크스주의가 결코 틀리지 않았다고 변명했다. 이는 어떤 결과가 나와도 "예외는 있다"라거나 "내 말을 오해해서 그렇지, 원래 그런 뜻이었다"라며 자기 점괘가 맞았다고 우기는 점쟁이와 마찬가지로 사이비에 지나지 않는다는 것이다. 포퍼의 아버지와 매우 닮은 사람, 프로이트가 창시한 정신분석학도 사이비였다. 환자가 무슨 이야기를 하든 자신의 리비도 이론에 끼워 맞추어 해석하고, 환자가 나아지면 "치료가 성공했다", 차도가 없으면 "치료가 불충분하다"라고 말하면 그만이기 때문이다.

"불확실한 세계로
나아가야만 한다"

포퍼가 백안시한 철학 사조는
논리실증주의만이 아니었다. 그는 유럽 대륙에서 영미권에 걸쳐 유행하던
언어철학에도 맹비난을 쏟아냈다. 물론 정확한 언어 선택은 철학에서 중
요하다. 그러나 어디까지나 기초 과정에서만 중요하다. 포퍼는 언어 분석
이 철학의 전부인 것처럼 보는 태도는 "죄를 지으면 지옥에 간다"라는 명
제를 두고 "죄란 무엇인가?", "지옥이란 무엇인가?" 따위의 질문만 지겹게
되풀이하는 것이며, 학문과 세상을 진보시키는 데 하등의 도움도 되지 않
는다고 생각했다. 마찬가지로 현상학도 만고에 쓸데없는 짓이었다. 후설
은 엄밀한 학學으로서 철학을 구축하기 위해 모든 것에 대한 판단을 중지했
으며, 심지어 세계의 실재성마저 확실하지 않다고 보았다. 그러나 포퍼가
보기에 세계가 존재하지 않을 수도 있다고 가정하는 일은 시간 낭비였다.
포퍼는 칸트를 무척 존경했지만, 후설이 현상학의 실마리를 얻은 선험논리
학만은 배격했다. 세계는 당연히 존재한다. 우리는 세계를 탐구하는 일에
만 힘을 쏟아야 하며, 그것이 철학–과학의 사명이다. 불행히도 우리는 절
대적으로 확실한 진리를 얻을 수는 없지만, 더욱 진보된 지식을 가질 수는
있다. 반증이라는 방법을 통해!

포퍼가 『탐구의 논리』로 학계에서 두루 호평을 받던(아인슈타인과 프리드
리히 하이에크Friedrich Hayek도 이 책에 찬사를 아끼지 않았다) 1930년대 중반에
는 이미 후설의 현상학이 암흑기에 접어들고 있어서, 포퍼와 직접 부딪칠
일은 없었다. 하지만 논리실증주의는 아직도 왕성했으며, 특히 그들이 신

— 케임브리지 대학의 킹스칼리지. 포퍼가 언어철학을 사정없이 깎아내리자, 비트겐슈타인이 부지깽이로
포퍼를 위협한 '부지깽이 스캔들'이 일어났다.

처럼 받들던 천재 철학자 비트겐슈타인은 언어유희를 철학의 처음이자 끝
으로 보는 입장을 내세우고 있었다. 포퍼는 가는 곳마다 그를 비난했으며,
두 유대인 철학자의 대립은 두 사람 모두 나치의 마수를 피해 영국에 머물
던 1946년 10월 25일 극적인 신화를 남겼다. 당시 비트겐슈타인이 주최한
케임브리지 대학의 강연회에 연사로 온 포퍼가 언어철학을 사정없이 깎아
내리자, 흥분한 비트겐슈타인이 난로의 부지깽이를 집어 들고 포퍼에게 위
협적으로 휘두른 다음 자리를 박차고 나간 것이다. 이날의 만남은 '부지깽
이 스캔들'로 불리며 한동안 철학계를 뒤흔들었다.

그러나 포퍼를 20세기의 가장 영향력 있는 사상가 반열에 올려준 책은
『탐구의 논리』가 아니라 『열린사회와 그 적들』이다. 그는 이 책의 토대 격

인 『역사주의의 빈곤The Poverty of Historicism』을 1935년부터 쓰기 시작했으며, 두 책을 1945년에 내놓았다. 그토록 자신과 무관하다고 여겨온 유대인이라는 틀 때문에 받던 탄압을 피해 1937년에 뉴질랜드로 가서 크라이스트처치 캔터베리 대학 강사가 되고, 그동안 빈에 남아 있던 피붙이들은 나치의 탄압에 시달리고(부모는 그전에 이미 죽었으며, 누이들은 간신히 탈출했지만 친척들은 떼죽음을 당했다), 지긋지긋한 전쟁이 다시 유럽을 불바다로 만드는 것을 치를 떨며 듣고 본 경험이 그 책들을 쓰게 된 배경이었다.

포퍼는 『열린사회와 그 적들』에서 서양 철학의 시조인 플라톤, 독일 관념론의 태두인 헤겔, 마르크스를 '적들'로 공격한다. 그들은 개인이 자유롭게 생각하고 활동하는 것을 못마땅하게 여겼으며, 자신의 머릿속에서 만든 강철 틀에 모든 것을 억지로 우겨넣으려 했다. 그들은 하나같이 이상주의자였지만, 이상주의의 광신 속에서 역사가 정해진 흐름에 따라 한 치의 오차도 없이 움직인다는 역사주의의 사이비 예언을 떠들어댔고, 무지막지한 사회공학의 설계대로 개인과 사회를 폭력적으로 교정하려 들었다.

포퍼는 "민주주의는 최악의 정부 형태 중에서 최선의 정부 형태"라는 윈스턴 처칠Winston Churchill(그는 포퍼가 유일하게 신뢰했던 당대의 정치인이었다)의 말에 화답하듯 (조금 더 고무적인 태를 냈지만) "정치적 문제를 이성으로 해결하는 제도적 장치는 오직 민주주의에 의해서만 제공된다. 따라서 민주주의가 계속될 수 없다는 그들의 이야기는 이성이 계속될 수 없다는 이야기와 같다"라고 외쳤다. 결국 포퍼가 말하는 '열린사회'란 민주주의가 꽃피며, 어떤 독단주의나 교조주의도 횡행하지 않으며, 관용과 합리적 비판이 얼마든지 가능한 사회였다. 이는 결코 '완전한' 사회를 의미하지 않는

— 포퍼는 『열린사회와 그 적들』에서 플라톤, 헤겔, 마르크스를 '적들'로 공격한다. 그들은 자신의 머릿속에서 만든 강철 틀에 모든 것을 억지로 우겨넣으려 했다.

다. 끊임없이 반증의 도전을 받는 가설처럼, 열린사회는 완성을 추구하지만 영원히 완성되지 못한다. 그리고 앞에 무엇이 있는지 모르는(사이비가 아닌 이상 누구도 알 수 없으므로) 미래를 향해 느리지만 꾸준한 발걸음으로 진보해나간다. "우리가 인간으로 남으려면 오직 하나의 길, 열린사회로의 길이 있을 뿐이다. 우리는 이성으로 안전과 자유를 증진하기 위해 계획을 세우며(그 일은 할 수 있으며, 해야만 한다), 미지의 세계로, 불확실하고 불안정한 세계로 나아가야만 한다."

그런 사회라면 사람을 유대인과 게르만인으로 구분하는 일은 없을 것이다. 우리는 개별자의 특성을 일일이 따지는 게 귀찮은 나머지 섣불리 모든 것을 유형화하지 말아야 한다. 그리고 세상을 선의 무리와 악의 무리의 결전장처럼 여기고, 선의 입장에서 악을 무찔러야 한다는 광신에 빠지지 말아야 한다. 포퍼는 그런 광신을 동지들을 죽음으로 내모는 사회주의자들에게서, 비트겐슈타인을 추종하고 숭배하는 교수들에게서, 하켄크로이츠 Hakenkreuz 완장을 찬 채 떡 버티고 서서 "네놈과 논쟁할 필요는 없어. 쏴버리면 그만이니까!"라고 큰소리치는 나치 군인에게서 보았다. 어디까지나 냉정한 자세로 모든 것을 찬찬히 빠짐없이. 이는 작달막하고 숫기 없는 사나이의 본질 깊숙이 자리 잡은 루터교도 독일인 지식인의 영혼에서, 또는 유대인 기질에서 비롯된 신념이자 삶의 방식이었다.

역 사 의   발 전
또 는   반 복

포퍼는 『열린사회와 그 적들』을 나치와의 투쟁이라는 뜻에서 썼다고 하지만, 전쟁이 끝난 뒤에도 오랫동안 그가 명성을 떨친 까닭은 이어진 냉전에서 그의 사회사상이 자유 진영의 반공 이념 및 자유주의 이념과 잘 맞았기 때문이다. 하이에크 같은 신자유주의 경제학자나 마거릿 대처Margaret Thatcher 같은 신보수주의 정치가, 심지어 조지 소로스George Soros 같은 자본가들도 포퍼를 떠받들었으며 '열린사회'라는 표현을 연설이나 저서에서 줄기차게 써먹었다. 92세까지 장수한 그는 사회주의권이 몰락하고 신자유주의가 대유행하는 속에서 만년을 보낼 수 있었으며, 따라서 '승리한 예언자'로 칭송받았다. 하지만 그는 한편으로 팔레스타인인을 무자비하게 탄압하는 이스라엘의 행동을 비난했으며, 미국이 군산복합체의 볼모가 되는 것을 경계했다. 그리고 "참된 열린사회는 늘 약자를 고려하고 돌보아야 한다. 좌파는 본래 약자를 지키기 위해 수립되었다. 그들의 잘못은 노동자들이 이미 약자가 아닌 상황에서도 과거의 노선을 고집한 것이다"라고 주장했다.

한편, 그사이 학계에서는 포퍼의 평판이 정치계나 재계에서만큼 좋지 못했다. 그의 반증론이 오류를 포함하며, 과학철학으로서 부적절하다는 비판이 얼마 되지 않아 쏟아져 나왔다. '검증'뿐 아니라 '반증'도 불완전하다는 것이다. 가령 장님이 코끼리 다리를 만지고 "코끼리는 원기둥 같은 모양이다"라는 가설을 세웠다고 하자. 그 뒤 수천, 수만의 장님이 똑같이 코끼리 다리를 만지고 똑같은 결론을 내렸다면, 이를 '반증을 거듭 견뎌낸, 꽤 믿을 만한 가설'이라고 할 수 있는가? 반대로 반증한 것 같지만 그렇지 않을 수도 있다. 가령 "지구는 자전한다"라는 명제를 반증하고자 "공을 위로 멀리 던져 올린다. 그러면 공이 공중에 떠 있는 사이에 지구가 자전했을 때, 공은 던져 올린 지점에서 조금 떨어진 곳에 떨어질 것이다. 공을 더 높이 던져 올릴수록 원래 지점과의 차이는 커질 것이다"라는 가설을 세우고 실험해보니 공이 원래 지점에 그대로 떨어지더라, 따라서 지구는 자전한다는 명제는 거짓으로 반증되었다고 해도 좋겠는가?

마찬가지로, 과학계가 그의 반증론을 교리로 받아들이고 철두철미하게 따르고 있었다면, 아인슈타인의 상대성이론이나 다윈의 진화론 등은 헛소리로 묻혀버렸을지도 모른다. 그 이론들이 발표될 당시에는 이론을 입증할 근거는 부족했던 반면 '반증'할 근거는 넘쳤기 때문이다.

이렇게 생각해보면 과학의 발전은 포퍼가 생각한 것처럼 앞선 이론을 조금씩 수정해가며 점진적으로 이루어지는 것이라고만 볼 수 없다. "우리가 만진 코끼리란 사실 더 큰 생물의 일부분에 지나지 않는 게 아닐까?"라는 전혀 다른 발상, 지구의 크기와 계류에 대한 전혀 다른 지식 체계 등이 필요하다. 따라서 과학은 하나의 패러다임이 다른 패러다임에 의해 혁명적으로 교체되는 식으로 급격히 발전한다고, 포퍼의 반대자 중 하나였던 토머스 쿤Thomas Kuhn은 주장했다.

그의 정치·사회사상 역시 비판받았다. 포퍼의 열린사회에서 유추되는 자유주의 일색의 사회, 이는 사회적 모순을 완화하고 해결하기 위한 최소한의 공적 권력조차 부정하며, 결과적으로 약육강식이 지배하는 사회가 아닌가? 가령 사자와 관람객 사이의 철창을 몽땅 제거해버리고 동물원을 열린사회로 만든다면 어떤 일이 벌어지겠는가? 허버트 마르쿠제Herbert Marcuse는 이런 점에서 포퍼를 비판하며, 정치권력과 비판적 합리주의는 사회에 내재된 모순을 파헤치고 체제를 변혁하는 데 쓰여야 한다고 주장했다.

하지만 오늘날의 시점에서 보면 포퍼는 굳이 비판의 대상이랄 것도 없이, 서서히 잊히고 있는 사상가라고 보는 게 더 정확할 것이다. 왜 그럴까? 『비트겐슈타인과 포퍼의 기막힌 10분』이라는 매력 넘치는 책의 저자 데이비드 에드먼즈David Edmonds와 존 에이디노John Eidinow는 이렇게 풀이한다. "이는 실패의 대가라기보다는 오히려 성공에 대한 벌이다. 1946년 그토록 급진적이고 중요해 보였던 포퍼의 정치사상 가운데 상당 부분이 이제는 공인된 지혜로 통하게 되었다. 정치적 도그마와 역사적 필연성에 대한 비판, 관용과 겸손의 강조 등은 오늘날 더 이상 의심받지 않는 진리가 되었다. 따라서 토론 대상도 되지 않는다." 말하자면 그때보다 지금의 세상은 열린사회에 한층 가까워졌으며 그래서 포퍼는 '용도 폐기'되고 있다는 것인데, 그 사실을 알면 포퍼는 기뻐할까, 아쉬워할까.

하지만 책은 이렇게 덧붙인다. "만일 공산주의, 파시즘, 강경한 민족주의나 종교적 근본주의가 다시 한 번 열린사회에 기초를 둔 국제 질서를 위협한다면 우리는 포퍼의 저작을 다시 열어보고 그가 제시한 논거들에 관해 다시 연구해야 할 것이다." 그들의 책은 2001년에 쓰인 것이었다. 하지만 지금 우리는 어찌해야 할 것인가. 비단 국제 질서뿐 아니라, 국내 정치에서도 한때 영영 사라진 줄 알았던 악惡이 다시 숨을 내쉬며 꿈틀거리는 광경을 목격하고 있지 않은가.

루트비히 비트겐슈타인
천재가 도착했다,
신이 도착했다

★

Ludwig Wittgenstein, 1889.4.26~1951.4.29

"재능이 **없는** 삶은
가치가 없다"

그는 수려한 외모에 깡마른 체격, 이글거리는 눈빛의 소유자였다. 언제나 허름한 옷차림에 넥타이를 매지 않고 와이셔츠 첫 단추를 풀고 다녔지만, 당황스러울 정도로 까다로운 취향을 고집하기도 했다. 그는 타인의 잘못을 사정없이 몰아치면서 성자처럼 남들을 위해 헌신하기도 했으며, 가장 엄격한 철학을 위해 전력투구하는 가운데 종교적 열정에 사로잡힌 예언자처럼 행동했다. 그는 숱한 유대인 부자 가운데에서도 가장 부유한 집안 출신이었다. 그리고 숱한 유대인 천재 가운데에서도 가장 천재적인 사람이었다.

포퍼도 대단한 부잣집에서 태어났지만, 비트겐슈타인은 부자라는 말도 부족할 정도로 대단한 부모에게서 태어났다. 비트겐슈타인이라는 성은 그의 증조부인 모세스 마이어가 고용주였던 독일의 대귀족 자인-비트겐슈타인에게 받은 것이다(그가 그 가문의 사생아였다고도 한다). 이후 이 집안사람들은 상업으로 부를 축적하는 한편 유대인이라는 배경을 지우고 오스트리아에 동화하려고 애썼다. 비트겐슈타인의 아버지 카를은 반항적 천재 기질의 소유자로서 젊은 시절 가출해 미국에서 뜨내기 생활도 했지만 이후 사업가로 종횡무진 활약, 비트겐슈타인 가문을 로스차일드가나 카네기가에 버금가는 굴지의 재벌로 끌어올렸다. 그는 할아버지나 아버지와 달리 유대계인 레오폴디네와 결혼했는데, 그녀는 외가 쪽으로 오스트리아의 명문가 출신이었으며 가톨릭교도였다. 부부는 8명의 자녀를 두었으며, 루트비히 비트겐슈타인은 그중 막내아들로 1889년에 태어났다. 큰누나 헤르미네와는 15세 차이였다.

포퍼의 부모가 고급 예술을 수시로 감상하기 충분한 여유와 지성을 누렸다면, 비트겐슈타인의 부모는 예술을 후원하고 육성했다. 빈에 있던 그들의 대저택에는 요하네스 브람스Johannes Brahms나 구스타프 말러Gustav Mahler, 파블로 카살스Pablo Casals, 발터 등이 찾아와 공연했으며, 저택 곳곳에는 구스타프 클림트Gustav Klimt의 그림이나 오귀스트 로댕Auguste Rodin의 조각이 널려 있었다. 막내 루트비히는 어려서는 별로 뛰어나지 못한 자식으로 여겨졌는데, 가장 재능이 많다고 기대를 받던 맏아들 한스가 음악에 몰두하기보다 사업을 이어받으라는 아버지의 명령을 어기고 옛날 아버지가 그랬듯 미국으로 달아났다가 자살하는 일이 벌어졌다. 이 사건에 충격을 받은 부모는 14세가 된 루트비히를 형제들처럼 김나지움에 보내거나 가정교육을 시키는 대신 린츠의 실업학교로 보내게 된다. 실용적 학문을 배우고 세상 사람들과 교류하는 법을 익히도록 한 것일까?

하지만 비트겐슈타인의 학교 성적은 신통치 않았다. 감정적으로도 우울한 날이 많았다. 곱게 자란 귀족 도련님이 갑자기 거칠고 지저분한 서민 가정 청소년들과 부대끼려니 어쩔 수 없는 일이었다. 그가 학우들에게 처음 받은 인상은 '쓰레기들'이었다. 학우들도 이 유별난 녀석이 마음에 들지 않았다. 빈의 자택에서 굳어진 누구에게나 경어를 쓰는 말버릇은 그를 일찌감치 왕따로 만들었다. 그를 유대인이라며 욕하는 소년도 있었는데, 앞뒤 정황을 추정해볼 때 소년은 마침 그 학교에 다니고 있던 히틀러(린츠 태생이었다)였다는 사람도 있다. 하지만 정말 그랬는지는 확실히 알 수 없다. 아무튼 비트겐슈타인은 그런 욕지거리에 충격을 받았다고 하는데, 그동안 자신이 유대인이라는 사실조차 모르고 있었기 때문이다. 10대 초에 겪은 이런 경험은 그를 내향적이고 비관적인 성격으로 몰아갔다.

그러나 그의 마음에 뚜렷이 아로새겨진 경험이 하나 더 있었다. 학교에 들어오기 전, 그가 아직 빈 저택의 막내 도련님이던 시절의 경험. 어느 날 그는 아래층에서 들려오는 피아노 소리에 꼭두새벽에 잠을 깼다. 아래로 내려가보니 맏형 한스가 자작곡을 피아노로 치고 있었는데, 하도 몰입해서 동생이 곁에 다가온 것도 모를 정도였다. 이마에 구슬땀을 흘리며 온 힘을 다해 건반을 두드리는 형의 모습은 그에게 말로 다 못할 감동을 주었다. 그리고 그 훌륭한 형의 죽음. 형들(셋째형 루돌프도 루트비히가 린츠로 온 지 1년 만에 자살했다)을 죽음으로 몰아넣은, 비범하지만 닮고 싶지는 않은 아버지. 웅장한 저택 문 밖에 펼쳐져 있는 지저분하고 엉망진창인 세상. 유대인이라는 '열등한' 배경(그는 스스로 유대인이면서도 유대인은 창조력이 없고 오직 모방만 할 줄 아는 열등 인종이라고 한 오토 바이닝거Otto Weininger에게 큰 영향을 받고 있었다). 어떻게 살 것인가? 젊은 비트겐슈타인이 자신의 영혼에게 구한 답은 이것이었다. "자신에게 주어진 천부적 재능을 불사르며 살아야 한다. 그런 재능이 없는 삶은 살 가치가 없다. 그런 재능을 살리지 못하는 삶도 마찬가지다."

그러면 비트겐슈타인에게는 천부적 재능이 있을까? 있다면 무엇일까? 그는 우선 공학에 상당한 재능을 보였다. 린츠를 떠나 베를린과 맨체스터에서 항공학 공부를 할 때는 독창적인 항공기 엔진을 개발하고, 프로펠러를 개량해 특허를 얻기도 했다. 그러나 그 과정에서 필수적으로 익혀야 했던 수학은 그에게 응용수학이 아닌 순수수학, 나아가 논리학과 철학에 열정을 불러일으켰다. 그중에서도 러셀의 『수학의 원리The Principles of Mathematics』는 그의 인생행로에 결정적인 영향을 끼쳤다. 논리학을 수학으로 풀이하려고 한 고틀로프 프레게Gottlob Frege와 그의 취지에 찬동하면서도 '러셀의 역설'을 제기해 프레게 이론의 허점을 묘파한 러셀은 당시 유럽 학문의 최전선에 있었다. 이들을 본받아 자신만의 수학적 철학을 수립하려는 야망에 불탄 비트겐슈타인은 공학 연구를 접고 1911년에 예나로 찾아가 프레게에게 가르침을 청한다.

_ 1920년 가족 저택에서 촬영한 사진. 비트겐슈타인(오른쪽에서 두 번째)은 누나 헬레네와 친구 사이에 앉아 있다.

그러나 프레게는 비트겐슈타인이 아직 미숙하다고 보고 제자로 받아들이기 거절했다. 먹구름 같은 실망과 비애에 사로잡히면서도 비트겐슈타인은 최후의 희망을 붙잡기 위해 도버 해협을 건너 영국으로 갔다. 케임브리지의 러셀을 찾아간 그는 수강을 허락받았고, 한 학기 동안 누구도 따를 수 없는 열의를 지니고 러셀의 강의를 들었다. 러셀은 수업 중 쉬지 않고 질문을 던질 뿐 아니라 수업이 끝나도 거머리처럼 달라붙으며 서툰 영어로 토론을 요청하는 독일인이 처음에는 성가실 뿐이었지만, 점점 그의 비범함을 알아차리고 감탄하게 되었다. 학기가 끝날 무렵, 비트겐슈타인은 겁먹은 목소리로 쭈뼛거리며 러셀에게 질문했다. "제게는…… 철학의 재능이 전혀 없나요?" 비트겐슈타인의 인생 좌우명을 알 리 없던 러셀은 그의 태도가 지나치게 진지하다 싶었지만 대체로 긍정적인 평가를 들려주었다. 만약 그가 프레게처럼 혹된 반응을 보였다면, 철학사에 비트겐슈타인이라는 이름은 남지 않았으리라. 비트겐슈타인은 얼마간 자신감을 얻고 방학에 들어갔고, 돌아온 그가 괄목상대했음을 보고 러셀은 놀랐다. 그리고 이어지는 학기를 마칠 무렵에는, "그가 내게 더 배울 것은 없다"라는 평가를 내릴 수밖에 없었다.

철학의 한계 그리고 침묵

러셀과 비트겐슈타인의 교류는 평생 이어졌다. 러셀은 한때 자신보다 17년 어린 그를 수리철학의 후계자로 생각했지만, 두 사람은 '아름답고 훈훈한 사제관계'에서 자꾸만 멀어져 갔다. 1910년대에 들어 러셀은 수리철학에 대한 관심이 점점 줄어들면서 노력과 영감이 전만 못해졌고, 한창 그 분야에 열정을 보이며 몸이 달아 있던 비트겐슈타인은 그 점이 몹시 못마땅했다. 그는 나아가 한때의 우상이던 이 노대가가 자신보다 떨어지는 두뇌의 소유자가 아닌가 하는 의심까지 품기 시작했다.

비트겐슈타인은 그런 의심을 마음에만 묻어두는 사람이 아니었고, 영국식 에티켓은 개나 물어가랄 사람이었다. 그의 끝없는 독설과 직설에 러셀은 지쳐갔고, 조지 무어George Moore나 존 케인스John Keynes 등도 비트겐슈타인이라면 손사래를 치게 되었다. 특히 무어는, 제자이던 비트겐슈타인이 자신을 '불러서' 자기 원고를 '받아 적도록' 하고 그 원고를 학사학위 논문으로 통과시켜달라고 했다가, 주석이나 참고 문헌 등이 없기 때문에 논문으로 인정할 수 없다는 결정을 전하자 몹시 화를 내며 "그따위 바보 같은, 쓰레기 같은 이유라니! 내 글이 특례를 인정받을 만한 가치가 없다고 진정 생각한다면, 지옥에나 가버려요!"라고 몰아붙인 일을 평생 잊지 못했다. 결국 비트겐슈타인은 케임브리지에서 학자들과 교류하느니 혼자서 연구에 몰두하는 편이 낫다고 여기고 노르웨이에 가 있기로 했다. 러셀이 다시 생각해보라고 붙잡았지만 들을 턱이 없었다.

"그곳은 어두운 날이 많을 텐데."

"햇빛을 싫어해요."

"……많이 외롭기도 할 테고."

"여기 사람들과 떠들고 있는 것보다는 낫죠. 그럴 때마다 제 정신을 팔아먹는 것 같아요."

"내가 보기에는 자넨, 미쳤네."

"그게 신의 바람입니다. 신은 제가 제정신이기를 바라지 않아요."

그건 그럴 테지, 하고 러셀은 속으로만 뇌까리고는 한때의 애제자를 보내주었다. 1913년이었다. 이후 그는 스키올덴이라는 작은 마을에 틀어박혀 지내다 관광 시즌을 피해 오스트리아의 가족들을 보러 나왔는데, 마침 '사라예보 사건'이 일어났다. 제1차 세계대전이 시작된 것이다. 반전운동에 참여했다가 투옥까지 되는 러셀과 달리, 비트겐슈타인은 열렬히 전쟁에 참여했다. 조국에 대한 의무를 지켜야 한다는 윤리 의식뿐만 아니라, 끝없는 회의와 우울에서 탈출할 수 있는 계기로 삼자는 생각 때문이기도 했다. 그는 탈장 때문에 복무 부적합 판정을 받았지만 끈질기게 자원한 끝에 입대할 수 있었다.

비트겐슈타인은 한동안 후방에서 비전투 병과에 복무했다. 병영에서 틈만 나면 철학 연구를 했고, 알렉세이 톨스토이Aleksei Tolstoi의 『요약성경』에 심취해 외워버릴 정도로 되풀이해 읽기도 했다. 죽음과 운명을 더욱 강렬하게 느끼는 생활 속에서 종교적 감성에 관심이 부쩍 높아졌기 때문이다. 1916년 말에 마침내 전투부대에 배속되었을 때는 훈장을 받을 정도로 열심히 임무를 수행했지만, 동료 병사들과 부대끼느니 위험한 단독 임무를 맡기 바랐기 때문이었다. 전투가 뜸할 때는 다듬어낸 철학적 명제를 엮어 훗날 『논리철학논고』라는 이름으로 나오게 될 원고를 써나갔다.

전쟁이 막바지로 치닫던 1918년 봄, 그는 마침내 『논리철학논고』를 완성했다. 그러나 얼마 뒤 자살 직전까지 갈 정도로 깊은 절망에 휩싸이는데, 조국이 패배했기 때문이 아니라 케임브리지 시절에 만나 유일하게 흉금을 터놓을 수 있었던 벗, 데이비드 핀센트David Pinsent가 죽었다는 소식 때문이었다. 그리고 10월 말, 비트겐슈타인은 패전국 포로로 이탈리아군이 운영하는 수용소에 수감되었다. 그는 수용소 생활 도중 '초등학교 교사로 남은 삶을 살자'고 결심한다. 『논리철학논고』에서 철학의 모든 숙제는 풀렸으며, 자신이 철학자로서 할 일은 다했다고 생각했기 때문이었다.

『논리철학논고』에 제시된 비트겐슈타인의 철학은 무엇인가. 이 책은 여느 사상서처럼 명제의 논증 과정이 전혀 없고, 짧은 머리말을 제외하면 명제의 나열로만 이루어져 있다. 머리말에서 그는 "이 책은 아마 이 책 속에 표현된 사고들을, 또는 어쨌든 비슷한 사고들을 스스로 이미 해본 사람만이 이해하게 될 것이다"라고 '주의'를 준 다음 "말해질 수 있는 것은 명료하게 말해질 수 있으며, 말할 수 없는 것에 대해서는 침묵해야 한다"라는 명제가 이 책의 핵심이라고 설명한다. 이는 "생각, 아니 생각의 표현에 한계를 긋는 것이며", "한계는 오직 언어에서만 그어질 수 있다". 그는 철학이란 언어를 분명하게 바로잡는 일이 전부이며, 철학자는 무리한 언어를 선 바깥으로 내던져버리고 가능한 한 언어를 명확히 다듬는 일을 해야 한다고 생각했다. 그는 이 책에 이루어놓은 자신의 작업을 "진리성에서 불가침이고 결정적이며, 따라서 본질적으로 나는 (철학적) 문제를 모두 해결했다"라고 결론짓고 있다. 과연 그럴까?

"(명제 1) 세계는 사실의 총체다." 『논리철학논고』의 본 내용은 이 명제로 시작된다. 세계는 원자, 분자, 개인 등등의 사물이 모여서 이루어진 것이 아니라 사실의 총체라는 것이다. 말하자면 우리는 "창 밖에 산이 보인다"라는 사실을 말할 수 있으며 그런 사실들의 인식을 통틀어 세계를 이해한다. 하지만 산이라는 사물 자체의 존재에 대해서는 확언이나 확신을 할 수 없고, 할 필요도 없다. 적어도 철학적으로는 말이다. 이는 버클리 같은 극단적 경험론을 떠올리게 하나, 비트겐슈타인은 감각 경험만이 의미 있다는 것이 아니라 감각 경험으로는 의미를 말할 수 없다는 것이다.

"(명제 4.1212) 볼 수 있는 것은 아무것도 말하지 않는다." 우리는 창 밖에 있는 산을 볼 수 있다. 그러면 산은 우리에게 무슨 말을 하는가? 박목월처럼 "산이 날 에워싸고 씨나 뿌리며 살아라 한다. 밭이나 갈며 살아라 한다"라고 할 수도 있겠지만 이는 예술가의 은유일 뿐, 산은 우리에게 아무것도 말하지 않는다. 우리는 산을 볼 수 있을 뿐, 말을 들을 수는 없다. 다시 말해서, 어떤 의미를 전달받을 수는 없다. 이는 수학이나 논리학에서도 마찬가지다. "모든 사람은 죽는다. 소크라테스Socrates는 사람이다. 따라서 소크라테스는 죽는다" 같은 논증은 우리에게 일정한 진리를 보여준다. 그러나 어떤 의미를 말해주지는 않는다. 그 논증에서 "소크라테스처럼 현명한 사람도 죽을 수밖에 없다. 인생은 얼마나 허무한 것인가?"라거나 "나도 언젠가는 죽을 것이다. 죽기 전에 값진 인생을 살도록 노력해야 한다" 같은 의미를 이끌어내는 일은 논리적이지 않다. 비트겐슈타인이 보기에 그런 해설은 비철학적이며, 말할 수 없는 것을 말하는 것이다.

"(명제 6.13) 논리학은 선험적이다", "(명제 6.421) 윤리학은 선험적이다." 따라서 우리는 논리학이 구체적인 경험이나 생활과는 무관하게 객관적으로 존재하는 규칙 체계라고 생각할 수 있다. 그런데 윤리학은? 비트겐슈타인은 윤리학 역시 선험적인 규칙 체계라고 한다. "사람을 죽여서는 안 된다", "거짓말을 해서는 안 된다"라는 규칙은 어떤 증명도 필요 없는 규칙이다. 칸트처럼 추론을 통해 이런 규칙을 절대적 정언명령으로 제시할 필요는 없다. "자신이 죽임을 당할 위기에서도 사람을 죽이면 안 되는가?", "선의의 거짓말도 해서는 안 되는가?" 등의 반론은 윤리 규범 역시 상대적 가언명령임을 폭로하지만, 비트겐슈타인의 관점에서는 이렇든 저렇든 별 상관이 없다. 그런 반론은 일반 윤리 명제를 수식하는 특수 명제(가령, 정당방위 조건에서의 살해)를 추가할 뿐 윤리 규칙 자체를 폐지하지는 않는다.

"(명제 7) 말할 수 없는 것에 대해서는 침묵해야 한다." 그렇다면 우리가 보통 철학을 통해 구하려는 인생의 의미, 존재의 이유 등은 논리학에서도 윤리학에서도 찾을 수 없게 된다. 이는 삶이 무의미하다거나 가치관이 필요 없다는 뜻은 아니다. 비트겐슈타인이야말로 의미 있는 삶을 살고자 매진한 사람이 아닌가? 다만 삶의 의문에 대한 답을 철학에서 구해서는 안 된다는 것이다. 존재의 의미는 철학자가 말할 수 없는 것이며, 말할 수 없는 것에 대해서는 침묵하는 것이 옳다.

그렇다면 철학의 의미를 통상적으로 이해해온 사람은 실망할지 모른다. 마르크스나 트로츠키도 입맛이 쓰리라. '철학이 할 수 있는 것이 겨우 그뿐인가? 바른 말 고르기에 불과하다고? 철학이 세계를 변혁할 수는 없어도, 창조적으로 해석할 수는 있어야 할 게 아닌가? 이대로라면 철학이 있다고 세상이 더 나아질 것이 무엇인가?' 그렇다. 비트겐슈타인도 그 점을 잘 알고 있었다. 그래서 그는 『논리철학논고』의 머리말을 이런 말로 마무리했다. "이 작업의 가치는 문제의 해결 결과로 이루어진 것이 얼마나 적은지 보여주는 데 있다." 분명 언어의 오용 여부에만 몰두하는 철학은 많은 꿈을 꾸도록 할 수 없을지 모른다. 그러나 그런 철학이 준수된다면 히틀러나 플라톤처럼 꿈꾸는 사람도 없어지리라. 그것이야말로 철학의 가치가 아닐까? 그런 점에서 비트겐슈타인은 그를 체질적으로 싫어했던 포퍼와 비슷한 쪽을 바라보고 있었다.

세 계 가   되 어 버 린
천 재

제1차 세계대전이 패배로 끝나

_ 비트겐슈타인이 1926년부터 1929년까지 지은 집. 그는 창틀, 문, 난방기 같은 것까지
일일이 살펴보았으며 모든 철제는 바닥에 숨겨져 있도록 했다.

고, 살인적인 인플레이션이 몰아치면서 독일과 오스트리아의 많은 부자가
길거리에 나앉을 지경에 몰렸다. 포퍼의 집안은 몰락했다. 그러나 비트겐
슈타인 가문의 재력은 건재했는데, 카를 비트겐슈타인이 재산의 대부분을
해외에 투자한 덕분이었다. 그러나 수용소에서 풀려난 루트비히가 집에
돌아오니 대저택은 전보다 썰렁해 보였다. 아버지는 이미 1913년에 세상
을 떠났고, 둘째형 콘라트도 전쟁 중에 자살했기 때문이다. 루트비히로서
는 세 번째 맞는 피붙이의 자살이었고, 바로 위의 형인 파울은 전쟁에서 목
숨은 건졌지만 한쪽 팔을 잃은 채로 피아니스트로 살아남으려 애쓰는 중이
었다. 어쩌면 집안사람들은 루트비히가 집안을 관리해주기를 바랐을 것이
다. 그러나 그는 자신의 상속분을 그들에게 남김없이 나누어주고는, 수용

소에서 결심한 대로 초등교사가 되기 위해 니더외스트라이히로 갔다.

교사로서 비트겐슈타인에 대한 평가는 엇갈리는데, 적어도 상냥한 선생은 아니었다. 아이들이 말을 알아듣지 못하면 때렸다고도 한다. 학생 비트겐슈타인, 병사 비트겐슈타인과 마찬가지로 교사 비트겐슈타인도 주변 동료나 마을 사람들과 도통 어울리지 못했다. 그러나 장학사들에게는 좋은 평가를 받았고, 그가 써낸 초등학생용 철자법 사전도 어떻게든 어린 제자들에게 도움이 되었다.

1926년, 37세의 비트겐슈타인은 마침내 교사를 그만두었다. 그 뒤 몇 년 동안은 빈에 머물며 정원사로 일하고, 누이 마르가레트를 위한 집을 설계하는(그는 거의 완성된 집의 천장을 '3센티미터 높여라'라고 주문해 일꾼들을 황당하게 했다) 일을 하며 보냈다. 그러다가 1929년에 케임브리지에서 박사학위를 얻고(박사논문은 『논리철학논고』로 대체했는데, 비트겐슈타인은 논문 자격 심사 중인 교수들의 어깨를 툭툭 치면서 "하나도 모르겠죠? 이해합니다"라고 말했다고 한다) 펠로 교수가 되면서 다시 학계에 발을 디뎠고, 10년 뒤에는 무어의 뒤를 이어 정교수직을 얻었다. 그가 교사와 정원사 일을 전전하는 동안 『논리철학논고』가 그를 학계의 전설적인 존재로 만든 것이다. 그를 인간적으로는 반기지 않던 케인스도 비트겐슈타인이 기차역에 내렸다는 소식에 "신이 도착했다!"라고 외쳤다고 하며, 예전의 앙금이 남아 있던 무어도 자신의 교수직을 이을 사람으로 누구를 생각하느냐는 질문에 "비트겐슈타인에게 그 자리를 주지 않는다는 것은, 아인슈타인에게 물리학 교수 자리를 주지 않는다는 것이나 같다"라고 대답했다.

하지만 비트겐슈타인은 『논리철학논고』 머리말에서 "진리성에서 불가침이고 결정적"이라고 밝혔던 점을 회의하고 있었다. 어쩌면 당연한 일일 수도 있다. 어떤 천재가 10년 전에 이룩한 업적에 마냥 만족하고 있겠는가? 비트겐슈타인이 새롭게 주목한 것은 언어의 다양성과 사회성이었다. 가령 몸짓언어인 큰절은 동양 문화권에서는 예의의 표시지만 서양 문화권에서는 굴욕적인 모습으로 받아들여질 수 있다. 비트겐슈타인이 린츠에서 급우들에게 경어를 쓰자 급우들은 오히려 불편해하지 않았는가? 『논리철학논고』만 해도 독일어 원문을 다른 언어로 번역하는 과정에서 '오해'가 발생해 난해성을 가중했는데, 수학기호였다면 그런 일이 없었을 것이다.

그리하여 비트겐슈타인은 명제가 대상과 정확히 대응한다는 『논리철학논고』의 입장을 버린다. 『논리철학논고』의 방식대로 한계가 그어진 명제는 무언가를 보여주지만, 과연 무엇을 보여주는지는 명제를 구성하는 언어에 따라 달라져버린다. 이는 자신이 한때 그토록 공들여 만든(그리고 논리실증주의자들이 열심히 따라했던) 엄격한 기술언어가 일상언어에 여전히 지배받고 있음을 뜻한다. 여기서 더 나아가, 비트겐슈타인은 일상언어가 이미 더하거나 빼거나 할 필요가 없는 구조를 갖추고 있으며, 철학자들이 사로잡히는 난문제란 일상언어의 용법을 오해하거나 곡해한 결과라는 생각에 도달한다("철학적 문제란 존재하지 않는다. 단지 말장난이 있을 뿐"). 이제 세계는 사실의 총체이기에 앞서 언어의 구성물이며, 언어는 환경에 지배된다. 결국 우리는 일상적인 생활세계에서 일상적인 언어를 쓰면서 충분히 잘 살아가고 있는 셈이다. 철학은 철학자들만의 과제이며, 철학을 연구한다고 특별히 좋은 점은 없다("철학은 아무것도 바꾸어놓지 못한다"). 다만 언어 분석으로서 '철학적 탐구'를 통해 철학자에게나 중요한 말장난을 풀이하고, 철학에 씌워진 환상을 벗겨낼 따름이다.

이런 '후기' 비트겐슈타인 철학은 러셀 같은 원로 철학자들의 반감을 사는 한편(러셀은 "비트겐슈타인은 철학자들이 하는 말만 빼고 모든 말이 옳다고 한다!"라고 한탄했다), 열광적인 추종자 집단을 만들었다. 그가 범상치 않은 용모로 독일어 악센트가 뚜렷한 영어를 써서 "케임브리지가 5시라면 태양에서도 5시인가?", '나는 남이 하는 말을 이해한다. 그러나 스스로 하는 말은 모른다' 따위의 아포리즘을 내뱉는 모습은 나치당 대회에서 열변을 토하는 히틀러 이상의 카리스마 효과를 냈다. 이렇게 '비트겐슈타인 앓이'를 하고 있던 케임브리지에 '철학이 말장난밖에 안 된다니, 무슨 망발을!' 하는 생각을 품고 있던 포퍼가 초청 연사로 찾아왔고, 흥분한 비트겐슈타인의 부지깽이 위협을 받은 것이었다.

그러나 비트겐슈타인은 그런 열광이 반갑지 않았다. 그리고 두고 온 고향에서 익숙했던 것들이 맹목적인 열광 때문에 상처 입고 죽어가는 것을 보았다. 1938년에 오스트리아가 나치의 손아귀에 들어가고, 유대인을 차별하는 뉘른베르크법이 적용되면서 유대인들의 지위가 땅바닥에 떨어졌다. 빈에 남아 있던 비트겐슈타인 가문 사람들은 막강한 재력과 영향력, 높은 평판을 믿고 설마 했지만, 나치의 마수는 곧 그들에게도 뻗어왔다. 파울은 먼저 망명해버렸고, 비트겐슈타인은 오스트리아로 건너가 누이들의 목숨을 살리기 위해 백방으로 노력했다. 이는 가까스로 성공했지만, 비트겐슈타인은 이제 화려했던 가문도 오스트리아의 영광도 영원한 과거가 되었음을 절감한다. 또 다른 '상실'도 있었다. 비트겐슈타인의 열렬한 추종자면서 오스트리아 논리실증주의 학파를 이끌던 슐리크가 학생이 쏜 총에 맞고 죽은 것이다. 범행 동기는 철저히 사적이었지만, 나치는 슐리크가 유대인이라는 점에 착안해 범인을 '민족 영웅'으로 포장해 선전한다. 그리고 오스트리아 학파 자체를 분쇄해버린다.

가문이나 학파나 철학자인 그가 일찍이 업신여겨 마지않았던 것들이었지만, 이런 상실에 인간 비트겐슈타인이 아무 감정도 느끼지 않을 리 없었다. 그는 영국으로 돌아와 부상자 구호나 병원 잡역부 일 등을 한 다음, 전후에 잠깐 케임브리지로 돌아왔다가 1947년에 교수직을 내던진다. 그 뒤로 아일랜드, 노르웨이 등을 전전하며 틈틈이 철학 서적을 끼적이는 조용한 삶을 살다가 1951년 4월, 의탁하고 있던 주치의 베번 박사의 집에서 숨을 거둔다. 마지막 말은 "나는 멋진 삶을 살았다고 전해주세요"였다.

영광을 회피함으로써 멋진 삶을 완성한 비트겐슈타인. 그가 사후에 받은 영광은 생전의 영광을 훨씬 뛰어넘었다. 그는 논리실증주의와 분석철학의 성립에 절대적인 영향을 미쳤고, 이는 현대 영미철학의 주류가 되었다. 러셀이 말한 대로 "정열적이고 심오하고 강렬하고 지배적인, 천재의 완벽한 표본"이었던 그의 캐릭터는 학계의 경계를 넘어 문학과 영화, 심지어 자기 계발서에도 영향을 미쳤다. 사회과학에서도 그의 영향이 나타나는데, 체계 분석만 할 뿐 목적이나 의미를 '말하지 않는' 구조기능주의다. 이처럼 "말할 수 없는 것"을 강조하고 철학의 역할을 현저히 축소한 그를 비판하는 사람도 많다. 그러나 비트겐슈타인이야말로 현대의 대중사회에 철학의 가치를 가장 강렬히 부각한 사람이 아닐까? 철학을 한없이 난해하게 하고, 한편으로 무척이나 단순하게 함으로써? 그도 세계에 내던져진 존재, 방랑할 운명을 타고난 유대인이었다. 그러나 그는 스스로 세계가 되어버렸다.

클로드 레비스트로스

소년이여,
신화가 되어라

Claude Levi-Strauss, 1908.11.28~2009.10.30

신 화 가
잠 든   집

비트겐슈타인은 우리가 산을
볼 때, 산이 보인다는 말밖에 할 수 없다고 말했다. "산이 나를 에워싸고 씨
나 뿌리며 살아라 한다. 밭이나 갈며 살아라 한다"라는 말은 무의미하다.
적어도 철학적으로는 말이다. 그러나 클로드 레비스트로스에게 그 말은
결코 무의미하지 않을 뿐 아니라, 산에 대한 철학적 · 과학적 진술에 비해

전혀 손색이 없는 말이다. "그것은 시가 아닌가?" 하고 물을 수 있기 때문이다. 그렇다. 현대 인류학의 손꼽히는 거장인 레비스트로스는 시를 학문화했다. 그러나 서로 다른 장르의 '동형성'을 주장하기 위해 그가 무한한 경험의 바다 밑에서 건져낸 것은 그 자체로는 맛도 빛깔도 없는 '구조'라는 단서였다. 그래서 그는 몽상하는 시인이면서 동시에 냉담한 분석가라는 '이중구조'를 우리에게 보여준다.

레비스트로스는 자신과 같은 성姓과 같은 이름의 소유자로, 청바지를 대유행시킨 미국의 독일계 유대인 사업가인 리바이 슈트라우스Levi Strauss가 죽은 지 약 2년 만에 벨기에의 수도 브뤼셀에서 태어났다(정확하게는, 레비스트로스의 성은 Levi-Strauss라 해서 하이픈을 쓴다. 리바이 슈트라우스가 하이픈을 쓰지 않는 까닭은 Strauss만 성이고 Levi는 이름이기 때문이다). 그런 묘한 유사성에 대해 레비스트로스는 농담거리로만 가끔 삼을 뿐("내가 처음 미국에 갔더니, 내 소개를 할 때마다 그 유명한 사업가 집안사람이냐며 놀라더군") 별 의미를 두지 않았던 것 같다. 청바지와 구조주의가 비슷한 시기에 세계를 휩쓸었고, 두 가지 다 '단순한 형태의 일반화'를 지향했다는 점을 생각하면 의미를 부여해 하나의 '신화'로 삼았을 만도 한데 말이다. 그러나 그가 자신의 삶을 두고 중요시했던 신화는 다른 것이었다.

그의 부모는 프랑스 출신 유대인이었는데, 서로 육촌뻘이었다. 그는 자신이 걸음마도 제대로 못할 때부터 구조주의자의 싹을 보였다면서 "하루는 내가 유모차에서 '부세boucher(정육점)'와 '블랑제boulanger(제빵점)' 간판의 첫 세 알파벳이 'bou'라고 소리쳤다고 한다. 그 나이에 이미 난 불변자不變者들을 찾고 있었던 것이다"라고 80세를 기념한 대담에서 하나의 신화를 들려준다. 자신이 기억하는 일도 아니었고, 세상의 모든 부모가 어린 시절에 '영특했던' 자식의 일화를 들려주는 이야기 중에 그 정도 에피소드는 비교적 흔하지 않겠는가? 그러나 이런 '우리 아기는 천재래요' 신화의 공통된 구조는 결국 그런 아기가 자라서 평범해지는 것으로 끝난다. 천재적인 아기가 자라서 구조주의자가 된 사례는 레비스트로스밖에 찾아볼 수 없다.

레비스트로스의 증조할아버지는 나폴레옹 3세의 총애를 받았다는 꽤 유명한 음악가였으며, 외할아버지는 랍비여서 유대교 전통을 따르지 않으려던 부모의 뜻에도 외손자에게 유대교식 성년식인 바르 미츠바Bar Mitzvah를 치러주는 등 틈만 나면 유대교 전통 예식을 베풀었다. 아버지는 사무직을 때려치우고 화가로 대성할 꿈을 품었지만 성공하지는 못했고, 먹고살기 위해 이발소 그림이든 싸구려 채색 도자기든 닥치는 대로 만드는 일에 종종 어린 레비스트로스의 손까지 빌렸다. 그런 궁색한 살림의 한편에는 증조할아버지가 수집한 고색창연한 골동품들이 먼지를 뒤집어쓴 채 희미한 빛을 발하고 있었다. 이쪽에는 낡고 싸구려인 미술품이, 저쪽에는 새롭고 고급인 미술품이 자리하고 있는 대조적인 모습과, 찬란했던 증조할아버지의 신화가 먹고살기도 빠듯한 현실과 씨름하는 집 한편에 조용히 잠들어 있는 대조적인 모습이 어린 레비스트로스의 마음에 각인되어 인류학자의 미래를 예비해주었을지도 모른다.

아 마 존 의
어 둠 속 으 로

　　　　　　　　　　　　　레비스트로스는 제1차 세계대
전 동안 베르사유로 피신해 있다가 13세 때인 1921년 파리로 와서 고등학
교에 입학했다. 10대 시절, 그는 세 가지 학문에 심취했다는데 마르크스주
의, 프로이트 분석심리학, 지질학이었다. 각각 사회과학, 인문과학, 자연과
학을 대표하는 학문이 유독 레비스트로스의 '수업 시대'를 구성했다는 이
야기 역시 신화일지도 모른다. 그저 고등학생으로서 여러 분야를 두루 익
히다 보니 이 학문들도 접했던 것 아닐까? 세 학문은 모두 '표층에서는 보
이지 않는 거대한 세계'를 다룬다는 점에서 '공통 구조'를 보이는데, 그래
서 레비스트로스는 자신의 기억을 신화학적으로 재구성한 것이 아닐까?
아무튼 적어도 마르크스주의만은 한동안 그의 정신세계를 지배했던 것 같
다. 하기야 당시 조금 똑똑하다는 청소년은 마르크스주의자가 되는 게 유
행이었지만! 레비스트로스는 프랑스 사회당에 가입하고 사회주의 학생연
맹에서 활약했으며, 1927년 고등학교를 졸업하고 파리 대학(법학 및 철학
전공)에 다니던 1928년부터 1930년까지는 사회당 하원의원인 조르주 모
네Georges Monet의 비서까지 했다.

　그런데 이 시절 교육 실습을 할 때 메를로퐁티, 시몬 보부아르Simone
Beauvoir(둘 다 에콜 노르말 쉬페리외르에 재학 중이었다)와 한 조가 되었다. 이는
레비스트로스가 훗날 자신과 나란히 프랑스, 아니 세계 지성계를 풍미할
천재 중 일부를 처음 만난 일이었다. 그것이 자극이 되었던지, 레비스트로
스의 관심은 법학-정치 활동에서 철학-학문 연구로 차차 옮겨갔다. 그리

하여 1930년에는 의원 비서직을 그만두고 교수 자격시험 준비에 몰두했으며, 이듬해에 최연소 합격의 영예를 안았다. 하지만 3세 연상이며 보부아르와 메를로퐁티를 통해 안면을 튼 사르트르가 빠르게 명성을 얻으며 '신화적 존재'가 되어가는 동안, '철학자 레비스트로스'의 이름은 좀처럼 빛을 내지 못했다. 그는 1932년까지 군 복무를 하고, 1935년까지는 고등학교 철학 교사로 근근이 지냈다. 그를 은근히 무시하는 듯한 사르트르와 보부아르 커플에 비해 학생 시절의 만남을 끈끈한 우정으로 발전시킨 메를로퐁티도 모교 철학과 강사를 하며 전도유망한 젊은 철학자라는 평가를 받는 가운데, 레비스트로스만 '평범한 직장인' 수준에서 벗어나지 못했던 것이다. 그는 이 시기에 지방의회 선거에 나서기도 했지만, 무면허 운전을 하다가 교통사고를 내는 바람에 제대로 시작도 못해보고 정치 생활을 접어야 했다.

이런 답답한 생활의 돌파구는 그가 27세가 되던 1935년에 나타났다. 은사인 셀레스탱 부글레Célestin Bouglé가 브라질 상파울루에 갓 설립된 대학교수로 레비스트로스를 추천해주었던 것이다. 레비스트로스는 철학이 아닌 사회학을 강의하기로 하고 현지로 떠났는데, 이미 인류학에 경도되어 있던 그가 "당시는 사회학과 인류학의 경계가 모호했다"라며 자발적으로 그 과목을 선택했다고 하지만 과연 그랬는지는 의문이다. 아무튼 그가 당시 프랑스 사회학계를 주름잡던 오귀스트 콩트Auguste Comte와 에밀 뒤르켐Émile Durkheim의 기능주의 사회학을 몹시 싫어했던 점은 분명한데, 이는 브라질 현지에서는 곤란한 조건이었다. 프랑스 학문에 심취해 있던 상파울루 대학 설립자들은 콩트와 뒤르켐의 열렬한 숭배자이기도 했기 때문이다. 뒤르켐

_ 텐트에서 디나와 식사하고 있는 레비스트로스. 디나는 이런 정글 생활에 진절
 머리를 느껴 남편 곁을 떠났다.

보다는 프랜츠 보애스Franz Boas나 로베르트 로위Robert Lowie 같은 미국 인류
학자들이 훨씬 훌륭하다는 레비스트로스의 말에 그들은 몹시 분개했다.

결국 1936년에 첫 인류학 논문 「보로로족의 사회조직에 대한 연구」를
써낸 레비스트로스는 30세가 되던 1938년 사실상 대학을 뛰쳐나와 1년 동
안 브라질 북서부를 다니며 원주민 사회를 조사했다. 도도히 흐르는 아마
존강, 하늘이 보이지 않을 만큼 울창하게 우거진 숲, 귀가 멀 정도로 우짖
는 새들, 이따금씩 수풀 사이로 고개를 내미는 벌거벗은 원주민들……. 레
비스트로스는 조각배에 몸을 싣고 그 광경 속을 미끄러지면서, 19세기 말
아프리카 밀림 지대를 탐험하며 『어둠의 심연』을 써내려간 영국 소설가 조
지프 콘래드Joseph Conrad를 떠올렸다. 그는 정말이지 콘래드 같은 소설가가
되어볼까 하는 심정이었다고 한다. 교사 시절 결혼한 첫 아내 디나도 떠나

고 정글 속에 홀로 남은 그는 한없이 처연한 심정으로 종이 다발을 꺼내 소설을 끼적였다. 아내는 평온한 생활을 버리고 굳이 먼 미개한 나라에 자신을 끌고 오더니, 끝내 교수 자리마저 내던지고 '아마존 푸른 물에 노 젓는 뱃사공' 꼬락서니가 된 남편에게 진절머리가 났던 것이다. 그 원고는 결국 무가치하다는 판정을 받았지만, 제목과 일부 내용은 훗날 그의 대표작인 『슬픈 열대』의 밑거름이 된다.

성스러운
도망

브라질에서도 만족할 만한 성공을 거두지 못한 레비스트로스는 1939년에 프랑스로 돌아왔다. 제2차 세계대전이 발발해 징집된 것이다. 이미 군 복무를 마친 그는 연락장교로 마지노선에 배치되어 영국군을 상대하는 임무를 맡았는데, 전투가 개시된 지 겨우 5주 만에 영국 군인들이 허겁지겁 덩케르크를 통해 도망가고 에펠탑과 개선문에 나치의 하켄크로이츠가 휘날리는 꼴을 보게 되었다. 레비스트로스는 독일군의 점령지가 아닌 프랑스 남부로 내려가 몽펠리에의 고등학교 교사직을 얻었지만, 친나치적인 비시 정부는 '유대인은 공직을 맡을 수 없다'는 나치의 원칙을 받아들여 그를 해임해버렸다. 독일과 오스트리아의 동포들보다는 한결 낫지만, 유대인인 이상 무슨 일을 당할지 모르겠다고 여긴 그는 브라질로 되돌아가려 애썼지만 실패했다. 절망한 그에게 미국에서 구원의 손을 뻗어왔다.

그가 처음 읽은 인류학 책의 저자이자, 그와 편지로 교류해온 미국 인류학자 로위가 뉴욕으로 오라고 부른 것이다. '골칫덩이 유대인'의 망명을 마다할 이유가 없었던 비시 정부의 승인을 받고(그 대신 거의 전 재산을 남겨두고 떠나야 했다. 증조할아버지의 신화를 간직한 골동품들은 대부분 나치에게 약탈당했다) 프랑스를 떠난 때는 1941년, 33세 때였다. 예수가 십자가에 못 박히던 나이. 소설가 헨리 밀러Henry Miller는 『섹서스Sexus』의 첫머리를 "내 나이 서른셋. 예수가 십자가에 못 박히던 나이가 되었다"라는 말로 시작한다. 스스로 천재라 자부했지만, 어느덧 중년에 접어들었음에도 무엇 하나 이루어놓은 것이 없는 자신에 대한 실망과 회한을 담은 말이었다. 히틀러의 손아귀에 들어간 조국을 떠나 멀고도 낯선 땅, 미국으로 가던 레비스트로스의 가슴도 그런 실망과 회한에 사무치지 않았을까.

그러나 그의 운은 마침내 미국에서 트이기 시작했다. 로위의 주선으로 뉴욕의 신사회조사연구원에서 일하게 된 그는 미국 인류학 교수들, 역시 망명자 신세인 프랑스인과 유대인 지식인들과 교류하며 학문적 진일보를 성취했다. 그중에서 러시아계 유대인인 언어학자 로만 야콥슨Roman Jakobson은 그에게 페르디낭 드 소쉬르Ferdinand de Saussure가 창시한 구조주의 언어학을 알려줌으로써 큰 영향을 끼친다. 또한 미국 인류학의 대부였던 보애스는 '주체가 의식하지 못하는 법칙이 존재한다'는 가르침과 문화 상대주의적인 관점을 전수했으며, 앙드레 브르통André Breton, 마르셀 뒤샹Marcel Duchamp, 막스 에른스트Max Ernst 등 망명한 초현실주의자들도 '무의식 속의 숨은 질서', '실상과 대등한 환상' 등의 모티프를 던져주었다.

1944년, 파리가 해방되자 다시 프랑스를 찾은 그는 야콥슨과 구조주의 인류학 이론의 첫 저작인 「언어학과 인류학에서의 구조적 분석」을 펴냈다. 점점 명성을 얻게 된 그는 1946년부터 1947년까지 프랑스 대사의 문화 고문을 맡아 미국에 머물렀으며, 1948년에 프랑스로 영구 귀국했다. 그가 박사학위 논문으로 제출한 「친족의 기본 구조」는 일대 파장을 일으켰다. 그는 마침내 세계적인 학자의 반열에 올랐고, 1950년에는 파리 대학 고등연구원 교수로 부임하며 고등연구원 부속 사회인류학연구소 초대 소장을 맡게 되었다. 이제 레비스트로스라는 이름은, 적어도 지성계에서는 청바지 사업자 못지않게 유명해진 것이다.

구조주의 인류학이란 무엇인가. 이는 무질서해 보이는 사건과 사실의 이면에 일정한 질서와 규칙적 패턴을 이루는 요소가 있으며, 그것은 그 자체로는 이렇다 할 속성이 없는 '구조'라는 인식에서 출발한다. 이 구조를 처음으로 중시한 사람은 스위스의 언어학자 소쉬르로, 그는 다양해 보이는 언어도 문화권마다 자의적으로 형성되는 '파롤parole', 즉 실제 사용되는 언어가 아닌 숨은 질서인 '랑그langue' 수준에서는 같은 의미를 표현하려는 것이며 동일한 구조를 갖는다고 보았다. 레비스트로스는 이를 인류학에 적용했다. 가령 친족의 숨은 구조는 '근친상간 회피'이며, 이를 위해 서로 다른 혈연 집단끼리 결혼을 하도록 되어 있어 친족 사이의 구분이 지어지고 친족 정체성이 형성되었다는 것이다. 결혼 방식은 문화권마다 다양하고 친족의 구성 방식도 다양하지만, 근친상간 회피와 결혼 동맹이라는 기본 구조는 한결같다.

이는 브로니슬라브 말리노프스키Bronislaw Malinowski나 뒤르켐, 앨프리드 래드클리프브라운Alfred Radcliffe-Brown 등의 친족 이론과는 전혀 다른 접근법이다. 이 기능주의 인류학자들은 친족을 비롯한 사회집단들은 제각기 체계를 유지하기 위해 여러 기능을 수행할 요소들을 갖추며, 어떤 기능을 어떤 요소가 어떻게 수행하는지는 집단별로 달라진다고 보았다. 그들에게 친족이란 혈연을 근거로 공존공영하기 위해 결속된 집단을 의미했다. 그러나 레비스트로스는 친족이 자체 완결적이 아니라 상호적인 목적에 따라 구성되었다고 보았으며, 목적은 언제나 동일하므로 사실상 모든 친족 집단은 서로 다름이 없다고 여겼다.

이처럼 겉으로 보이는 법률, 관습, 종교, 생산양식 등의 차이를 뛰어넘는 숨은 질서가 있어서 구성원들이 무의식중에 그 질서에 복무하도록 만든다는 아이디어는 무척 매력적이었으며, 동양적 풍환에 눈을 돌리던 당시의 세태에도 잘 맞았다. 나아가 "나는 내가 생각하지 않는 곳에 존재한다"라며 주체의 부정 쪽으로 움직여가던 프랑스 지성사에서도 큰 반향을 얻을 수 있었다. 그리하여 제2차 세계대전 전까지만 해도 무명에 가까웠던 레비스트로스가 사르트르나 프로이트에 맞먹는 정신적 지도자로 단시간 내에 떠오를 수 있었다. 이는 프로이트적인 방법으로, 마르크스가 소홀히 다룬 '상부구조'의 지질학을 탐구하는 것이기도 했다.

친족을 비롯한 사회집단이 기층적 구조 차원에서 모두 동일하다면, 이른바 문명사회와 미개사회, 또는 서구 사회와 동양, 또는 제3세계의 구분 역시 큰 의미가 없는 것이 아닌가? 그렇다고 레비스트로스는 말한다. 그 메시지는 1962년에 펴낸 『야생의 사고』에 뚜렷이 표출되었다. 책에 따르면 현대 서구인은 원시사회의 민간요법이나 주술을 비합리적인 미신이라며 비웃을 자격이 없다. 질병이나 기근 등의 재난에 대한 원인 분석, 대응

책 마련, 대응 실시 등의 과정에서 원시 부족민들도 '냉정'하고 '합리적'인 판단을 내리며, 주술을 펴는 사고의 기본 틀은 과학적 대응을 하는 사고의 기본 틀과 다름이 없기 때문이다. 포퍼가 들으면 천정에 머리가 부딪치도록 펄쩍 뛸 노릇이었지만, 레비스트로스의 관점에서는 어차피 반증이라는 것도 그 시점에 확보된 지식을 갖고 행하는 '주먹구구'에 지나지 않았다. 그런 주먹구구로 합리적이다, 과학적이다라는 말을 들을 자격이 생긴다면, 원시 부족들의 주먹구구가 비합리적, 비과학적이라고 불리지 못할 까닭이 무엇인가?

물론 민간요법이나 주술로 얻는 효과가 (근대)과학적 처방에 따른 효과를 능가하지는 않을 것이다. 하지만 이는 이런저런 우연에 따라 원시사회가 '야생의 사고'를 변화시킬 기회를 못 얻었기 때문이며, 그들이 기본적으로 열등하거나 야만적이기 때문이 아니다. 가령 두 사람이 달리기를 했는데 한 사람이 돌에 걸려 넘어져서 다른 사람에게 뒤처졌을 때, 앞서 달려가던 사람이 그 사람을 '나보다 달리기 실력이 뒤떨어진다'고 비웃을 수 없는 것처럼. 그리고 부시맨이 별안간 뉴욕에 가면 어쩔 줄 몰라 하겠지만, 기계와 과학 상식에만 의존하던 현대 서구인이 정글에서 혼자 살아가려면 정글을 속속들이 파악하고 분석해둔 원주민과 달리 갈팡질팡할 수밖에 없으리라. 문명에도 비교 우위가 있다는 것이다.

'서구문명이 다른 문명에 비해 우월하지는 않다', '원시인이 현대인보다 열등하지도 않다' 이런 메시지는 반反인종차별주의, 반오리엔탈리즘과 문화상대주의, 다문화주의의 풍차를 쌩쌩 돌릴 힘찬 바람이었다. 레비스트로스는 그런 영향력이 떨떠름했지만 말이다. 그는 다른 문화를 경멸하거

_ 레비스트로스가 1962년 펴낸 『야생의 사고』.

나 적대시하면 안 된다는 말이 자신의 문화를 소홀히 여겨도 된다는 말은 아니라며, 문화 사이에 장벽이 완전히 없어져 무조건적인 관용이 일어나다 보면 결국 모든 문화가 가장 공통되는 요소만 남긴 채 외형적으로 비슷해 지고, '엔트로피 증대에 따른 몰락'이 초래될 것이라고 우려했다(그는 구조 인류학의 창시자이자 박해받은 인종의 일원이라는 점에서 '인종을 초월해 모두가 하 나로' 같은 주장을 해주기를 바랐던 강연에서 "박해는 안 되지만, 인종은 서로 질투 하고 대립할 필요도 있다"라고 발언해 분위기에 찬물을 끼얹기도 했다). 또한 주장 을 명확히 하지는 않았지만, 문화다양성이 유지될 때 상대 문화가 핵심 구 조를 실현하기 위해 주어진 환경에서 어떤 선택을 했는지 참고할 수 있으 며, 이는 중요한 교훈을 주는 유산으로 여겨야 한다고 생각했다. 가령 수상 水上 거주 부족들의 생활양식을 연구한다면, 지구온난화가 심해져서 많은 땅이 물에 잠기게 될 때 유용하지 않겠는가?

1955년 발표한 『슬픈 열대』에서 개인적 체험과 인류학적 통찰을 뒤섞은 그는 『야생의 사고』에서도 비슷한 시도를 했다. 그는 첫머리에 책이 나오기 얼마 전 세상을 떠난 메를로퐁티에게 이 책을 헌정한다고 적었으며, 마지막 장은 온전히 사르트르에 대한 비판에 투자했다. 그가 보기에 '야생의 사고'의 대척점은 후설의 현상학 전통을 이어받은 사르트르의 사상이었다. 이는 주체가 사유하는 힘으로, 자신의 본질까지 구성해나가는 역사의 행진과 낮은 차원에서 높은 차원으로의 진보를 주장한다. 그러나 레비스트로스의 이론에 그런 진보는 없으며, 주체는 사실상 자신이 무엇을 하고 있는지 모른다. 그렇게 레비스트로스는 당대의 지배적 사조였던 실존주의에 반기를 드는 한편, 친구와 라이벌에게 개인적인 마음의 빚을 갚았다.

들려주는 자와 만드는 자

세계적 영향력을 획득한 이론에는 으레 따르기 마련이겠지만, 그의 이론 역시 맹렬한 비판을 받았다. 메를로퐁티의 제자인 클로드 르포르Claude Lefort는 스승의 오랜 친구가 형식주의와 추상론에 빠져 있다고 비난했다. 에드먼드 리치Edmund Leach는 레비스트로스가 현장 조사는 대강 하고 문헌에 주로 의존해서 연구하는 데다 자신의 이론에 맞추기 위해 자료를 왜곡하거나 과장하기 일쑤라고 꼬집었다. 스탠리 다이아몬드Stanley Diamond 역시 구조주의에 따라 전개한 레비스트로스의 신화론이 억지로 가득하다고 비판했다. 가령 인디언들의 신화를 비교 분석해서 내놓은 신화론에서 레비스트로스는 모든 신화가 한편으로는 양자 간의 갈등을, 한편으로는 화해를 기본 구조로 내포한다면서 틀에 벗어난 행동을 하는 '트릭스터trickster'이자 화해의 매개가 되는 신화적 캐릭터를 까마귀와 코요테에서 찾았다. 즉 신화는 '생명'을 추구하는 농민(농작물을 길러내므로)과 '죽음'을 추구하는 수렵민(사냥감을 살해하므로)의 대립으로 이루어지는 한편, 시체를 먹는(따라서 무언가를 기르지도 않고, 죽이지도 않는다) 동물인 까마귀와 코요테가 그들의 화해를 매개한다는 것이다. 그런데 다이아몬드가 보기에 까마귀도 코요테도 사냥을 전혀 하지 않는 동물은 아니다. 그들이 매개 역을 맡는 까닭은 시체를 먹기 때문이 아니라 영리하고 민첩해보이기 때문이다!

레비스트로스식으로 유추해보면 농민과 수렵민의 갈등을 해소하는 주역은 유목민일 것이다. 그들은 가축을 '기르지만', 결국 '살해해' 잡아먹기 때문이다. 하지만 역사상의 주요 대립은 농민과 유목민 사이에서 일어났다. 결국 복잡다단한 정보를 극단적으로 단순화해 하나의 구조로 환원하려면 시인이 표현을 조탁彫琢하듯 많은 것을 외면하고 무시해야 하는데, 완벽한 시어詩語가 시인별로 다르듯이 무엇이 근본적인 정보이며 무엇이 무시해야 할 정보인지 선택하는 것은 연구자마다 다를 수 있다. 이 밖에 앙리 르페브르Henri Lefebvre는 레비스트로스의 문화 이론을 '신新엘레아학파 사상'이라고 비아냥대기도 했다. 모든 것은 하나로 이어져 있으며 일체의 개체성은 환상일 뿐이라 여긴 고대의 엘레아학파처럼, 레비스트로스도 여러 문화 사이의 근본적인 차이를 부당하게 무시한다는 것이다.

레비스트로스에 대한 이런 비판들은 제각기 일리가 있다. 하지만 비판자들 가운데 그의 이론에 조금이라도 영향을 받지 않은 사람도 드물다. 그만큼 레비스트로스의 그림자는 넓고 멀리 드리웠다. 현대 인류학에 미친 그의 영향은 현대 경제학에 프리드먼이 미친 것보다는 크고, 심리학에 프로이트가 미친 것보다는 작을 것이다.

예수가 못 박히던 나이에 무명의 유랑자임을 한탄한 레비스트로스였지만, 그에게는 2배의 삶에 달하는 찬란한 명성이 기다리고 있었다(결혼도 두 차례 더 했다). 51세에 콜레주 드 프랑스의 정교수가 되고, 56세에 레지옹 도뇌르 훈장을 받았으며, 58세에 인류학자로서 최고의 영예라는 바이킹 메달을 받고, 60세에 국립중앙과학연구원 금메달을 받고, 63세에 아카데미 프랑세즈 회원 자격을 얻었다. 74세에 콜레주 드 프랑스에서 퇴임한 뒤에도 한동안 학문 연구를 쉬지 않아서, 85세에 써낸 『보다 듣다 읽다』까지 3권의 책을 더 집필했다. 그리고 101세 생일을 한 달 남겨둔 2009년 10월 30일에 자택에서 눈을 감았다.

레비스트로스식의 사상에 만족할 수 없다면 변혁과 진보를 꿈꾸는 사람일 것이다. 오늘날의 세상이란 1,000년 전의 세상과 다를 게 없고, 인간은 영원히 똑같은 일을 반복할 수밖에 없다는 메피스토펠레스의 이죽거림을 참지 못하는 사람일 것이다. 하지만 레비스트로스는 메피스토펠레스보다 친절하다. 그는 세상이 얼마나 넓고 얼마나 다양한 문화가 있는지, 앞만 보지 말고 주변을 돌아보라고 한다. 그 가운데는 일종의 '진보'의 소재가 될 만한 것도 있지 않을까? 하지만 그 사람은 다시 질문할 것이다. 당신 말에 따르면 결국 다양한 문화란 하나의 구조로 수렴되는 것, 따라서 전부 '그게 그거' 아닌가요? "그렇습니다." 레비스트로스는 공손하게 대답할 것이다. 그러고는 이렇게 말할 것이다. "하지만 판이한 것 같은 우리가 심층적으로 하나라는 사실을 돌아볼 때, 우리는 비로소 손을 잡을 수 있지 않을까요?"

그의 사상에서 무기력한 안주의 명분을 찾을지, 새로운 발전의 모티브를 찾아낼지는 우리 몫이다. 신화는 들려주는 자와 만드는 자의 기본 구조를 내포한다.

발터 베냐민

불운이 가져다준
영광

★
Walter Benjamin, 1892.7.15~1940.9.27

모 순 에
매 혹 되 다

최근의 연구(황호덕, 『상허학보』
35호, 2012)에 따르면, 2008년부터 2011년까지 발터 베냐민은 한국의 국문
학자들이 가장 많이 인용한 외국 이론가라고 한다. 그가 죽은 지 어언 70여
년, 유럽을 기준으로 극동에 속하는 나라에서 고유 학문을 연구하는 학자
들에게까지 그토록 영향이 심대하다면 얼마나 대단한 거장이겠는가? 그러

나 실제 그의 삶은 거장이라는 표현 앞에서 힘없이 미끄러진다. 그는 대학 교수가 아니었으며 강의도 별로 하지 못했고, 유명한 스승에게서 배우지도, 제자를 키우지도, 어떤 학파에 가입하지도 않았다.

당시 독일계 유대인은 넷 중의 하나 이상을 선택하기 마련이었는데, 독일-오스트리아를 위해 전쟁에 참전하기, 팔레스타인으로 이민 가기, 공산당에 가입해 활동하기, 미국 또는 영국으로 망명하기였다. 그런데 베를린 토박이였던 베냐민은 넷 중 어느 것도 하지 않았다. 쉴 새 없이 글을 썼지만 대부분 미발표로 남았고, 그나마 가명으로 출간한 경우가 많아서 지식인 집단에서는 얼마간 알려졌지만 대중적·세계적 명성이라고는 그림자도 없는 '그저 그런 지식인 나부랭이'에 불과했다.

그렇다고 그가 비트겐슈타인처럼 대책 없는 독불장군이라서 그런 것 같지도 않다. 그는 교수가 되기 위해, 일자리를 갖기 위해, 어떤 진영에 속하기 위해 여러 차례 노력했다. 그러나 '불운하게도' 번번이 실패했다고 독백을 남겼다. 하지만 반드시 그랬을까? 내부의 무언가가 스스로를 불운과 절망의 늪으로 끊임없이 몰아갔던 것이 아닐까? '실패한 지식인'으로 생을 마친 그가 오늘날 그토록 찬란한 '아우라aura'에 싸여 있는 것도, 그런 '자초한 불운'에 어느 정도 이유가 있지 않을까?

베냐민은 1892년 7월 15일에 베를린의 유복한 가정에서 태어났다. 아버지 에밀 베냐민은 본래 파리의 은행가였지만 베를린으로 이주해서 융단과 골동품 거래상이 되어 큰돈을 벌었다. 발터는 그의 맏아들이었으며, 밑으로 아들(게오르그)과 딸(도라)을 하나씩 더 두었다. 발터는 성장기 내내 남부러울 것 없는 풍요를 누렸지만 몹시 병약해서 결석이 잦았으며, 일찍부터 눈이 나빠져 안경을 썼다. 부유한 환경에서 자란 점은 비트겐슈타인 (그는 어지간한 부유함이 아니었지만), 포퍼, 트로츠키와 비슷했지만 포퍼처럼 도중에 닥친 경제난으로 졸지에 궁핍에 시달리는 비운을 맞지도 않았고, 재벌 가문의 별 재능 없어 보이는 막내아들이라는 부담을 못 이겨 스스로 존재 가치를 세우고자 가문을 등진 비트겐슈타인 같지도 않았다. 베냐민의 아버지는 트로츠키의 아버지처럼 아들을 단지 부자가 아닌 '뛰어난 인간'으로 키우려 노력하지도 않았다. 다만 그의 유대인 핏줄을 감추려고 유대인 같지 않은 이름을 붙여주었다는 게 베냐민의 설명이다. 발터 베냐민이라는 이름은 이름대로 남아 있었으며, 발터는 '아게실라우스 산탄더'라는, 유대인 티가 안 난다기보다는 우스꽝스러운 이름을 전혀 쓰지 않았다. 그리고 맏아들이 어려서부터 책만 파더니만 장성해서도 밥벌이할 생각은 없이 공부만 하는 꼴을 못마땅해한 부모는 한때 의절 상황까지 가기도 했다.

어쨌든 베냐민의 부모가 자식을 유대식으로 훈육하지 않은 점은 분명하다. 베냐민은 평생 히브리어를 몰랐으며 20대에 처음 시온주의 운동에 가담하라고 권유받았을 때 "나의 정신에서 유대교가 차지하는 부분은 극히 적다"라며 거절하기도 했다. 그러나 유대인이라는 정체성은 그의 사상에 크게 자리 잡게 되고, 결국 그의 운명에도 결정적인 영향을 주게 된다.

그는 10세가 된 1902년 프리드리히 빌헬름 김나지움에 입학했고, 그때부터 도서관에 파묻혀 살다시피 했다. 어린 베냐민을 매혹한 책은 이국적인 일화나 모험 책들이었는데, 그중에서도 『오페라의 유령』을 가장 좋아했으며 성장한 뒤에도 자신이 가장 사랑하는 책이라고 말하기도 했다. 주인공인 동시에 안티 히어로이자 악당이면서 순정의 구애자가 펼치는 몽환적인 비극. 그 모순된 듯한 구성이 전혀 어색함을 주지 않으면서 낭만적이고 신비롭게 그려진 작품에 그의 영혼이 일찍부터 매혹되었던 것일까.

결단 하지 못하는
영혼

베냐민은 1905년에서 1907년까지 튀링겐의 하우빈다 학교로 잠시 옮겼는데, 그때 교편을 잡고 있던 구스타프 비네켄Gustav Wyneken의 교육 사상을 접하고 그의 추종자가 되었다. 청소년은 '어른의 전 단계'가 아닌 독자적인 존재로 보고 나아가 기성세대가 만든 사회를 변혁할 잠재력을 지닌 존재로 여기는 그 사상은 베냐민에게 평생 영향을 미쳤으며, 비네켄이 주도하던 '자유 학생운동'에 가담해 1914년에는 회장에 취임하는 등 그의 평생에 어쩌면 유일하게 될 '조직 생활'을 하기도 했다. 그러나 비네켄 사상에 내재되어 있던 지도자 우선주의와 파시즘적 경향이 차차 불거지면서 베냐민은 그와 결별했으며, 회장을 맡고서도 조직이 정치에 참여하거나 직접 행동에 뛰어드는 일을 한사코 무마하다가 결국 조직이 갈라지고 지리멸렬해지는 원인을 제공하기도 했다. 베냐민은 결국 행동주의자는 될 수 없었던 것이다.

그는 1912년 프라이부르크의 알베르트루드비히 대학에 입학한 뒤 1919년 스위스의 베른 대학에서 「독일 낭만주의의 예술비평 개념」이라는 논문으로 박사학위를 취득하기까지 대학생으로 1910년대를 보냈다. 그 사이에 평생의 벗이 될 게르숌 숄렘Gershom Scholem을 만나 시온주의와 유대

카발라 사상의 영향을 받게 되었고, 이는 그때까지 신칸트주의의 완고한 합리주의를 고수하려던 그에게 새로운 비전을 제공했다. 그는 신칸트주의에서도 도덕의 원천에 일종의 신비주의적·종교적 접근을 하는 경향이 있음을 알고 합리주의와 신비주의라는 상호 모순적인 사상에서 접점을 찾으려 했다. 그러나 시간이 지날수록 베냐민은 칸트에서 멀어지고, 헤겔과 니체에게 가까워져간다.

그는 제1차 세계대전이 발발되자 징집되었지만 질병으로 유예받고(모두 세 차례 징병검사에서 탈락했는데, 고도 근시·만성적 신체 경련, 좌골신경통 등 병명이 모두 달랐다. 입대를 피하기 위해 꼼수를 부렸다는 의혹도 많지만, 그가 워낙 건강한 체질이 아니었음은 틀림없다), 김나지움 시절 친구의 여동생인 그레타 라트와 약혼했다가 파혼하고, 유부녀이던 도라 켈러와 열애 끝에 1917년 이혼한 그녀와 결혼했다.

그러나 대학 문을 나선 다음의 베냐민은 좀처럼 '그럴듯한' 직업을 구하려 하지 않고 지식인 동아리에 가담하지도 않은 채, 신문에 가끔 자유 기고를 하거나 번역을 하는 일 말고는 연구에만 전념하는 '룸펜 프롤레타리아트', 다시 말해 '백수' 생활을 거듭했다. 마침 독일은 경제공황의 늪에 빠져들었고, 백수 맏아들을 고깝게 본 부모는 더는 돈을 대주지 않으려 들었다. 이는 1918년에 그의 아이(슈테판)를 낳은 도라에게 가사를 전담하게 할 뿐만 아니라(평생 어릴 때의 '도련님' 기질을 버리지 못한 베냐민은 못 하나 박을 줄 몰랐다. 그리고 생활 형편이 어려워졌어도 고급 음식이나 공연 관람, 해외여행 등의 즐거움을 끊지 않았다. 그의 생활이 가장 힘들었을 때인 1930년대 말, 그가 작성한 월간 지출 내역을 보면 도서 구입비는 없지만 영화, 연극, 전시회 관람비는 포함되어 있다) 가계 수입의 대부분까지 책임져야 하는 부담을 남겨주었다. 결국 수입이 절실한 베냐민은 '교수 자격 획득을 준비 중이니 그때까지만 도와달라'고 부모를 설득해 돈을 받아냈고, 끝내 이행하지 않았지만 '팔레스타인으로 이주해 그곳에서 교수가 될 것'을 전제로 유대인 공동체의 후원금을 따내기도 했다.

1920년대에도 베냐민의 경제 사정은 별로 나아지지 않았지만(1925년, 「독일 비극의 원천」이라는 논문으로 프랑크푸르트 대학교수직에 도전했지만 실패했다. 교수들은 통상적인 분석 틀과 서술 형식에서 크게 벗어난 그 논문을 읽다가 혀를 차며 집어던져버렸다. 오늘날에는 유럽 문예비평사에서 빼놓을 수 없는 걸작으로 꼽힌다), 학문적으로는 어느 정도 인정받기 시작한다. 1922년에 내놓은 요한 볼프강 폰 괴테Johann Wolfgang von Goethe의 소설 『친화력』에 대한 비평 논문이 저명한 문필가 후고 폰 호프만슈탈Hugo von Hofmannsthal의 격찬을 받았으며, 1923년 설립된 프랑크푸르트 사회문제연구소를 위해 샤를 보들레르Charles Baudelaire의 『악의 꽃』을 번역하는 과정에서 앙드레 지드André Gide, 죄르지 루카치György Lukács, 에르네스트 블로흐Ernest Bloch 같은 당대의 유력 지성인과 교류하게 되었다. 굳이 꼽자면 베냐민의 '후계자'라고 부를 수 있는 훗날 프랑크푸르트학파의 중심인물 테오도어 아도르노Theodor Adorno도 이때 만난다. 이 무렵 그의 사상과 인생의 흐름에 큰 영향을 줄 두 사람도 만났는데, 베르톨트 브레히트Bertolt Brecht와 아샤 라치스Asja Lacis였다. 두 사람 모두 마르크스주의자였고, 브레히트는 〈한밤의 북소리〉, 〈서푼짜리 오페라〉 등으로 주목받는 극작가면서 비타협적인 반체제 지식인의 길을 걷고 있었다. 여성 영화감독이면서 모스크바의 지령대로 움직이던 라치스

— 프랑크푸르트학파의 양대 지주인 호르크하이머(왼쪽)와 아도르노(오른쪽)가 악수를 하고 있다. 베냐민은 『악의 꽃』을 번역하는 과정에서 아도르노를 만나게 된다.

는 베냐민의 지적 파트너가 되고, 곧 연인이 되었다. 이들의 영향으로 베냐민은 1926년 12월부터 한 달여간 모스크바를 방문했으며, 공산당 가입을 진지하게 고려했다. 그리고 자신의 사상과 이론을 본격적으로 사적 유물론과 융합해나갔다. 그리하여 1927년부터 쓰기 시작한 미완성 역작 『아케이드 프로젝트』나 1928년의 『일방통행로』에 이르면 독일 관념철학, 유대 신비주의, 마르크스주의를 근간으로 하는 베냐민 특유의 사상이 거의 완성되기에 이른다.

라치스와의 로맨스는 파탄 직전에 와 있던 베냐민의 결혼에 종지부를 찍도록 했다. 이 부부는 1920년대에 들어설 무렵 경제적 궁핍과 애정 결핍으로 서로를 점차 등지기 시작했다. 베냐민은 라치스에 앞서 조각가 율라

콘과 어울렸고, 도라는 베냐민의 친구인 에른스트 쇼엔과 바람을 피우면서 이름뿐인 부부 생활을 이어갔다. 그러다가 베냐민이 라치스와 결혼하겠다는 결심을 하면서(이는 이루어지지 못했지만) 결국 파경에 이르렀고, 베냐민은 도라와 그녀가 키울 아들 슈테판에게 줄 위자료로 자신이 받을 예정이던 상속 지분을 고스란히 넘겨주었다. 이로써 베냐민의 재정 상황은 한층 더 어려워졌고, 미래에 대한 전망 또한 매우 어둡게 되었다.

이 시기에 베냐민은 어느 때보다 왕성하게 글을 썼지만 대부분 돈이 되지 않았다. 1923년 팔레스타인으로 넘어간 숄렘의 초청에 응해 자신도 가든지, 공산당에 입당하고 모스크바로 가서 '혁명의 조국'이 시키는 일을 하든지 하는 두 가지 타개책이 베냐민 앞에 놓였다. 그러나 그는 고민 끝에 두 가지 모두 선택하지 않았다. 그는 숄렘도, 라치스도, 브레히트도 좋아했다. 사상적으로 유대교도 마르크스주의도 모두 받아들였다. 그러나 그는 끝내 어느 한 진영에 몸을 담고, 발터 베냐민이라는 이름을 그 진영에 연관해서만 의미를 부여하는 일을 받아들일 수 없었다. 그는 사회경제적으로 프롤레타리아에 가까웠고 프롤레타리아의 역사적 역할을 강조했지만, 자신의 본질은 부르주아일 수밖에 없다고 여겼다. 그의 몸에는 유대인의 피가 흐르지만, 그가 평생 먹고 요리할 마음의 양식은 유럽의 것이었다. 그리고 본질적으로 행동주의자가 아니었던 그는 어떤 정치적 입장에도 다만 동조할 뿐, 동참하려고는 하지 않았다.

영원히 감추어진
사상

　　　　　　　　　　　베냐민의 사상은 무엇일까. 명
백한 해답은 없다. 아니, '영원히 감추어져 있다'고 해야 맞으리라. 숄렘은
그의 사상이 결국 유대교 신학, 특히 카발라 비교秘敎 신학을 전개한 것이라
고 주장했다. 반면 「역사의 개념에 대하여」 등 베냐민의 원고를 품에 안고
미국으로 간 아렌트는 베냐민이 그녀의 스승 후설처럼 유럽 문명의 몰락을
고민하며 그 정신을 재구축하려 애쓴 사상가였다고 평가했다. 그의 사회
비판적, 체제전복적인 성격에 주목해 헤겔을 비롯한 독일 철학의 계보를
이어받아 프랑크푸르트학파의 비판 이론에 전해준 이론가로 보는 시각이
있고, 그를 급진적이고 과격한 마르크스주의자로 보는 시각도 있다. 동양
어학자 셰더는 그를 '유사 플라톤주의자'로 보았고, 아도르노는 '통속적 마
르크스주의자'라고 했다.

　이런 시각은 모두 일말의 진실을 담고 있다. 하지만 어느 하나만이 참된
베냐민론이고, 다른 베냐민론은 그릇되었다고 말할 수도 없다. 베냐민의
글은 일반적인 틀에서 벗어나 있다. 니체처럼 격앙된 비유로 점철되지도
않고, 비트겐슈타인처럼 극단적인 절차탁마 끝에 토해낸 무색무취한 공식
처럼 보이지도 않지만, 그는 전통적인 용어의 의미와 논법을 뛰어넘어 자
신만의 질서에 따라 단어를 배열한다. 그의 글은 언뜻 읽으면 사적인 '주절
거림'처럼 보이지만, 정신을 바짝 차리면 군데군데 암호화된 강령처럼도
읽힌다. 보수적인 듯하지만 혁명적이고, 몽환적인 가운데 현실적이다. 그
래서 그토록 여러 갈래의 베냐민 해석이 있고, 그토록 많은 베냐민 관련 논

문이 나올 수 있었다.

그가 어쩌면 상반된다고 할 수 있는 여러 학문 전통을 융합해 사상을 구축하고, 거의 강단 밖을 떠돌며 비평, 번역, 윤문, 창작 등 온갖 글쓰기를 해왔기 때문일 수도 있다. 그러나 근본적으로, 베냐민의 심연에는 '낙원'에 대한 영원한 동경이 깃들어 있었다. '참된 본질로의 복귀', 그것이 그의 사상 전반을 관류하면서 출발점이자 최종 목표가 되고 있다.

베냐민은 한 세대 앞선 프랑스 소설가 마르셀 프루스트Marcel Proust에게 관심이 많았으며 그와 자신의 유사성에 한껏 주목했다(그리고 차이점에 대해서는 침묵했다). 프루스트도 '병약한 도련님'으로 부유한 집에서 성장했으며, 모든 것을 꿰뚫어보는 혜안과 섬세하면서도 복잡한 기질을 연마했다. 그리고 그의 대표작 『잃어버린 시간을 찾아서』는 미래에 대한 벅찬 희망이나 이상적인 미래를 창조하리라는 의지가 아닌 낙원과 같았던 어린 시절, '잃어버린 시간'에 대한 끝없는 동경과 회복으로 가득하다.

베냐민도 그랬다. 그는 성인이 된 후 더 많은 지식을 지니고 더 복잡한 경험을 하게 되었지만, 진솔한 꿈과 행복과 충족이 있던 어린 시절에 비교할 수 없었다. 그리고 그 시절이 영영 상실되었다기보다는 영혼 깊이 아로새겨져 베냐민이라는 인간의 본질을 구성하고 있기에, 그 시절은 '지금 이 시간Jetztzeit'이기도 하다. 과거 시간과 지금 이 시간의 본질적 동일성과 실존적 상이성을 변증법적으로 지양하는 일, 그것이 베냐민의 개인적 과제이자 사상적 과제였다(과거와 현재가 본질적으로 다르지 않다는 점에서는 레비스트로스의 사고와 비슷하다고도 할 수 있다. 그러나 어릴 때 풍요와 영광을 직접 체험하지 못하고 유물과 옛이야기로만 간접 체험했던 레비스트로스가 냉정하고 무미건조한 '구조'를 통해 과거와 현재를 이었던 반면, 베냐민에게 과거란 생생한 실제로, 뜨거운 홍차에 곁들인 마들렌 과자 맛처럼 감각적으로 재생할 수 있는 것이었다).

가령 언어. 번역을 하는 사람은 보통 딜레마에 빠지는데, '원문의 어의를 최대한 정확하게 살려서 번역할 것인가, 읽는 이가 원문의 큰 뜻을 이해하기 쉽게 과감한 의역을 시도할 것인가'다. 그러나 베냐민은 두 가지 모두 잘못이라고 보고, 번역은 '잃어버린 본래의 언어'를 되살리는 작업이라고 여겼다. 말하자면 '태초의 언어'로 돌아가는 것이다. 처음 보이는 대상을 두고 '사슴', '나무', '시냇물' 등으로 이름을 지은 아담의 언어는 곧 의미의 창조였다. 그 언어는 이른바 기의와 기표의 구분이 없었다. 그러나 역사가 진행되면서 '나무'는 'tree'로도, 'baum'으로도, 'もく'로도 대체할 수 있는 한낱 기표에 지나지 않게 되었으며, 의미 자체가 아니라 의미의 전달 도구로 전락하게 되었다. 그러므로 번역 과정에서(물론 창작 과정에서도) 그런 잃어버린 본래의 언어를 되살리는 것이 목표가 되어야지, 원저자와 독자 사이의 소통을 보조하는 기능을 목표로 삼아서는 안 된다는 것이다(덕분에, 번역 시장에서 베냐민은 그리 인기가 없었다).

또한 역사. 대체로 역사관은 어떤 세계나 사회가 생로병사를 무한히 반복한다는 순환적 역사관과 일방적인 진보를 거듭해나간다는 발전적 역사관으로 대별된다. 그런데 베냐민에게 역사란 진보면서 순환이다. 아니, 일정한 방향 자체를 논하는 게 무의미하다. 일정한 한계 내에서 전환이 반복된 끝에 '혁명' 또는 '메시아의 강림'이 일어나 지금까지와는 전혀 새로운 역사가 시작되는 것, 이는 한편으로 예전의 역사로 되돌아가는 것도 된다. 이렇게 볼 때, 전혀 상반되는 듯한 유대교 사상과 마르크스주의가 같은 구조를 지니고 있음이 확인된다. 유대교는 메시아의 강림을 통해 '약속의 땅'으로, 마르크스주의는 프롤레타리아 혁명을 통해 '원시 공산주의'로 되돌아가는 것을 궁극의 목표로 삼고 있기 때문이다.

베냐민 예술론에서 유명한 개념인 '아우라' 역시 같은 맥락으로 풀이된다. 아우라는 예술 작품 본연에 속해 있으면서도, 작품을 감상하는 사람들의 인식과 관심에 따라 형성되는 작품이면서 작품 이상의 감각 경험, 실존을 넘어서는 본질의 빛이다. 현대의 기술 복제는 유일무이했던 예술 작품을 무한히 양산하고 보급함으로써(사진, 영상 등의 형태로), 소수만 가능했던 예술품의 감상을 대중화해 작품의 아우라를 소멸한다. 이는 비극적인 과정이지만(본질의 빛과 무관한, 조야하고 천박한 감각 경험만이 넘치게 됨으로써), 경배하는 예술만 있던 시절 감상하는 자와 그럴 수 없는 자 사이에 노정된 권력관계가 허물어지고, 본래는 가벼운 유희에 지나지 않았던 예술의 본모습이 회복되고, 프롤레타리아의 손으로 새로운 예술을 창조해나갈 가능성이 열리는 희망적인 과정이기도 하다.

폭 풍 속 의
천 사

이렇게 '잃어버린 시간'을 회복하고 참된 본질로 복귀한다면 이는 곧 종말, 죽음을 의미하기도 한다. 본질을 회복하려는 방향이든 반대 방향이든 우리는 계속 노력하며 투쟁해왔는데, 마침내 궁극의 목표에 이르렀다면 그런 노력과 투쟁이 더는 존재할 필요가 없지 않은가? 베냐민은 소설에 대한 논문에서 "모든 것을 태워 재만 남기는 불꽃처럼, 모든 소설은 주인공을 내놓고는 그를 소멸하는 목표를 향해 나아간다"라고 했다. '목표end'는 곧 '종말end'인 것이다. 그런 뜻에서 베냐민은 팔레스타인과 모스크바 사이에서 그토록 고민하면서도 끝내 어느 쪽도 선택하지 않았으리라. 심지어 교수직을 비롯한 어떤 고정된 직업도 맡으려 하지 않았으리라(그의 재능과 늦게나마 형성된 인맥을 볼 때, 그가 진정으로 노력했더라면 교수가 되는 일은 어렵지 않았을 것이다). 어떤 고정된 틀에 발을 디디는 순간, 자신은 '종말'을 맞이하는 것이니까.

하지만 생물학적인 인간, 발터 베냐민은 종말을 피할 수 없을 터였다. 그 것은 1930년대, 40대가 된 그에게 가혹한 희비극 형태로 닥쳐왔다. 독일에서 나치가 집권했고, 베냐민은 목숨의 위협을 느껴서라기보다 유대인으로서 그나마 얻을 수 있던 일거리조차 얻을 수 없게 된 상황에서 프랑스로 피신했다(독일에 남은 그의 동생은 9년 뒤 가스실에서 죽었다). 그러나 프랑스에서의 삶도 고단했다. 사회문제연구소의 막스 호르크하이머Max Horkheimer를 졸라서 약간의 연구비를 짜냈지만 생활수준은 바닥을 맴돌았고, 독일에 버금가는 반유대주의도 그를 편히 잠들지 못하게 했다. 그리고 1939년에 독일이 소련과 불가침조약을 체결하자, 신경과민이 된 프랑스 정부는 자국의 독일인들을 보호관찰 대상으로 삼고 격리 수용했다. 베냐민도 콜롱브 스타디움에 설치된 수용소로 끌려가 약 3달 동안 수감되었다. 유대인이기 때문에 박해를 피해 도망친 땅에서, 독일인이라고 갇힌 몸이 된 것이었다. 더욱이 자신이 가담하지 않았지만 동조해온 국가와 자신이 결코 지지할 수 없는 국가의 야합 결과로!

지인들의 노력 덕에 석방된 베냐민은 지쳐 있었다. 그는 스스로를 빗대어 "지도자들에게 배신당한 프롤레타리아"라는 말을 인용했다. 그리고 "이제 혁명을 볼 희망은 사라졌다"라고도 했다. 하지만 그가 희망을 완전히 잃었을까? 마지막 원고가 된 「역사의 개념에 대하여」에서, 그는 헤겔과 니체와 브레히트와 숄렘의 말을 인용했다. 유대인이면서 유대인의 운명을 비관적으로 제시하고 히틀러의 집권을 예언한 카를 크라우스Karl Kraus의 말도 인용했다. "시작은 곧 끝이다." 글의 중간에는 그가 오랫동안 서재에 걸어두고 영감을 얻어온 파울 클레Paul Klee의 그림인 〈새로운 천사〉에 대한 묘사를 썼다. "천국으로부터는 폭풍이 불어오며, 폭풍은 그의 날개를 꼼짝달싹하지 못하게 할 정도로 거세다. 천사는 이제 자신의 날개를 접을 수도 없다. 폭풍은 그가 등을 돌리고 있는 아래쪽으로 그를 끊임없이 떠밀고 있으며, 그의 앞에 쌓이는 잔해의 더미는 하늘까지 치솟는다."

1940년 6월, 히틀러의 군대가 프랑스 땅으로 쇄도해왔다. 베냐민은 심한 심근 질환으로 아픈 가슴을 움켜쥐고 남쪽으로 피신했다. 그러나 독일군에 항복한 프랑스의 비시 정부는 모든 망명자를 독일로 넘겨주겠다는 협약을 체결했다. 베냐민은 피레네산맥을 넘어 스페인으로 탈출하려 했으며, 12시간 동안 돌을 움켜잡고 바위에 매달려 기어오르는, 심장이 멀쩡한 사람이라도 지쳐빠질 여정 끝에 스페인 국경까지 이르렀다. 그러나 그를 기다리고 있는 소식은 스페인 정부가 국경을 봉쇄했다는 것이었다. 그날 밤, 베냐민은 치사량의 모르핀 알약을 삼켰다. 심신이 한계까지 달한 상태에서 취한 일종의 자기 구원이었을까, 아니면 계속 유보해온 자신의 '종말'을 수용소의 무기력한 죄수·인간 가축·순교자 따위가 아니라, 박해에 대

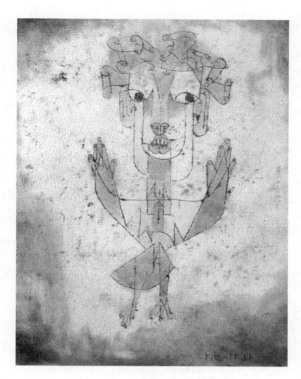

— 베냐민이 오랫동안 서재에 걸어두고 영감을 얻은 클레의 그림 〈새로운 천사〉.

한 투쟁과 자유를 향한 탈출의 한가운데에서 맺고 싶었던 의지의 결과일까?

베냐민은 교회가 없는 성직자, 자신이 전도할 신의 이름을 모르는 사도였다(모세는 캐물은 끝에 '나는 나다JHVH'라는 무성의해 보이는 대답을 들었고, 현대의 모세를 자처한 프로이트는 시종일관 무의식의 사도였다). 그의 사상과 저작은 오랫동안 묻혀 있었지만, 1960년대의 반항적 시대정신과 함께 부활하고 숭배된다. 그 직전까지 레비스트로스에서 비롯된 구조주의와 그에 연관된 기능주의가 시대를 풍미했던 것과 대조를 이룬다. 1960년대 청년들은 단지 '미지의 신'을 이야기하는 목소리에 만족하지 않고, 미지의 신이 자신들을 다른 세계로 이끌어주리라는 약속에 갈급했다. 그래서 누구보다도 급진적으로 읽히는 베냐민의 저작에 눈을 돌린 것일까.

아니면, 베냐민이 '지질하게 살다 간' '금관의 예수'였기 때문일까. 그는 이런저런 일을 하고, 이런저런 여자를 사랑하고, 이런저런 글을 남겼다. 그는 평생 구차하게 살았으며, 어떤 영광도 누리지 못했고, 비참한 최후를 맞았다. 무덤조차 어디 있는지 모른다……. 그러나 이런 지질함이야말로 세상의 모든 평범한 사람이 공감할 수 있는 조건이다. 또한 그런 지질함에 곧잘 따르기 마련인 원대하고 기발한 목소리가 혹시 자신들이 놓인 현실의 답답함을 두들겨 부술 마력을 지닌 게 아닐까 하는 의심이 슬몃슬몃 들기에, 베냐민이라는 유령은 망각의 지층에서, 좌표를 알 수 없는 무덤에서 다시 소환된 것이 아닐까. 오늘날, 지금 여기까지도.

제 4 장

탐구의 초상

과
학
자
들

● 우리는 '유대인' 하면 대뜸 '뛰어난 두뇌'를 떠올린다. 그리고 그런 뛰어난 두뇌는 예술이

나 정치보다는 주로 학술, 특히 과학 계통의 천재성을 의미한다. 과연 현대 문명은 여러 비

범한 유대인 과학자의 업적에 빚지고 있다. 아인슈타인은 말할 것도 없고, 양자역학의 수립

자 중 한 사람인 닐스 보어Niels Bohr, 그 이론적 발전에 결정적인 역할을 한 파인먼, 컴퓨터

의 기초 원리를 수립한 폰 노이만, 전자기파를 발견한 하인리히 헤르츠Heinrich Hertz, '하버-

보슈 법'을 창안해 질소비료를 탄생시키고 현대 화학공학의 대부가 된 프리츠 하버Fritz

Haber, 핵물리학의 선구자 중 하나인 마이트너, '핵폭탄의 아버지' 오펜하이머 등이 '유대인

과학 영웅'의 일원이다.

그런 과학 영웅들은 너무나 찬란한 아우라에 싸여 있어서 우리는 업적에 주목할 때 그들이

유대인임을 잊어버린다. 유대인이라는 사실을 상기할 때는 '왜 유대인들은 그토록 머리가 좋

은가?' 같은 신화를 되새길 경우 정도다. 그러나 그들도 사람이었다. 그리고 유대인이었다.

그들도 자신에게 주어진 시대를 살았고, 동족의 운명을 짊어졌다. 그리고 싫든 좋든, 정치와

사회에 대해 일정한 입장을 취할 수밖에 없었다. 많은 경우, 어느 진영에 서든 충분히 자유

롭지 못한. ●

알베르트 아인슈타인

이 조화로운 세계를
입증하라

★

Albert Einstein, 1879.3.14~1955.4.18

절 대 적 이 며
상 대 적 인   명 성

20세기 초에 별처럼 많은 위대한 과학자가 나타났고, 그 가운데 많은 수를 유대인 과학자가 차지했다. 그러나 '유대인 과학자' 하면 대뜸 생각나는 인물, 아니 '과학자' 하면 생각나는 인물, 아니 '역사상 최대의 천재'로 불리기까지 하는 인물은 단연 알베르트 아인슈타인이다.

아인슈타인의 이름과 함께 어린아이에게까지도 익히 알려져 있는 단어가 그의 '상대성이론'이다. 1905년 정립한 '특수상대성이론'과 그로부터 10년 뒤에 내놓은 '일반상대성이론'으로 나뉘는 이 이론은 갈릴레오 갈릴레이Galileo Galilei와 뉴턴이 인식했던 '속도의 상대성(그 반면 질량과 시간의 절대성)'을 뒤집어서 불변하는 빛의 속도에 사물과 시간이 갖는 상대성을 나타낸 것이라고 할 수 있다. 말하자면, 시속 100킬로미터로 달리는 열차에서 누가 진행 방향으로 시속 50킬로미터로 공을 던졌다면, 열차 밖에서 보는 사람에게 공의 속력은 시속 150킬로미터가 된다. 하지만 열차 안에서 공을 던진 사람에게는 시속 50킬로미터일 뿐이다. 이처럼 시점에 따라 속도가 달라질 수 있다는 것이 갈릴레이와 뉴턴이 발견한 상대성인데, 이는 세계의 절대적 구성 원리에 조금도 모순되는 것이 아닌, 그리 큰 의미가 없는 현상이었다.

그러나 1887년에 이루어진 앨버트 마이컬슨Albert Michelson—에드워드 몰리Edward Morley의 실험에서 광속이 불변한다는 사실이 입증되었고, 이로써 아인슈타인 등은 빛이 나아가게 하는 매질로 상상되었던 에테르가 실제로는 존재하지 않는다는 결론을 얻을 수 있었다. 그런데 광속이 불변이라면 열차 안에서 손전등을 비추었을 때 열차 안과 열차 밖에서 보는 빛의 속도도 차이가 없게 된다. 바꾸어 보면, 광속으로 날아가는 우주선이 있다고 할 때 우주선에서 레이저광선을 발사한다고 해도 광선은 '빛의 속도×2'가 되지 않는다. 이렇게 빛의 속도가 속도의 상대성을 깨뜨린다면 이는 거꾸로 질량과 시간을 상대적으로 만들 것이다. 우리가 무엇을 '본다'는 것은 그 무엇에 부딪쳐 돌아온 빛을 감지한다는 것이므로, 빛의 속도로 나는 우주선을 타고 5분이 지난 뒤 출발 지점의 시계를 본다면 여전히 5분 전에 머물러 있는 것으로 보일 것이다. 또한 E=mc²(E는 에너지, m은 질량, c는 빛의 속도)이기 때문에, 에너지가 늘어나면 c는 고정이므로 m, 즉 질량이 늘어나게 될 것이다.

상대성이론이 아인슈타인의 이름을 물리학계에, 대중에게 불멸하게끔 만든 까닭은 뉴턴 물리학 체계에 중대한 혁신을 가져왔고('뉴턴 물리학을 완전히 대체했다'고 평가되기도 하지만, 아인슈타인 스스로의 말대로 보완 쪽에 가깝다고 볼 수 있다. 가령 관성의 법칙, 작용-반작용의 법칙 등은 여전히 유효하다), 고난도의 수학을 사용하지 않으면서도 중대한 세계관의 변화를 가능하게 했고, 그런 세계관이 대중의 눈에는 이상야릇하고 불가사의하게 보였기 때문이라고 할 수 있다. 사실 특수상대성이론은 아인슈타인이 아니더라도 조만간 나타났으리라고 보는 경우가 많다(당대 물리학계의 거장인 쥘 앙리 푸앵카레Jules Henri Poincaré를 비롯한 여러 사람이 거의 접근했다. 아인슈타인도 일반상대성이론에야말로 자부심을 느낀다고 말했다).

그리고 아인슈타인은 자신이 발견한 비밀의 의미를 충분히 이해하고 있지도 않았다. 상대성이론에 따라 자연스레 성립되는 팽창우주론을 한동안 받아들이지 않았으며, 양자역학은 끝내 받아들이지 않았고, E=mc²가 내포하는 '질량 붕괴는 막대한 에너지를 방출한다', 즉 핵폭탄을 만들 수 있다는 사실 역시 '말도 안 되는 이야기'라며 손사래를 친 그였다. 그리고 상대성이론 논문에도 일부 수학적 오류가 있는 데서 알 수 있듯, 아인슈타인은 수학적으로는 당대 최고봉이라고 말하기가 어려웠다. 그는 오히려 뛰어난 상상력의 소유자로, 대개 자신이 그려낸 이론을 수학적으로 뒷받침하는 식으로 연구했다. 이렇게 보면 아인슈타인의 천재성이나 위대성도 절대적이지는 않으며, 상대적이라고 할 수 있다. 그렇더라도 결론은 비슷하다. 20세기 과학계에서 그는 가장 빛나는 존재이며, 가장 위대한 업적을 남긴 사람이라는 결론은 '불변한다'.

그런데 아인슈타인은 상대성이론이 옳다고 입증되면 미국인들은 자신을 코스모폴리탄이라고 할 것이고 독일인들은 독일인이라고 부를 것이며, 반대로 상대성이론이 부정된다면 미국인들은 그를 독일인이라 부르고 독일인들은 유대인이라고 할 것이라는 농담을 했다. 그러나 그의 그러한 '상대적 정체성'은 농담이 아니었다. 인생 전반기에 그는 주로 '독일계 스위스인'으로 살았고, 후반기에는 '유대계 미국인'으로 살았기 때문이다. 과연두 시기 사이에 무슨 일이 있었을까.

찬 란 한
부 적 응 자

아인슈타인은 1879년에 독일의 뷔르템베르크주에 속한 울름에서 태어났다. 아버지 헤르만 아인슈타인은 사업가였지만 그다지 성공을 거두지는 못했고, 집안 살림은 언제나 궁색함을 면하지 못했다. 그래도 음악적 재능이 있었던 어머니 파울리네가 아인슈타인에게 음악 교육을 시켜주려 애썼기에, 음악은 그의 생애에 물리학 다음가는 동반자가 되었다. 어린 아인슈타인이 지적 호기심을 계발할 수 있었던 계기는 대학생과 삼촌이 그의 집에 종종 찾아와 수학, 과학의 기초

_ 14세 때의 아인슈타인. 그는 어릴 때부터 숨은 질서를 끝없이 동경하고 탐구하겠다는 열의를 보였다.

지식과 열정을 전해주었기 때문이다. 이 점은 트로츠키와 비슷하다. 하지만 몇 가지 변수가 없었더라면 아인슈타인은 과학자보다 철학자의 길을 걸었을지 모른다. 그는 부모가 말해주지 않는 유대교의 가르침을 12세 때 독학해 한때 '꼬마 광신도'처럼 굴었으며, 이듬해에는 칸트 철학에 푹 빠졌다.

보이고 만져지는 세계 너머의 숨은 질서에 대한 끝없는 동경과 그것을 탐구하겠다는 변치 않는 열의는 철학자나 신학자에게 어울리는 특성으로, 그가 평생 간직한 특성이기도 했다. 그러나 아들이 '실용적인 직업을 찾고, 빨리 가계에 보탬을 주길' 바랐던 부모와 넉넉하지 않은 집안 사정, 권위나 규율에 한껏 삐딱했던 기질 탓에 형편없었던 학교 성적 등은 대학에서 철학을 공부하겠다는 그의 설익은 꿈을 접도록 만들었다. 1895년, 16세가 된 그는 스위스의 취리히 공과대학에 입학하려다 낙방했지만, 수학과 물리학

성적이 뛰어나다는 점이 재고되어 입학을 허락받는다.

대학에 가서도 하고 싶은 일에만 관심을 쏟고, 교수들의 눈에는 오만불손하게 보였던 그는 그리 촉망받는 학생이 못 되었다. 하지만 그의 비범함을 꿰뚫어본 친구들도 있었는데, 나중에 유명한 정치인이 된 프리드리히 아들러Friedrich Adler는 그를 '찬란한 부적응자'라고 불렀다. 대단한 잠재력을 지녔음에도 윗사람들에게 고분고분할 줄 몰라 따돌림 받는 아인슈타인의 신세를 안타까워하며 내린 평가였다. 아무튼 공대생 아인슈타인은 한때 부모의 바람을 받아들여 발명가나 기술자가 될 생각도 해보았지만, "발명이란 발명은 이미 다 나오지 않았는가?" 하며 포기해버렸다.

발명왕의 꿈을 접는 청소년들이 으레 하는 변명 같지만, 이 찬란한 부적응자는 누구도 가늠하지 못할 야심이 있었기에 그렇게 생각했던 것이다. 누구도 손대본 적 없는 위업을 성취하려는 야심, 너저분한 현실을 초월하는, 숨은 질서와 미지의 세계의 정복자가 되려는 야심을. 이미 철학을 포기한 그는 부모가 강요한 실용성과의 어느 정도의 타협으로, 자신이 특히 잘하고 재미있어 해온 물리학의 길을 걷고자 결심했다.

1900년, 20세기가 밝았다. 어쩌면 '아인슈타인의 세기'라고 불러도 이상하지 않을 시대가 찾아온 것이었지만, 이 해에 겨우 대학을 졸업한 아인슈타인을 포함해 누구도 그런 생각을 할 수 없었다. 아인슈타인은 놀랄 만한 열정과 집중력으로 당대의 최신 분야를 섭렵하고 독자적인 영역을 개척해나가고 있었지만 극소수의 지지, 상당수의 혐오, 대다수의 무관심의 대상이었던 그가 학문으로 먹고살 길은 막막했다(유대인이라는 점도 그의 취업에 지장을 주었다. 아인슈타인은 이때부터 서서히 유대인으로서 사회적 자각을 하게 되었다고 한다).

　게다가 그는 '사실상' 홀몸도 아니었는데, 학과 친구였던 밀레바 마리치와 동거하고 있었기 때문이다. 그러나 그의 집에서는 밀레바와의 결혼을 결사반대했다. 세르비아 출신이고 아인슈타인보다 연상이며 약간 절름발이였던 밀레바가 눈에 차지 않았던 데다, 집안끼리 매우 가깝게 지냈고 아인슈타인이 첫사랑을 속삭였던 마리 빈텔러에게 미안한 심정(그녀는 아인슈타인의 일방적인 교제 단절에 충격을 받고 신경쇠약에 빠졌다) 때문이었다. 아인슈타인이 결혼을 고집하자 부모는 금전적 지원을 끊는 것으로 응수했고, 이 젊은 물리학자 커플은 가정교사 일을 하며 입에 풀칠을 해야 했다.

　그래도 이듬해에는 사정이 다소 나아졌는데, 간신히 스위스 시민권을 얻은 데다 대학 동창들의 배려로 고등학교 임시 교사로 일할 수 있었기 때문이다. 1년 후에 이들은 첫아이를 낳았고, 다시 1년 후에 결혼했다. 안정적인 일자리도 얻었다. 베른의 특허청에서 최하급 사무관으로 근무하며 접수된 발명품의 특허 여부를 심사하는 일이었는데, 박봉에 사회적 지위도 보잘것없던 이 일을 아인슈타인은 대단히 만족스러워했다고 한다. 좋아하는 물리학을 하며 밥을 굶지 않을 수 있어서 다행이고, 사회적 지위 따위는 본래 하찮게 여기는 성품이었기 때문이다. 혼자 근무하는 일이 많았고, 업무량이 그리 많지도 않았기에 짬을 내서 물리학 연구를 할 수 있었다. 종일 홀로 앉아서 사람들과 별로 말을 섞지 않고, 각종 이상야릇한 발명품이나 설계도를 만지작거리다가 노트를 꺼내 수식을 적어나가는 하루. 아인슈타인은 특허사무소를 '속세의 수도원'이라고 불렀다.

아인슈타인의 세기가
찾아오다

　　　　　　　　　　　1905년, 마침내 그가 일어나서 빛을 발할 시기가 찾아왔다. 26세가 된 아인슈타인은 4편의 메가톤급 논문을 잇달아 발표했다. 광전효과를 다룬 논문은 빛을 파동으로 이해하던 당시의 주류 물리학계의 시각을 뒤엎고 광양자의 존재를 제시했으며, 양자역학이 이루어지는 이론적 토대뿐 아니라 라디오, 텔레비전, 리모컨, 센서 등을 만들어낼 수 있는 기술적 토대를 제공했다. 「분자 크기를 결정하는 새로운 방법」은 그 직전에 나와서 물리학계를 떠들썩하게 만든 플랑크 복사의 측정에 도움을 주는 것으로, 아인슈타인의 박사학위 논문이 되었다. 브라운 운동에 대한 논문은 불가해하다고 여겨지던 이 운동을 소립자 차원에서 해명하고, 통계적으로 원자를 추적하는 실마리를 부여했다. 「움직이는 물체의 전기 역학에 대하여」는 특수상대성이론을 담고 있었다. 하나만 가지고도 노벨상을 타고 남을 논문을 속사포처럼 쏟아댔지만, 의외로 세상은 곧바로 아인슈타인에게 미소를 보여주지 않았다. 그래도 막스 플랑크Max Planck를 비롯한 몇몇 학자가 그에게 관심을 기울이기 시작했으며, 취리히 공대 시절 아인슈타인을 "게으른 개"라고 업신여겼던 헤르만 민코프스키Hermann Minkowskii는 특수상대성이론이 지닌 어마어마한 의미를 풀이해 학계에 알렸다. 점점 올라가는 명성을 느끼며 아인슈타인은 한때 접었던 교수직에 대한 희망을 다시 품게 된다. 그러나 1907년 베른 대학, 1909년 취리히 대학의 교수직 지원은 계속 실패하는데, 상대성이론에 대한 감탄 못지않게 회의적 시각도 만만치 않았던 데다 유대인이라는 점이 발목을 잡은 것이다. 하지만 취리히 대학교수로 최종 선임된 아들러가 친구인 아인슈타인에게 양보함으로써 교수가 될 수 있었으며, 2년 뒤 프라하 대학으로 옮길 때도 경쟁자들이 양보해 자리를 얻었다. 이제는 그의 명성을 무시할 수 없었기 때문에, 극소수의 지지자가 여전히 수적으로 우세한 혐오자와 무관심자를 압도할 수 있었던 것이다.

워낙 혁명적인 이론인 데다 개인적으로나 민족적으로나 '줄'이 변변치 않았기 때문에, 아인슈타인이 노벨상을 받는 일도 놀랄 만큼 오랜 시간이 걸렸다. 1910년부터 거의 매년 추천받았지만 1921년에야 수상할 수 있었고, 그것도 상대성이론이 아닌 광전효과 논문으로 받은 것이었다. 아인슈타인의 이론이 '유대인 이론'이라며 적극적으로 수상을 방해한 학계의 일부 반유대주의자들의 음모도 노벨상 수상을 지연했다. 그러나 결국 노벨상을 탈 즈음에는 이미 그의 명성이 노벨상조차 무색하게 할 정도로 찬연해져 있었다.

마침내 찾아온 영광과 함께, 아인슈타인은 개인적으로도 중요한 전환을 맞는다. 1919년에 밀레바와 이혼하고 은밀히 사귀어온 사촌 누이 엘자 뢰벤탈과 재혼한 것이다. 밀레바는 두 아들 한스와 에두아르트를 데리고 아인슈타인을 떠났고, 엘자는 밀레바처럼 '나도 물리학자인데 왜 당신 연구만 중요하다고 하느냐' 하는 의식 없이 아인슈타인을 성심성의껏 받들었다는 점에서 더 나은 배필이었다. 하지만 전혀 가정적이지 않은 남편의 성격에 세계적인 명사에게 뒤따르는 각종 문제(정치적 탄압, 테러 위험, 사생활의 소멸, 온갖 여자의 유혹 등) 때문에 고심하다가 17년 뒤에 병사한다. 첫 번째 부인인 밀레바, 첫사랑 마리 역시 힘든 삶을 보낸 끝에 외롭게 죽었다.

아인슈타인의 둘째 아들 에두아르트는 정신병자가 되었으며, 엘자와의 사이에서는 아이가 생기지 않았다.

묘하게도 정말 가까운 사람들에게는 평안과 행복을 주지 못한 아인슈타인은, '아무 상관없는' 사람들에게는 더없이 친절하며 헌신적이었다. 과학의 신처럼 떠받들어진 아인슈타인(그의 특이한 용모, 본격적으로 발달하고 있던 매스미디어도 그의 명성을 증폭하는 데 큰 보탬이 되었을 것이다)에게 별의별 부탁을 하는 사람이 끊이지 않았다. 유대인 국가를 세우기 위한 모금 운동에 참여해달라, 반전운동에 나서달라는 요청부터 해괴한 발명품, 강신술, 점성술 따위를 '과학'으로 인정해달라는 부탁까지. 분초를 아껴서 연구하는 입장인 데다 혼자 있기를 좋아하는 성격이었지만 아인슈타인은 그런 잡다한 부탁에도 늘 성의껏 응하려고 했다. 이스라엘 건국 운동에서는 큰 역할을 했으며(하지만 현지 아랍인을 배제하고 유대인만의 국가를 세우는 계획에는 단호히 반대했고, 이스라엘 정부에서 대통령을 비롯한 온갖 직위를 제안받았지만 매번 거절했다), 제1차 세계대전 무렵부터 일관되게 평화운동을 전개하고, 국제사회주의에도 힘을 보탰다. 그리고 정권의 탄압을 받는 정치범에서부터 누명을 쓴 죄수에 이르기까지 구명운동에 발 벗고 나섰다.

이는 그의 한결같은 인성에서 비롯된 태도였다. 그는 언제나 초월적인 것을 동경하고, 그것에 헌신하는 일에서 삶의 보람을 찾았다. 한때는 철학에, 오랫동안 물리학에 헌신해온 그에게 세계 평화나 인류의 복지 같은 이상 역시 혼을 약동하게 만들 수 있는 주제였다. 한편 요상한 발명품이나 아이디어, 지극히 개인적인 요청 따위도 그의 관심을 잡아끌었다. 새롭고 기묘한 것에 반응하는, 천진한 개구쟁이 같은 성향에 맞았기 때문이다.

— 1921년 뉴욕을 방문한 아인슈타인. 묘하게도 정말 가까운 사람들에게는 평안과 행복을 주지 못한 아인슈타인은, '아무 상관없는' 사람들에게는 더없이 친절하며 헌신적이었다.

그가 가장 무관심했던 대상은 친숙하고, 뻔한 일상에 속하는 것이었다. 어느 날 누가 면도 크림을 선물하자, 면도날과 물로만 면도를 해오던 그는 이렇게 편리한 게 있었느냐며 감탄해 마지않았다고 한다. 그러나 면도 크림이 떨어지자 그는 새것을 사올 생각은 하지 못하고 전처럼 물만 써서 면도를 했다. 아무리 소소해도 특이한 것에는 놀라고 기뻐하지만, 특이함이 일상이 되면 더는 관심을 주지 않는 것이었다. 면도 크림뿐 아니라 가족들도 그가 무관심해하는 일상에 속해 있었고, 그래서 그를 둘러싼 사람들의 불행이 빚어졌다.

끝나지 않는

예배

1940년대와 1950년대에도 대중적 명성은 여전했지만, 그의 실제 삶은 갈수록 고독하며 고단해지고 있었다. 두 번째 부인 엘자가 1936년에 죽고 죽마고우인 마르셀 그로스만 Marcel Grossmann, 미셸 베소 Michele Besso 등도 잇달아 세상을 떠났을 뿐 아니라, 1951년에는 누구보다도 아끼던 여동생 마야가 먼저 가고 말았다. 그를 우상처럼 받들던 사회운동가 중에서도 그를 비난하는 사람이 늘어갔다. 아인슈타인이 히틀러를, 나중에는 미국을 비판하면서도 소련에서 자행되는 유대인 학살과 정치범 숙청에 대해서는 말을 아꼈다는 점, 남성우월주의와 유대인 중심주의 성향을 나타냈다는 점, 무엇보다도 1945년에 최초의 원자폭탄이 투하되어 수십만 명의 사람을 죽음으로 몰아간 일에 결정적으로 관여했다는 점 등 때문이었다.

하지만 아인슈타인은 평화주의자였지만 모한다스 간디 Mohandas Gandhi처럼 거의 종교적인 신념으로 어떤 경우에서든 폭력은 안 된다는 입장을 취하지는 않았다. 더 큰 악에 맞서기 위한 필요악은 허용되어야 한다고 보았고, 그래서 원자폭탄의 탄생에 일익을 담당했던 것이다. 그러나 히로시마 원폭 소식에 그는 크게 애통해했으며, 핵을 국제적으로 통제하고 폐기해야 한다는 운동에 발 벗고 나섰다. 어쨌든 그가 뼛속 깊이 혐오하는 것(독재, 개성의 말살, 유대인 차별, 인권 유린, 반지성주의)의 종합선물세트 격이던 히틀러와 나치 정권은 구제불능이고, 무조건 무너뜨려야 한다고 생각했다. 그는 같은 맥락에서 소련을 대놓고 비난하지 않았는데, 서방에서 소련을 비난할수록 소련인들의 처지가 나아지기보다 오히려 나빠지리라고 여겼기 때문이다. 반면 충분히 개선이 가능한 체제라고 본 미국의 행동에는 종종 쓴소리를 했다. 이런 일견 이중적인, 소위 '종북적'인 태도를 의심한 미국 우파들은 아인슈타인을 몰아붙이기 시작했다. 매카시즘의 사도, 조지프 매카시Joseph McCarthy 의원은 '빨갱이 아인슈타인'을 체포해야 한다고 떠들었다. 후버 FBI 국장은 그렇게 떠들지는 않았지만 아인슈타인을 '소련의 스파이'로 단정 짓고 10여 년 동안 몰래 감시했다. 1933년부터 나치를 피해 미국에서 살아온 그는 급기야 그 나라에도 실망했다. "내게는 고향이 없다네. 고향처럼 친근하게 느껴지는 나라도 없어."

그러나 이보다 아인슈타인을 괴롭혔던 것은 1920년대부터 매달려온 '통일장이론'이 끝끝내 성취되지 못하고 있는 사실이었다. 상대성이론이 거시적 차원에서 우주를 설명한다면, 아인슈타인의 발견에 힘입어 탄생한 양자역학은 미시적 차원에서 우주를 설명하고 있었다. 하지만 아인슈타인은 본질적으로 불확실성을 지닌 양자역학을 "신은 주사위놀이를 하지 않는다"라며 거부했다. 그리고 거시·미시 물리학을 하나로 통합하는 통일장이론을 만들어내 세계는 어디까지나 조화롭고 정돈된 세계임을 입증하려고 했지만, 수십 년을 노력해도 끝내 뜻을 이루지 못했다. 그러다 보니 그를 제외한 물리학자들은 대부분 양자역학을 받아들인 상태였으며, 물리학 연구 풍토도 아인슈타인처럼 개인의 창의성에 의존하는 방식보다 집단적으로, 기기에 의존해, 계산 위주로 연구하는 방식으로 바뀌는 중이었다. 아인슈타인은 여전히 물리학의 황제였지만, 충성하는 신하는 모두 떠난 채 황량한 벌판을 다스리는 고독한 황제였다.

여기서 의심을 해봄직하다. 20대에 이미 세계적인 물리학자가 된 아인슈타인이 왜 수십 년을 투자하고서도 통일장이론을 수립하지(또는 그것이 불가능하다는 결론에 도달하지) 못했을까? 그의 명성이 지나치게 과장된 것은 아닐까? 아니면, 물리학자로서 그의 역량은 이미 젊은 시절 고갈되고, 우리가 떠올리는 헝클어진 백발의 현인은 젊었을 때의 성공으로 먹고사는, 사실상 은퇴한 노인에 지나지 않았던 것일까? 그러나 모든 자료를 종합할 때, 70대의 아인슈타인은 20대 못지않게 명민하며 성실했다고 한다. 문제는 통일장이론이라는 과제가 너무 어려웠던 데 있다. 그가 죽은 지 60년이 다 되어가는 지금, 새로운 발견과 정보, 첨단 실험기기와 대규모 연구 인력을 갖추고서도 그 과제는 미결로 남아 있다. 그리고 아인슈타인의 일생에서 노년기가 가장 실속 없고 유감스러웠던 시기라고 생각할 수도 있지만, 도리어 이 시기야말로 그의 진가가 확인된 때이지 않을까. 심신은 약해지고, 동료들은 없어지고, 성공의 희망은 가물어가는 나날. 그러나 그는 묵묵히 노트를 펼치고는 수없이 실패한 계산을 하고 또 했다. 이는 조화로운 세계에 대한 버릴 수 없는 신념에 따른 작업, 목숨이 다할 때까지 끝나지 않는 예배 같은 것이었다.

아인슈타인은 1955년 4월 18일 새벽, 76세의 나이로 숨을 거두었다. 그는 마지막 순간 무언가 중얼거렸는데, 독일어를 모르는 가정부는 알아들을 수 없었다. 마지막 말이 무엇이었는지는 그에 대한 영원히 풀리지 않을 문제에 들어 있다. 어쩌면 그것은 기도가 아니었을까? 평생 한 번도 신을 믿지 않았지만, 평생 한 번도 신적 조화가 이루어진 세계에 대한 믿음을 잃지 않은 사람이 마지막까지 드리던 예배, 그 끝을 알리는 기도가?

존 폰 노이만
너무나 계산적인,
너무나 인간적인

★

Johann von Neumann, 1903.12.28~1957.2.8

화 성 에 서 온
사 나 이

영국의 과학자 앨런 튜링Alan Turing은 '튜링 기계 실험'이라는 개념을 제시했다. 벽을 사이에 두고 문제를 내서 답을 얻었을 때, 사람이 답한 것인지 기계가 답한 것인지 구분할 수 없다면 그 기계는 사람처럼 생각하는 기계, 즉 컴퓨터라는 것이다. 그런데 사람과 비슷한 컴퓨터를 튜링이 상상했다면, 컴퓨터와 비슷한 사람도 상상할 수 있지 않을까? 그리고 그런 사람으로 가장 적당한 사람은 컴퓨터의 창시자로 꼽히는 존 폰 노이만일 것이다. 길고 복잡한 계산도 순식간에 수행하는 연산 능력과 기록된 데이터를 언제든지 신속하고 정확하게 재생하는 기억 능력이 컴퓨터의 기본 능력이라고 할 때, 폰 노이만이야말로 컴퓨터에 비할 만한 사람이었다.

'인간 컴퓨터' 폰 노이만의 천재성에 대해서는 믿기 어려운 일화가 넘친다. 10대 시절에는 김나지움의 1년 선배인 유진 위그너Eugene Wigner에게 수학을 가르쳐주었는데, 위그너가 수업 시간에 배운 정리定理가 이해되지 않는다고 하자 그는 다른 정리를 사용해서 그 정리가 참임을 증명해보였다. 그 정리도 모르는 위그너가 쩔쩔매고 있으니, 그는 위그너에게 아는 정리가 뭐냐고 묻고 그 정리만 사용해서 다시 증명해주었다. 스스로도 천재라는 자부심이 넘쳤던 위그너는 그를 대할수록 주눅이 들어서, 스스로 그의 그늘에 기대는 존재로 만족했다고 한다. 훗날 1963년에 노벨물리학상을 받은 위그너에게 누가 '헝가리 출신의 천재가 참 많다'고 하자, 그는 "무슨 말씀이죠? 헝가리 출신 천재라면 폰 노이만 한 사람뿐입니다"라고 대답했다. 취리히 대학 시절에는 교수가 강의 도중에 "이러이러한 수학 문제가 있는데, 수학 역사상 아직 아무도 풀지 못한 문제다"라고 칠판에 재미 삼아 적어주자, 수업이 끝나자마자 그가 완벽한 해답을 적어서 내밀었다고 한다.

자신이 제시한 '폰 노이만 아키텍처'에 따라 설계된 최초의 본격적인 컴퓨터, 에니악ENIAC이 첫선을 보이자 그는 "이제 우리는 세계에서 두 번째로 빠른 계산 수단을 갖게 되었다"라고 소감을 말했고, 그럼 가장 빠른 계산 수단은 뭐냐는 질문에 "바로 접니다"라고 했다. 그 말이 허풍이 아닌 이유는 그가 실제로 초기의 진공관 컴퓨터보다 훨씬 빠르게 계산할 수 있었기 때문이다. 몇 년 뒤 랜드연구소에서 기존의 컴퓨터로는 해결이 어려운 거대한 연산 문제를 다루기 위해 최신형 컴퓨터를 설계하기로 하고 자문을 구하자, 폰 노이만은 그 자리에서 맹렬히 숫자를 쓰더니 "제가 풀었습니다. 새 컴퓨터는 필요가 없겠네요. 밥이나 먹으러 가죠"라고 담담히 말했다. 그는 수학적 재능은 26세를 고비로 쇠퇴한다고 입버릇처럼 말했지만, 51세이자 골수암에 걸려 있던 1954년에 '정상적으로는 두 달이 걸려야 하는' 계산 문제를 몇 분 만에 풀기도 했다.

기억력도 컴퓨터 같았던 그는 윌리엄 셰익스피어William Shakespeare의 희곡이나 디킨스의 소설을 언제 어디서나 토씨 하나 안 틀리고 통째로 암송할 수 있었으며, 유난히 좋아했던 길고 상세한 역사책을 연표, 가계도, 지도 등등의 세부 사항까지 완벽하게 '재생'할 수 있었다. 어느 날 비잔티움 제국사의 최고 권위자와 함께 토론하던 그는 어떤 사건의 연도를 두고 의견이 갈렸는데, 결국 그가 옳았음이 입증되자 역사학자는 "이제 남들 앞에서는 폰 노이만과 역사 이야기를 하지 말아야겠어요. 남들은 제가 세상에서 비잔티움에 대해 가장 잘 아는 사람이라 믿는데, 그 믿음을 깨뜨리고 싶지 않거든요"라며 쓸쓸히 웃었다. 그는 읽은 문서뿐 아니라 주고받은 말까지 오랫동안 고스란히 기억했으며, 그의 아내 클라라는 "15년 전의 토론 내용까지 조금도 틀림없이 기억해낸다"라고 증언했다("오늘 점심에 뭘 먹었는지는 까먹어도 말이에요"라는 단서가 붙기는 했지만).

물론 연산 능력과 기억력이 뛰어날 뿐이라면 별 의미가 없을지도 모른다. 보통 사람에게 명검을 주어보았자 무밖에 더 자르겠는가? 하지만 그는 자신의 비범함을 유감없이 활용해 혁혁한 업적을 척척 이루어냈고, 일생 동안 단 한 차례의 침체기도 겪지 않았다. 이쯤 되면 당시 세계 최고의 천재라는 명성을 얻고 있던 아인슈타인보다 위대한 인물이 아닌가 하는 생각이 들 만도 하다. 아인슈타인은 계산도 기억도 특별히 비범하지 않았으며, 1930년대부터 1950년대까지 종신교수로서 프린스턴고등연구소에 몸담았지만 통일장이론과 씨름하느라 이렇다 할 업적을 하나도 내놓지 못했다.

반면 폰 노이만은 고등연구소가 역대 3대 업적으로 쿠르트 괴델Kurt Gödel의 연속체 문제 연구, 리정다오李政道와 양전닝楊振寧의 패리티 비보존성 발견과 함께 '폰 노이만의 모든 연구'를 꼽을 만큼 숱한 결실을 이루어냈다. 그가 나중에 몸담은 랜드연구소 사람들은 기괴한 천재들이라 해서 '화성인들'이라는 별명으로 불렸는데, 그야말로 화성에서 온 게 아닌가 싶을 정도로 경이적인 존재였다.

그렇다면 의문을 품을 수 있으리라. 아무리 보아도 아인슈타인보다 나으면 나았지, 뒤질 까닭이 없어 보이는 그가 어째서 아인슈타인보다 훨씬 낮게 평가되는가? 20세기 말에 영국의 『파이낸셜 타임스』가 '20세기의 인물'로 폰 노이만을 뽑자, 반응은 두 갈래로 갈렸다. "아인슈타인을 제쳐두고 어떻게 폰 노이만을?", "폰 노이만이 대체 누구야?" 왜 그의 명성은 실력과 업적에 한참 밑돌고 있는가?

수학의 최대
과제를 해결하라

존 폰 노이만의 본래 이름은
'네우먼 야노쉬'였다(헝가리에서는 동양처럼 성을 앞에 쓴다). 그는 1903년
12월 28일에 헝가리(오스트리아 황실의 통제 아래 있던) 부다페스트에서 태어
났다. 아버지 막스는 법학박사이자 성공한 은행가였는데, 아들이 10세이
던 1913년에 오스트리아-헝가리 제국의 황실에 돈을 주고 귀족 작위를
얻었다. 그 뒤로 이름을 독일식으로 발음하고 독일 관습대로 성을 이름 뒤
에 쓰되 귀족의 표시로 '폰'을 붙이면서 요한 폰 노이만이 되었으며, 나중
에 미국으로 이주하고는 이름만 미국식으로 바꾸어 부르면서 존 폰 노이만
이 되었다. 헝가리와 독일과 미국의 전통이 뒤섞인 조금 야릇한 이름이었
다고 할까.

아인슈타인이나 비트겐슈타인의 부모처럼 폰 노이만의 부모도 유대인
혈통을 별로 중시하지 않았으며, 자식을 유대교식으로 키우지 않았다. 한
편 자신들이 유대인임을 숨기려 들지도 않았다. 헝가리에도 유대인에 대
한 차별은 있었지만 주변 나라들보다는 덜했고, 당시 오스트리아는 유례없
는 유대인 포용 정책을 취하고 있어 폰 노이만 가문이 엘리트의 길을 걷는
데는 큰 장애가 없었다. 그는 10세에 김나지움에 들어갔는데, 이미 동급생
은 물론 교사들보다 뛰어난 지성을 소유하고 있어 학교 수업이 눈에 찰 리
없었다. 동급생들과 어울리는 일 역시 관심 밖이었다. 그러나 아인슈타인
이나 비트겐슈타인이 겉도는 학창 시절을 보낸 반면, 폰 노이만은 별 말썽
없이 조용한 모범생으로 지냈다(이따금 자신에게만은 너무도 손쉬운 문제를 눈

치 없이 제격 풀어 교사들을 당황하게 만든 것만 빼고). 권위주의를 체질적으로 싫어했던 아인슈타인이나 다른 사람을 대하는 일 자체를 견디기 어려워했던 비트겐슈타인과 달리, 폰 노이만은 '부잣집 도련님'으로서 권위에 순응하고 예절 바르게 행동하는 법이 몸에 배어 있었기 때문이다. 그래서 그에게 아무 득이 되지 않는 수업도 묵묵히 앉아서 듣는 척하며 머릿속으로는 고등수학 문제를 풀었다(그래도 성적은 늘 1등이었다). 마침내 종례가 끝나면 집에 돌아와 아버지가 마련해준 거대한 서재(도서관이라 불러야 더 마땅한)에 파묻혀 독서삼매에 빠지는 폰 노이만, 그는 그런 10대를 보냈다.

질풍노도는 폰 노이만이 아니라 그의 조국이 겪었다. 1918년, 제1차 세계대전에서 패한 오스트리아–헝가리 제국은 붕괴했으며 헝가리는 독립국이 되었다. 1년 뒤, 러시아에서 돌아온 정치가 벨러 쿤Béla Kun이 공산 정권을 수립했다. 자신을 비롯해 정부 수뇌 12명 가운데 11명이 유대인이었는데, 그들은 트로츠키 이상으로 급진적이었지만 트로츠키만 한 현실감각이나 정치적 역량이 없었다. 그들이 막무가내로 밀어붙인 공산주의 개혁은 경제난과 사회 혼란을 촉발해 1년 만에 구舊귀족과 부르주아뿐 아니라 서민들까지 정권에 등을 돌리게 만들었다. 폰 노이만의 가족도 그에 속해서, 그들은 오스트리아로 탈출해 쿤 정권이 루마니아의 힘을 빌린 미클로시 호르티Miklós Horthy의 손으로 붕괴될 때까지 머물렀다. 하지만 호르티는 쿤의 좌익 독재를 대신해 파시스트적 우익 독재를 실시했으며, 쿤 정권이 유대인 위주였다는 이유로 헝가리 유대인들을 집요하게 탄압하고 학대했다(상당수의 유대인이 폰 노이만 집안처럼 쿤 체제에 반대했으며, 일부는 목숨을 걸고 저항했음에도). 결국 폰 노이만 집안사람들은 10만 유대인과 함께 헝가리에서 사실상 떠나 오스트리아와 독일에 머무르게 되었다.

　이런 우여곡절 속에서 김나지움을 졸업한 폰 노이만은 1921년에 부다페스트 대학에 등록했지만 주로 베를린에서 지냈다. 그리고 베를린 대학에서 화학을 공부하며 독자적으로 수학 연구를 진행했고(그는 김나지움 시절에 개인교사와 공동으로 첫 수학 논문을 펴냈다), 1923년에는 스위스의 취리히 공과대학(20여 년 전 아인슈타인이 거쳐간)에서 화학공학을 배웠다. 이런 '국제적' 학업의 길은 1920년대 내내 이어져서 1926년에 부다페스트 대학에서 수학 박사학위를 받는 한편, 베를린 대학에서는 역대 최연소로 사강사(조교수라고 할 수 있다)에 임명되고, 괴팅겐 대학에서 록펠러 장학금을 받고 박사 후 과정을 밟았다. 이때 만난 다비트 힐베르트David Hilbert는 당대 최고의 수학자였으며, 폰 노이만이 처음으로 인정한 자신 외의 천재였다. 곧바로 힐베르트의 애제자가 된 폰 노이만은 스승이 1900년에 제시한 '23개의 수학적 문제' 해결을 비롯해, 수학의 자체완결성을 확립해 수학과 논리학을 하나로 통합한다는 당시 수학계의 최대 과제(10년 전쯤, 러셀의 지도 아래 비트겐슈타인도 몰두해 있던 과제였다)를 해결하려는 선봉장이 되었다. 당시 괴팅겐에는 또 한 사람의 유대계 미국인 천재 과학자가 유학 중이었는데 오펜하이머였다. 둘의 교류는 이때부터 평생 지속되었다.

　그러나 1930년대에 접어드는 시점에서 그의 운명은 크게 요동친다. 1931년, 괴델이 '불완전성 정리'를 발표한 것이다. 이는 수학을 논리적으로 완전하게 정립해낼 수 없다는 의미를 담고 있었고, 그동안 해온 작업이 헛수고였음을 폰 노이만은 겸허히 받아들였다. 그리고 이를 계기로 평생의 사명이라 여겼던 순수수학에서 손을 떼고 말았다. 그리고 1929년 프린

스턴고등연구소에서 받은 제의를 다시 진지하게 검토하기 시작했다. 고등
연구소는 그가 완전히 미국으로 옮겨와 종신교수가 되어주기 바랐지만, 폰
노이만은 객원교수로 임시 강의만 맡겠다고 대답해둔 터였다. 마리에트
쾨베시와 결혼해 가정을 꾸리느라 바빴던 탓도 있지만, 어떻게든 자신이
성장한 유럽에서 경력을 쌓고 일가를 이루겠다는 뜻이 분명했기 때문이
다. 그러나 이제 그가 앞장서 진격하던 전선은 무너졌다. 더불어 나치가 고
개를 들면서, 유대인으로서 유럽에서 살아가는 일이 점점 위험해지고 있었
다. 1930년에 27세가 되어, 스스로의 말대로라면 수학자로서 재능이 쇠퇴
하는 시기에 막 접어든 폰 노이만은 마침내 결단을 내렸다. 1933년, 히틀
러가 독일의 우두머리 자리에 오르던 해, 폰 노이만은 대서양을 건너 프린
스턴에 둥지를 틀었다. 성인이 되기까지 유대인이라는 사실에 무관심했던

많은 유대인 천재처럼, 그에게도 영원한 방랑자라는 유대인의 운명이 문을 두드린 것이었다.

"인간이 이기적이라는 불평은 어리석다"

낯선 땅에서의 삶이 시작되었지만, 이른바 천재형 인간들 중에서는 사교성이 좋았고(프린스턴에서 파티가 열리면 으레 그가 주최한 것이었다), 언어학에도 천재였던 그이기에 미국으로 이주한 다른 유럽 유대인들(아인슈타인을 비롯한)이 의사소통에 애를 먹었던 것과 달리 처음부터 미국 태생인 듯 능숙한 영어를 구사할 수 있었다. 그는 통음 난무와 도박, 과속 드라이브(몇 번이나 교통사고를 냈다) 등 '미국식'으로 인생을 즐기는 법도 익혔고, 부부 모두가 혼외정사에 빠진 끝에 1937년에 이혼하고 1938년에 클라라 댄(역시 헝가리 이민자로, 폰 노이만과는 어린 시절에 알고 지내던 사이였다)과 재혼을 치르기도 했다.

하지만 그는 흥청거리는 파티 와중에도 고등수학 계산을 해낼 수 있었다(더 집중할 필요가 있을 때는 파티장 옆의 서재에 잠시 들어갔다 나오곤 했다). 그는 프린스턴고등연구소의 최연소 종신교수이자 가장 생산력 있는 구성원으로 75편의 논문을 써냈는데, 대체로 응용수학에 대한 것이었다. 자신의 업적 중 가장 가치 있는 것이 무엇이냐고 묻자, 그는 '에르고드 가설' 증명과 양자역학의 수학화, 힐베르트공간에 대한 연구를 꼽았다. 모두 수학사와 물리학사에서 획기적인 업적이었으며, 양자역학을 수학적으로 정립하고 통계역학의 근간을 세워 현대 기술문명의 기초 마련에 중요한 기여를 한 것이었다. 그러나 이는 응용수학이라고 해도 아직 순수수학에서 멀리 떨어지지 않은 업적들이었던 반면, 당시와 지금 폰 노이만이 지닌 명성 대부분은 더 실용적인 연구에 기대고 있다. 게임이론의 정립, 컴퓨터의 이론적 기초 수립, 원자폭탄 개발에 대한 기여다.

게임이론은 포커를 좋아했지만 결코 뛰어나지는 못했던 그가 분이 나서 '포커 필승법'을 마련하기 위해 고안했다는 말이 있다. 그럴 법도 한 이야기지만, 사실인지는 알 수 없다. 아무튼 그의 게임이론은 포커의 블러핑(낮은 패를 들고 허풍을 떠는 일)을 포함하고 있기는 해도, 철저히 합리적으로 판단하고 행동하는 행위자를 상정한다. 〈타짜〉에 나오듯 막연한 '감'이나 '오늘의 운세'에 의존해 배팅하거나, '눈앞에 쌓인 거액에 판단력이 흐려져서' 어처구니없는 실수를 저지르는 플레이어는 애초에 배제되는 것이다. 그런 의미에서 게임이론은 심리학보다 수학에 가까우며, 그가 대서양을 건너기 전인 1928년에 내놓은 「실내게임의 이론」에 처음 등장한다. 그리고 프린스턴의 경제학자인 오스카 모르겐슈테른Oscar Morgenstern과 1944년에 내놓은 『게임이론과 경제행위Theory of Games and Economic Behavior』가 이를 확립한 고전이 된다.

두 사람은 '경기자'가 일정한 '보수'를 놓고 '전부 아니면 전무zero-sum'의 결과를 낳을 때까지 겨루는 상황을 설정하고, 각자 승리에 필요한 '전략'이 있으며 이는 항상 정해져 있기 마련이므로 올바른 전략을 찾아내는 풀이 과정이 게임이론의 과제라고 보았다. 물론 이런 조건은 훨씬 복잡해질 수 있다. 제로섬이 아닌 비제로섬 게임일 수 있고, 경기자도 일대일이 아니라 일대다, 다대다일 수 있다. 그러면 경기자들은 서로 겨룰 뿐 아니라 '협력'할 수도 있으며, 일단 협력했다가 상황에 따라 '배신'할 수도 있다. 그러나 게임의 기본은 경기자 개인이 보수의 극대화를 놓고 다른 경기자와 겨루는 제로섬 게임이라고 할 수 있으며, 비제로섬적 상황이나 협력하는 상황은 변칙이라는 게 폰 노이만의 인식이었다.

이는 윤리학적으로 볼 때 우울한 결론에 이르기 마련이었다. 랜드연구소의 메릴 플러드Merrill Flood와 맬빈 드레셔Melvin Dresher가 폰 노이만의 게임이론을 발전시켜 개발한 '죄수의 딜레마'에서는 그런 결론이 극적으로 표출된다. 죄수 2명이 서로 떨어진 곳에서 각각 심문을 받고 있는 상황이다. 만약 두 사람 모두 죄를 자백하지 않고 버틴다면 모두 석방될 것이다. 그러나 한 사람만 자백한다면 그는 1년형에 그치고, 자백하지 않은 동료가 10년형을 받게 될 것이다. 만약 두 사람 모두 자백한다면 똑같이 5년형을 받게 될 것이다. 이 상황에서 죄수들에게 가장 '보수'가 큰 결과는 석방이며, 따라서 끝까지 입을 다무는 게 최상의 전략일 수 있다. 하지만 문제는 격리된 상황에서 동료를 신뢰할 수 없다는 데 있다. 만약 자신은 입을 다물었는데 상대가 배신해 자백하면 자신만 10년형을 받아야 한다. 그러나 자신이 자백한다면 1년형(동료가 자백하지 않았을 때) 아니면 5년형(동료도 자백했을 때)을 받게 된다. 석방보다는 못하지만 10년형을 받는 것보다는 나은 보수다. 따라서 합리적으로 판단하는 두 죄수는 서로를 배신하게 되며, 이는 최상의 전략은 아닐지라도 최선의 전략이라는 것이다.

일찍이 칸트는 그의 '정언명령론'에서 보편적 윤리 준칙에 따라 행동하는 것이 결국 개인에게도 최선이라는 주장을 내놓았다. 만약 살인이 보편적으로 금지되지 않는다면, 누가 언제 나를 살해하려 할지 모른다. 따라서 자신을 포함해 모든 사람이 살인을 하지 않도록 해야 나의 안전이 확보된다는 것이다. 그러나 이는 상황에 일정한 조건을 부과하지 않았기 때문에 옳다. 죄수들도 함께 심문을 받는 상황이라면 '동료를 배신하면 안 된다'는 준칙에 따라 끝까지 입을 다물 것이다. 그러나 동료와의 소통이 차단된 상황에 처하면 '배신이 나의 최대 이익을 보장한다'는 사실을 깨닫고, 비윤리적으로 행동해버리는 것이다. 그것이 이 세상이 돌아가는 진실에 더욱 가깝다. 간단히 말해서, 우리는 합리적으로 행동하는 한 윤리적일 수 없다. 여기에 대해, 폰 노이만은 단호하게 한마디했다. "전기장이 나선형이 아닌 한 자기장이 증가할 수 없다고, 그 사실을 불평할 수 있는가? 인간이 이기적이라는 사실도 아무런 차이가 없다. 불평은 어리석다."

현 실 주 의 자 의
냉 혹 한   선 택

이런 '합리적인 상호 손해'는 1945년 이래 동서 간에 전개된 핵 경쟁을 떠올리게 한다. 모두 가지고 있는 핵을 없애버리고 더는 만들지 않는 것이 안전을 보장하는 최상의 전략일 것이다. 그러나 우리만 폐기하고 저쪽이 폐기하지 않는다면? 우리가 군축 노력을 하는 사이에 저쪽은 오히려 핵을 증강한다면? 그래서 갈수록 더 많은, 더 강력한 핵을 만드는 일에 혈안이 될 수밖에 없는 것이 '합리적' 핵 경쟁의 현실이었다.

— 폰 노이만은 핵 시대의 공포를 연 장본인 가운데 하나였으나, 아인슈타인이나 오펜하이머
와는 달리 그 사실에 아무런 거리낌도 없었다.

폰 노이만은 1943년에는 맨해튼프로젝트에 참여해 최초의 원자폭탄 탄생에 힘을 보태고, 1950년에는 수소폭탄 개발에 결정적 역할을 했다. 핵 시대 개막에 상당한 책임이 있는 셈이지만 그는 일말의 자책감도 갖지 않았다. 오랜 친구인 오펜하이머나 아인슈타인과는 전혀 달랐던 것이다. 그는 도리어 '힘이 있을 때 안전을 확보해야 한다'는 게임이론의 준칙에 충실해 아직 소련이 핵개발을 완성하지 못하고 있던 1950년에 핵 선제공격을 가해야 한다고 역설했다. 물론 수많은 죄 없는 사람이 죽으리라. 그러나 우리의 죄 없는 사람들까지 죽고, 인류가 멸망하는 것보다는 유익하지 않은가? 분명 '합리적'이지만 이런 비인간적인 주장을 거침없이 내놓는 그의 모습은 스탠리 큐브릭Stanley Kubrick이 1964년에 만든 영화 〈닥터 스트레인지러브〉에 등장하는 스트레인지러브 박사와 오버랩된다. 휠체어를 타고 다니며(공교롭게 폰 노이만도 말년에는 휠체어 신세를 졌다) 차가운 비웃음을 날리는 스트레인지러브 박사는 미국에 귀화한 나치며, 우수한 인류를 선별할 기회가 된다는 점에서 오히려 핵전쟁을 반가워한다. 이른바 '매드 사이언티스트'의 전형이 된 스트레인지러브 박사의 모델이 폰 노이만이냐는 질문에 큐브릭은 오히려 키신저를 많이 참고했다고 대답했지만, 극한의 윤리적 딜레마 상황에서 주저 없이 냉혹한 선택을 내리는 현실주의자의 이미지는 키신저 못지않게 폰 노이만에게서도 발견할 수 있었다(공교롭게도 폰 노이만과 키신저, 큐브릭은 모두 유대인이다).

폰 노이만이 아인슈타인에 비해 명성이 뒤질 수밖에 없었던 이유가 여기 있다. 물론 아인슈타인이 창조적이고 혁신적인 아이디어를 내놓은 반면 폰 노이만은 다방면에서 전문적이면서 점진적인 개선을 이루었다는 점, 현인 같은 아우라가 넘치는 아인슈타인의 용모에 비해 폰 노이만은 여느 중년 샐러리맨처럼 보였다는 점이 그를 대중에게 상대적으로 덜 돋보이게끔 했으리라. 하지만 더 근본적으로, 우리는 구원자를 바란다. 교주든 혁명가든, 답답하고 암울한 현실에 새로운 빛을 가져다줄 것처럼 보이는 사람을 원하지, 현실이 얼마나 암울한지 냉정하게 분석해주는 사람을 원하지 않는 것이다. 그리고 우리는 사람을 믿고 싶어한다. 희망을 간직하고 싶어한다. 히로시마의 참상을 듣고 절망에 몸부림쳤던 아인슈타인. 그도 참상의 실현에 기여했지만, 이는 더 큰 참상을 막기 위한 궁여지책이라는 '합리적' 생각으로 자위했지만, 드러난 현실에 그는 눈물을 쏟으며 후회했다. 그리고 남은 일생 동안 핵 없는 세상을 만들기 위해 노력했다. 그러나 폰 노이만은 그것이 비합리적인 꿈이라고, 우리가 죽지 않으려면 저들을 죽이는 게 최선이라고 주장했다. 그런 비정한 현실주의자의 말에 사람들은 마지못해 고개를 끄덕였지만, 마음으로 동조하지는 않았던 것이다.

최선의 세상을
위해

어쩔 수 없었으리라. 폰 노이만은 컴퓨터처럼 언제나 '정답'을 내놓아야만 한다고 믿는 사람이었으므로. 하지만 결국 아인슈타인만 한 명성의 소유자가 되지 못하면서 그는 갈수록 고독해졌다. 여러 기관에서 계속 그를 찾았지만 재주를 이용하려는 목적뿐, 그를 중심으로 사회운동을 벌이거나 그를 아끼고 숭배하려는 사람은 없었다. 폰 노이만은 1954년에 원자력연구회 위원 자리를 받아들이며 조건에 따라 고등연구소 종신교수 등 여러 권위 있는 자리를 포기했는데, 수입 면에서도 손해인 선택을 한 까닭은 '그래도 막강한 미국 정부가 나를 필요한 사람으로 대해주기 때문'이었다. 영어도 잘하고 사교적인 폰 노이만이었지만, 유대인일 뿐 아니라 다른 이민자들처럼 독일이나 오스트리아계가 아닌 헝가리 출신인 그는 항상 소수 중에서도 소수로 남아 있었던 것이다(연구회 위원 내정자에 대한 청문회에서 그는 동유럽에 남아 있는 친척들과 내통할 수 있지 않느냐는 의혹에 시달렸다. 그는 굳은 표정으로 변명했다. "유럽에 남은 제 피붙이들은 대부분 나치에게 죽었습니다. 살아남은 사람들은 하도 먼 친척이라 연락할 만한 사이가 아닙니다"). 그가 아인슈타인처럼 세계적인 인물이었다면 미국 정부의 관심에 그토록 연연할 필요가 있었을까?

악운은 이듬해에 그를 후려쳤다. 정부기관의 복도에서 쓰러진 그는 골수암 진단을 받았다. 이미 상당히 진행된 상태였다. 그는 남은 시간에 할 수 있는 일을 하려 애썼지만 점점 무력해지는 육체와 심해지는 고통 속에서 몸부림치며 2년여를 더 살았다. 병문안은 극도로 제한되었는데, 그가 고통 속에서 국가 기밀을 누설할지 모른다는 우려 때문이었다. 1957년 2월 8일, 그는 미 국방장관과 합참의장 등이 지켜보는 가운데 숨을 거두었다. 화성에서 온 듯한 천재의 마지막을 함께해준 사람들은 그가 사랑하는 사람들도 아니고 학문적 동료들도 아닌, 세상에서 가장 강한 권력을 가진 그의 고객들이었다.

54세로 비교적 단명한 편인 그가 조금 더 오래 살았다면 인류는 더 많은 혜택을 얻을 수 있었을까? 모를 일이다. 하지만 적어도 그가 사고방식을 고쳐먹지 않는 이상, 자신이 쓸모 있는 존재라는 자긍심을 점점 잃어갈 수밖에 없었으리라. 컴퓨터보다 빠른 연산 능력을 자랑하는 그였지만, 곧 컴퓨터의 능력은 10배가 되고, 만 배가 되고, 오늘날에는 수십억 배에 이르러 그가 꿈에도 따라갈 수 없는 지경에 이르렀으니 말이다. 그리고 그가 더 오래 살았다면 게임이론만으로 사람의 행동을 모두 설명할 수 없다는 것, 사람이란 때로는 격정적이고 감정적인 행동을 저지르기 마련이며 그것이 역사를 움직이기도 한다는 것을 시인했을지 모른다. '불가능한 것을 요구' 했던 6·8혁명이든, 캄보디아의 킬링필드든 말이다.

하지만 그는 또 이렇게 변명하지 않았을까. "네, 그렇죠. 저도 알고 있었어요. 이미 보았거든요. 쿤이니 히틀러니 말이죠. 그런데 제가 본 격정적인 역사는 모두 부정적이었어요. 질서를 깨뜨리고, 문명을 파괴하고, 사람들을 죽였지요. 유대인처럼 가장 소수파인 사람들이 가장 쉽게 죽었답니다. 그래서 저는 사람의 감정을 믿지 못했던 거예요. 사람들이 게임의 법칙을 따르도록 하려면, 언제나 이익이 되게끔 움직이도록 조언하는 게 최선 아닌가요? 저는 최선의 세상이 되도록 애썼습니다. 최상이 아닐지라도." 어쨌든, 우리는 그런 세상에서 살고 있는지 모른다. 그가 만든 게임이론, 컴퓨터, 그리고 핵과 함께.

제 5 장

권 력 의 초 상

정
치
학
자
들

● 유대인들이 2,000년 가까이 겪은 고통, 그리고 가장 문명화된 세상의 한가운데에서 당해야 했던 끔찍한 학살 아니면 추방. 이는 유대인들이 살아가는 땅에서 그저 살고 있을 뿐, 어엿한 시민으로서 정치의 주체가 될 수 없었다는 현실의 결과이기도 했다. 그래서 비정치적인 삶을 선택하고, 어느 국가에도 소속되기를 거부하며 살아간 유대인도 많았다. 자신들을 추방된 자가 아닌 해방된 자로 해석했던 셈이다. 하지만 그와는 반대로, 정치에 참여하고 정치의 주역이 되기 위해 애쓴 유대인들도 있었다.

헨리 모겐소Henry Morgenthau나 키신저처럼 유럽의 전통적 굴레에서 벗어난 미국 땅에서 관료가 되고, 정치인이 되고, 마침내 재무장관이나 국무장관의 자리에 올라 유럽을 포함한 세계의 운명을 쥐고 흔드는 사람도 있었으며, 다비드 벤구리온David Ben-Gurion이나 골다 메이어Golda Meir처럼 아예 새로운 나라를 세우고 지키기 위해 투쟁한 사람도 있었다. 또한 실제 정치권력과는 거리를 두면서도 정치와 권력에 새로운 접근법을 제시해낸 한스 모겐소Hans Morgenthau, 스트라우스, 이사야 벌린Isaiah Berlin 같은 정치학자도 있었다.

이들 모두의 마음 깊숙이에는 학대받은 자, 영원한 방랑자로서 자신의 속성에 대한 인식이 지울 수 없는 낙인처럼 찍혀 있었으리라. 그래서 누군가는 『삼국지』의 조조처럼 "세상이 나를 속이지 못하게 하리라"라며 권력의 중심까지 치달았을 것이며, 누군가는 선비의 사명을 두고 길이 남을 좌우명을 지은 범중엄처럼 "세상의 근심을 내가 먼저 근심하리라"라며 더

나은 공동체, 이상적인 정치체제를 구축하기 위해 고심했으리라. 서로 정반대되는 입장을 취

하기도 했지만, 그들의 고민과 노력은 결국 현대 정치학의 윤곽과 핵심의 일부를 탄생시켰

다. ●

해나 아렌트

이 세계를
사랑하세요?

★

Hannah Arendt, 1906.10.14~1975.12.4

**싸 우 고 , 피 하 고
고 발 하 는 삶**

재력이나 지력은 허락받았더라
도 정치권력은 대부분 허락받지 못했던 유대인들. 사나운 리바이어던의
잠자는 뱃가죽에 단지 얹혀서 지내다가, 그 거인이 성질을 내고 요동을 치
던 순간에는 다른 뿌리를 단단히 박은 인종들과는 달리 몸이 부수어지고
내팽겨쳐지는 고난을 뒤집어써야 했던 유대인들. 그래서 무권력자에서 권

력자로, 박해받던 자에서 박해하는 자로 올라선 사람도 있었지만, 불합리한 이유에서 차별과 박해가 이루어지는 현실은 곧 그 사회가 중병에 걸려 있다는 점과 정치가 제 기능을 하지 못하고 있다는 점을 나타낸다고 보고 종족적 복수 차원이 아니라 모두를 위한 공동체 회복 차원에서 정치 개혁을 생각한 사람도 있었다. 대표적인 인물이 해나 아렌트다.

아렌트는 1906년에 독일의 쾨니히스베르크에서 태어났다(쾨니히스베르크는 1945년 소련령이 되어 명칭이 칼리닌그라드로 바뀌었다). 칸트가 태어나 평생을 보냈던 도시다. 그녀의 조부모까지는 유대계 상인의 생활을 했지만, 전기 기사였던 아버지 파울 아렌트와 무역상의 딸인 어머니 마리아는 독일의 보통 중산계급 시민으로 다른 시민들과 어울리며 살았다. 그녀는 7세 때 할아버지와 아버지가 연달아 숨을 거두면서 정신적으로나 경제적으로나 어려운 시절을 보내게 되었고, 그 무렵 자신을 '유대인 계집애'라고 놀리는 소리를 학교나 거리에서 듣고 큰 충격을 받게 되었다. 외동딸을 어엿한 독일 시민으로 곱디곱게 키우려는 부모의 노력으로, 그때껏 자신이 유대인이라는 사실을 꿈에도 몰랐던 것이다.

조금 더 나이가 든 때(10대 초반)였지만 비트겐슈타인도 똑같은 충격을 받고 사람들을 멀리하며 자신만의 세계에 몰입하게 된 것처럼, 소녀 시절의 아렌트 역시 그런 경험 뒤로 친구들과 놀기보다 책에 빠져드는 모습을 보였다. 16세에 칸트의 『순수이성비판』을 읽고 큰 영향을 받았다는 이야기가 전해질 만큼 조숙하고 명석한, 그리고 다소 괴팍한 소녀였다. 이렇게 지식인의 인생행로를 차차 준비해가던 그녀였지만, 비트겐슈타인과는 달리 정치와 행동에도 관심이 있었다. 제1차 세계대전이 끝난 직후의 혼란기에 사회주의 혁명을 위한 '스파르타쿠스단의 반란'이 일어났을 때, 그녀는 반란의 주도자가 같은 유대인 여성이면서 사회주의 사상가였던 로자 룩셈부르크임을 알았다. 이후 아렌트는 그녀를 우상으로 마음에 품었다.

그만큼 반항적 기질을 키우고 있던 아렌트는 대학 진학 예비학교인 루이제슐레에서 어느 보수적인 교사의 '말도 안 되는 수업'을 듣지 않겠다고 버티다가 퇴학당했지만, 가정교육과 베를린 대학 청강을 거쳐 1924년 마르부르크 대학에 진학할 수 있었다. 그녀의 선배이자 평생지기가 되는 한스 요나스Hans Jonas는 그녀를 처음 본 인상을 이렇게 회고했다. "많이 수줍어했지만, 아름다운 외모와 고독한 눈매와 함께 비길 데 없는 독특성이 풍겨났다. 그 독특성이란 그녀가 매우 총명했기 때문이 아닌데(마르부르크의 학생들은 총명한 경우가 많았으므로), 내면에 깃든 무엇에든 견디는 강인함과 가장 깊은 곳까지 파헤치려는 의지가 그녀를 그토록 돋보이게 했던 것이다. 우리는 그녀가 최악의 상황에서도 꿋꿋한 결단을 내릴 것이며, 누구보다도 자기 자신임을 포기하지 않으리라는 것을 알 수 있었다." 당시 마르부르크에는 신진 철학자로 명성이 자자한 하이데거가 강의하고 있었다. 18세의 아렌트와 기혼자였던 35세의 하이데거는 급속도로 가까워졌고, 하이데거는 아렌트의 스승이자 연인이 되었다. 아렌트는 이어서 하이데거의 스승이자 현상학의 창시자인 후설, 하이데거와 쌍벽을 이루던 실존철학자 카를 야스퍼스Karl Jaspers 등에게 두루 배웠지만 하이데거의 영향은 그녀의 사상 전반에 길게 드리워졌다.

니체를 비롯한 니힐리스트의 서구 사상 해체를 목격하고, '어떤 고정관념도 배제하는 엄밀한 철학'을 내세운 후설의 영향을 받은 하이데거는 인간의 참된 '존재'와 각자 세계 속에 던져져서 시간에 따라 소멸해가는 '존재자' 사이의 차이에 주목했다. 말하자면 인간은 본래 이성적 존재이자 자유로운 존재인데 개별적인 욕망과 필요에 좌우되어 언제나 삶에 치이며, 죽음이라는 유일한 절대적 목표를 향해 비틀비틀 걸어가고 있다. 개인의 주관성을 신성시해 전통과 종교의 속박을 거부하면서도, 동시에 그에 따른 '만인의 만인에 대한 투쟁'을 극복하고자 개인의 자유를 박탈하고, 기술과 사회의 틀 속에서 찰나적 욕망만 좇으며 살아가게 만든 근대는 그런 비극적 조건을 심화하고 있다. 아렌트도 이런 문제의식을 받아들였으며, 근대의 인간은 '좋은 삶'을 꿈꾸기를 잊어버리고 스스로 만든 괴물의 노예같이 살아가고 있다고 보았다.

그러나 하이데거가 그런 비극적 상황에서 벗어나 인간의 본질을 회복하는 과제를 개인 차원에서 모색한 반면, 아렌트는 "인간은 정치적 동물"이라는 아리스토텔레스Aristoteles의 말을 더 믿고 싶어했다. 그래서 인간의 자유란 곧 적극적으로 정치에 참여함으로써 비로소 성립되는 자유이며, 그런 자유를 부정하고 모든 사람의 생각을 하나의 의지에 통합하려 하는 파시즘은 정치가 아닌 폭력일 뿐이라고 생각했다. 그래서 다소 모호한 부분이 있지만 하이데거가 적어도 한때는 나치즘을 인간의 저열한 상황에서 돌파구로 여겼던 반면, 아렌트는 파시즘에 맞서 싸우고, 피하고, 고발하는 삶을 살게 된다.

권력을 '파괴하지'
않고 '바로잡기'

　　　　　　　　　　　　　　1929년, 23세가 된 아렌트는
「아우구스티누스의 사랑의 개념」으로 야스퍼스의 지도 아래 박사학위를
받고, 역시 철학도였던 귄터 슈테른Günther Stern과 결혼했다. 그때까지 그녀
는 유대인으로서 자기 인식이 뚜렷하지 않았고 유대인의 나라를 팔레스타
인에 세운다는 시온주의와는 특히 거리를 두고 있었지만, 히틀러가 떠오르
면서 그에게 저항하기 위해 유대인 조직에 참여하기 시작했다. 『라헬 파른
하겐Rahel Varnhagen』은 그녀가 독일을 떠나기 직전까지 쓰고 미국에서 마지
막 두 장을 완성한 작품으로 괴테, 하인리히 하이네Heinrich Heine와 동시대
에 살았던 유대인 여성에 대한 전기다. 평생 유대인이라는 낙인을 괴로워
하며 "무슨 일이 있어도 유대인임을 버려야 한다. 뿌리가 뽑힌 사람이 될
지라도!"라고 부르짖던 라헬은 결국 말년에 유대인이라는 멍에를 꿋꿋이
지고 가기로 결심한다.

　　"유대인의 운명은 그리 우연적이거나 부적절하지 않았으며, 오히려 정
확히 사회의 상태를 묘사하고 사회구조적 격차의 추한 현실을 드러냄이 명
백해졌다. 달나라로 도망치지 않는 이상, 탈출구는 없었다." 유대인이라는
낙인과 그에 따르는 차별, 오해, 박해. 이는 결국 사회에 내재되어 있는 질
병 같은 것이었고(나치는 유대인을 사회의 질병이라 보았지만, 그렇게 유대인을
보는 것이야말로 사회의 질병이었다!), 따라서 유대인만이 아닌 우리 모두의 문
제였다. 이는 또 다른 유대인 여성 지식인, 엠마가 다다른 결론과 비슷했
다. 하지만 아렌트는 사회 내의 권력을 '파괴하는' 것이 아니라 '바로잡는'

— 하이데거는 아렌트의 스승이자 연인이었지만, 하이데거가 나치에 가담한 이후 둘은 인간적, 학
문적으로 결별하게 된다.

것에서 희망을 찾았다.

1933년 1월 히틀러는 마침내 권력을 잡았으며, 아렌트는 유대인 정치인
들의 망명을 몰래 돕는 활동을 벌이다 게슈타포에게 체포되어 일주일 동안
감금되었다가 풀려난 다음 프랑스로 망명했다. 같은 해에 하이데거는 프라
이부르크 대학 총장에 취임하는 한편 나치당에 가입, 깊이 존경했던 은사
후설을 박해하는 대열에 선다. 아렌트가 이를 보며 실망을 금치 못했음은
당연하다. 이렇게 한때의 연인이자 사제였던 둘은 갈라지게 된다. 이후 아
렌트는 1941년까지 프랑스에 머물며 반나치 운동, 사회주의 결사 등에 참
여하고 슈테른과 이혼, 하인리히 블뤼허Heinrich Bluler와 재혼하는 등 거친 시
간을 헤쳐 나갔다. 그러다가 프랑스가 독일에 유린되자 한때 수용소에 수
감되기도 했지만, 가스실의 문턱에서 가까스로 벗어나서 미국으로 갔다.

비록 아인슈타인이나 폰 노이만에게처럼 미국이 중요한 자리를 마련해

놓고 그녀를 기다린 것은 아니었으나, 그래도 미국 땅을 밟은 다음 생활이 비로소 안정되자 그녀는 본격적으로 학술 작업에 몰두하게 된다. 그리고 1951년 『전체주의의 기원』을 내놓아 일약 학계의 주목을 받았다. 이 책에서 그녀는 정반대 이념을 가진 듯한 파시즘과 사회주의(스탈린식) 체제를 '전체주의'라는 틀로 묶고, 어느 것이나 개인의 자유를 말살하고 광기와 공포로 지배하는 정치(아렌트가 보기에는 반정치) 형태라고 주장했다. 물론 스탈린은 결국 루스벨트, 처칠과 어깨를 나란히 히틀러를 분쇄했다. 그러나 그에 앞서 그는 히틀러와 천연덕스럽게 불가침조약을 맺었으며, 그리하여 베냐민을 절망시키지 않았던가? 이제 나치즘이 전쟁의 불길 속에서 스러졌다면, 남아 있는 전체주의 체제, 자유의 숙적은 소련일 것이었다. 이는 바야흐로 냉전이 시작되고 있던 당시 서방에서 큰 반응을 얻었고, 여러 사회과학자에게 영향을 주었다.

1958년에 낸 『인간의 조건』으로 그녀는 현대의 대표적인 정치철학자 중 한 사람으로 자리매김했다. 그녀는 이 책에서 인간이 살면서 하는 활동을 '노동', '작업', '행위'로 구분했다. '노동'은 생존과 욕망 충족을 위해 행하는 육체 동작이고, '작업'은 자신의 재능을 발휘해 일의 재미와 일정한 명예를 바라며 수행하는 제작 활동이며, '행위'는 개인의 욕망과 필요를 넘어 공동체 속에서 어떤 대의를 위해 하는 행동이다. 말하자면 어떤 직장에 다니는 목적이 단지 봉급을 받기 위해서라면 노동일 뿐이며, 일에서 보람과 재미를 느낀다면 작업이기도 하다. 그리고 출퇴근 시간에 짬을 내 봉사 활동을 하거나, 자신이 중요하다 여기는 이슈를 놓고 시위에 참여한다면 행위다. 인간의 본성은 행위가 가능하다는 점에서 다른 동물과 구별된다.

그러나 근대가 창출한 인간의 조건은 인간을 노동에만 몰두하도록 몰아붙이고, 이웃이나 공동체를 돌아보지 않는 '생각 없는 삶'을 살도록 만들어버렸다. 그리고 그 생각 없는 삶, 동물과 구별되지 않는 삶의 한 귀결이야말로 유대인 박해 같은 병폐인 것이다. 따라서 아렌트는 현대사회와 정치에서 공공성을 새롭게 발견할 것을 역설했다. "노동과 작업 이야기만 한다면, 정치가 아니다!" 이는 정치에서 먼저 경제를 보았던 사회계약론자들과 마르크스, 그리고 심리학을 보았던 프로이트와는 달리 고대 사상에서 중요시되던 미덕과 공적인 삶을 다시금 정치의 주제로 불러온 것으로, 현대 정치사상에 중요하게 기여했다.

악은 우리 가운데 있다

1960년, 나치의 유대인 학살을 지휘했던 악명 높은 아이히만이 아르헨티나에서 이스라엘 정보부에 붙잡혔다. 그가 이스라엘로 압송되어 재판을 받게 된다는 소식을 듣고, 아렌트는 『뉴요커』의 특별 취재원 자격으로 예루살렘으로 가서 재판 과정을 취재하기로 했다.

1961년 12월에 열린 재판을 직접 지켜본 그녀는 「예루살렘의 아이히만」이라는 보고서를 작성했는데, 이는 1963년에 출판되어 큰 논쟁거리가 되었다. 먼저 아렌트는 피고석의 아이히만에게 '실제로 저지른 악행에 비해 너무 평범하다'는 인상을 받았다. 그녀가 보기에 그는 피에 굶주린 악귀

— 예루살렘의 법정에 앉아 있는 아이히만. 재판을 직접 지켜본 아렌트
는 아이히만에게서 '악의 평범성'이라는 개념을 이끌어낸다.

도, 냉혹한 악당도 아니었다. 그냥 "우리 주변 어디서나 볼 수 있는 중년 남
성이었다". 하지만 오히려 그랬기에 아렌트는 렉터 박사를 본 스털링보다
더 진저리를 쳤다. 아이히만은 특별한 인간이 아니었다. 어떤 이념에 광분
해 있는 것도 아니었다. 그는 다만 스스로 생각하기를 포기했을 뿐이다. 아
이히만은 "나는 명령에 따랐을 뿐"이라고 되풀이했다. 그리고 칸트까지 인
용하며 명령은 지키는 것이 도리라고 말했다. 비록 명령이 수백만의 죄 없
는 사람을 살육하는 것이라도!

자신이 저지른 일과 책임을 연결하지 못한 채 사람 좋은 웃음을 짓고 있
는 아이히만에게서 아렌트는 '악의 평범성banality of evil'이라는 개념을 이끌
어냈다. 악이란 뿔 달린 악마처럼 별스럽고 괴이한 존재가 아니며, 사랑과
마찬가지로 언제나 우리 가운데 있다. 그리고 파시즘의 광기로든 뭐든 우
리에게 악을 행하도록 계기가 주어졌을 때, 그것을 멈추게 할 방법은 '생

각' 하는 것뿐이다. 그러나 일상성에 묻혀 '누구나 다 이러는데', '나 하나만 반대한다고 뭐가 달라지겠어', '나는 명령받은 대로 하기만 하면 돼' 등의 핑계로 스스로 생각하기를 그만둔다면, 평범하고 선량한 우리는 언제든 악을 저지를 수 있다. 이는 우리가 세상을 더욱 선하게 만들고 싶다면 스스로 생각하고 행동해야 한다는 것, 그런 행동은 단순히 '불량국가'나 '빨갱이'나 '친일파'를 욕하고 때려잡으려 하는 것과는 다름을 의미한다.

아렌트는 이에 덧붙여 예루살렘 법정에 약간의 유감도 나타냈는데, 이는 예기치 않게 그녀가 이스라엘과 유대인 커뮤니티에서 맹비난받는 계기가 되었다. 그녀 생각에 아이히만의 범죄는 '유대인에 대한' 범죄에 앞서 '인류에 대한' 범죄였다. 그런데 이스라엘이 그를 납치해 이스라엘 법에 따라 심판하는 일이 과연 타당할까? 그러자 그때까지 그녀를 지지하고 도왔던 사람을 포함해 수많은 유대인이 그녀를 '반민족적'이라고 손가락질했다. 여러 유대인 협회에서 그녀의 출입이 거부되고, 이스라엘에서는 오랫동안 그녀의 저서가 판매 금지될 정도로 반감은 엄청났다. 왜 유대인이면서 유대인을 수없이 도살한 장본인을 유대인 손으로 처벌하는 일에 딴죽을 건다는 말인가? 그들의 심정도 이해는 갈 만했다.

그러나 아렌트가 보기에 정의란 보편타당해야 했다. 아이히만이 유대인들을 죽였기 때문에 용서받을 수 없다면, 유대인에게 비유대인의 죽음은 아무 상관이 없단 말인가? "동지들에게는 선을, 적들에게는 악을 행하는 것이 정의다"라는 말은 이미 수천 년 전 플라톤의 『국가론』 첫머리에 '원시적 정의론'으로 소개되었다. 소크라테스는 그 주장의 비논리성을 논파하고, 정의란 적과 동지의 구분을 떠나 모든 인간에게 동일해야 한다고 주장했다. 아렌트는 여기에 동의했을 뿐이다. 만약 적에게는 악을 행하는 것이 옳다면, 나치의 행동이나 아이히만의 행동도 그들 편에서는 타당한 정의가 아닌가? 우리가 나치와 아이히만을 심판할 수 있는 자격은 단지 전쟁에서 이겼다는 것뿐인가? 그러나 실제로 제2차 세계대전의 '전범'을 법정에 세운 뉘른베르크 재판이나 도쿄 재판은 '정의란 승자의 논리'라는 식으로 전개되었는데, 아렌트가 보기에 그것은 세계대전이라는 참을 수 없을 만큼 비싼 값을 치르고 나서도 여전히 미망에 사로잡혀 있는 인류의 슬픈 현실이었다.

영예와 슬픔의 말년

1960년대 말부터 아렌트의 삶은 영예와 슬픔이 엇갈렸다. 유대인들의 비난이 잦아들면서 그녀의 사상과 학술의 가치가 점점 더 많이 평가되었다. 프로이트상, 소니그상 등을 수상하고, 시카고·프린스턴·버클리·노트르담 등 미국의 여러 명문대학을 비롯해 세계 각국에서 그녀에게 강연과 강좌를 제의해왔다. 미국 예술과학 아카데미·예술인문 아카데미 특별회원으로 선임되고, 1967년에는 망명 유대인과 진보 지식인들의 보금자리가 되어 있던 뉴욕의 뉴스쿨에서 정식 교수직을 맡았다(요나스, 스트라우스, 프롬 등이 그녀의 동료였다). 하지만 1969년에 스승의 한 사람이자 평생 벗이었던 야스퍼스가 죽고, 이듬해에는 남편 블뤼허가 죽었다. 무슨 이유에서인지 두 번의 결혼 생활 내내 자식을 낳지 못했던 그녀는 책을 읽고, 쓰고, 가르치는 일로만 쓸쓸함을 달래야 했다. 미국을 비롯한 세계 각국에서 '기존 체제에 대한 의심과 저항'이 불붙은 1960년대 말과 1970년대 초에는 베트남전쟁, 마틴 루서 킹Martin Luther King 목사의 암살, 컬럼비아 대학 농성 학생들의 과잉 진압 사건 등 그녀가 '조국'으로 선택한 나라 역시 온전한 정치 공동체라고는 할 수 없는 증거가 속속 드러나기도 했다. 아렌트는 실망과 걱정을 「폭력론」, 「시민불복종」, 「정치에서의 거짓말」 등의 비판적 논문에 잇달아 토해냈다.

가끔은 유럽에 가서 은둔 중이던 하이데거를 만나기도 했는데, 그가 나치에 가담한 후 인간적, 학문적으로는 결별했지만 1950년대 이후에는 '그래도 그의 사상의 가치는 변함이 없다'며 일종의 화해 또는 용서를 한 상태였다. 아흔이 다 되어가는 나이로 정신마저 오락가락하는 하이데거를 보며 그녀는 존재자의 무상함을 다시 실감했으리라. 그러나 뜻밖에도, 세상을 먼저 떠난 쪽은 그녀였다. 하이데거가 죽기 몇 달 전, 그녀는 『정신의 삶 The Life of the Mind』이라는 새 책을 거의 마무리한 상태에서 친구들과 담소를 나누다 별안간 심장마비를 일으켰다. 그녀는 남편이 몸담았던 바드 대학 교정에 묻혔다.

아렌트는 꾸준히 강의를 하고 책을 쓰면서 학계에 머물렀지만, 주요 대학의 전임교수 자리를 오래 맡으며 제자를 길러내지는 않았으므로 당대에는 스트라우스 등에 비해 학계에서 영향력은 크지 않았다. 그러나 오늘날의 정치사상계에서는 아렌트의 이름이 스트라우스보다 훨씬 쟁쟁하다. 아렌트 전문가인 멜빈 힐Melvyn Hill의 말처럼, "아렌트가 명성을 얻게 된 이유는 그녀가 독창적이기보다는 사상가로서 저작이 모범적인 위치에 있기 때문이다.……주류 이론가들과 달리, 그녀는 '무엇을 생각하라, 무엇을 행하라'고 우리에게 명령하기보다 우리 세계의 인간 조건에서 우리는 어떻게 생각해나갈 것인가를 제시해준다. 아렌트의 이러한 생각 방식은 그녀가 이해한 사상가의 책임에 따르고 있다". 말하자면 아렌트는 누구나 이해하고 받아들일 수 있는 상식적인 지적을 했다. 그러나 그 지적에 이어서 "그러니까 이렇게 해!"가 아니라 "그러니까 어떻게 할까요? 우리 함께 생각해봐요"라는 메시지를 전했다. 이는 물신物神도 이드id도 아닌, 선한 다이몬 Daimon이 지배하는 고대의 햇빛 찬란한 아고라로 우리를 이끈다. 그래서 그녀의 메시지는 오랫동안 여운을 남기고, 사회의 어두움을 생각하려는 모든 사람에게 빛을 준다.

하지만 학술적 차원에서는 비판도 따른다. 현실정치에 대한 그녀의 접근은 철학자가 으레 그렇듯, 정확한 사실 자료를 꼼꼼히 분석한 결과라기보다는 관념적인 추론에 가깝다고도 한다. 가령 '전체주의론'은 다른 점이 숱하게 많은 소련과 나치 독일, 파시스트 이탈리아를 무리하게 하나로 묶어 보았다는 지적이 많으며, 그녀의 사상이 실증주의와 행태주의 학풍을 비판하는 근거를 제공하기는 했지만 후설의 계보를 잇는 다른 정치철학자들과 마찬가지로 비판은 있되 현실적 대안은 미비하다는 반박이 뒤따른다. 사회주의자나 여성주의자의 시각으로 보면 그녀의 사상에 계급적인 관점이 지나치게 결여되어 있기도 하다. 본래는 누구보다 되바라지고, 타협을 몰랐으며, 급진적인 정치 운동에 뛰어들기를 서슴지 않았던 그녀였지만, 실연과 망명 이후 오랜 연구 생활을 보내며 극단적인 접근이나 편을 나누어 폭력으로 문제를 해결하려는 접근, 반대로 지나치게 현실성만을 따지는 접근 등은 공동체의 건강을 회복하는 일에 유용하지 않다는 결론을 내린 것이었을까.

하지만 오늘날 하이데거나 스트라우스보다 아렌트의 사상을 되새기는 사람이 많은 까닭은 무엇일까. 그녀는 광포한 시대 속에서도 '공공성'의 희망을 버리지 않았고, 회색의 '이론'은 버려야 하지만 '생각'하는 일은 절대로 그만두지 말라고 부르짖었고, 핍박받고 추방되고 오해받는 삶을 살면서도 인류와 세계에 대한 사랑amor mundi(아모르 문디)을 놓지 않았다. 그런 아렌트의 생각이 다시금 혼란해지는 세계에서 각자의 이익 말고 무엇을 바랄 것인가, 사회를 위해 무엇을 할 것인가를 다시금 고민하게 되는 지금, 우리 마음에 새롭게 울리기 때문이 아닐까. 라헬 파른하겐처럼 '유대인, 그것도 여자'라는 굴레에서 도망치고만 싶었던 그녀는 마지막에 자신의 정체성과 화해했다. 이는 더 넓은 세상과의 화해, 자신이 던져진 세계를 사랑하고, 운명에게 용서받으며 운명을 용서하는 귀결이었다.

레오 스트라우스

철학자와 정치인의
갈림길에서

★

Leo Strauss, 1899.9.20~1973.10.18

책 속 에 서

책 으로 분 투 하 기

　　　　　　　　　　　　정치철학이란 무엇인가? 정치
와 철학이 무슨 상관이 있을까? '정치'라 하면 대부분 이맛살을 찌푸릴 것
이다. 이른바 당리당략에 목을 매고는 서로 삿대질에 육두문자를 주고받
는 국회의원의 모습은 그래도 양반이고, 심하면 국민의 혈세를 정치인 개
인의 영광이나 이익을 위해 물 쓰듯 하고, 더 심하면 집이 불타고 건물이

무너지고 시체가 겹겹이 쌓이도록 만드는 것이 정치의 이미지 아닌가? 그런 정치에 무슨 철학을 이야기할 수 있다는 말인가? 그러나 아리스토텔레스는 말했다. "인간은 정치적인political 동물"이라고. 정확히 말하면, "폴리스polis적인 동물"이라고. 플라톤과 함께 서구 문명의 기초를 닦은 그는 폴리스의 경계 밖에 사는 존재는 신이 아니면 짐승이라고 했고, 인간의 영혼에는 폴리스적인 삶을 통해서만 충족될 수 있는 본성이 있다고 말했다. 거꾸로 보면, 정치가 그토록 지저분하고 위험한데도 우리가 끊임없이 정치를 돌아보고 역겨워하는 것은, 현실 정치가 우리 영혼이 그리는 이상적인 정치와 어긋나기 때문이 아닐까. 그렇기에 시궁창 같은 현실을 극복하고 훌륭한 정치를 만들어가려는 노력도 자연스러운데, 그것이 철학 중에서도 정치철학의 주제다. 아렌트도 '세상에 대한 사랑'을 포기할 수 없었던 만큼, 자신이 겪은 수라장 같은 정치 현실이 되풀이되는 일이 없기를 바라며 정치철학을 열심히 연구했던 것이다.

그러나 전후 서구에서 '정치철학의 부흥'을 가져온 주인공으로는 아렌트에 앞서 스트라우스를 떠올리게 된다. 그는 정치학을 일종의 과학으로 여기고 정치 현상을 냉정하게 분석하고 예측할 뿐 거기에 어떤 의미나 가치를 부여하는 철학은 잊고 있던 서구 근대정치학의 문제점을 날카롭게 비판했을 뿐 아니라, 철학으로서의 정치학도 과학에 뒤지지 않는 '엄밀한 학문'이 될 수 있다는 신념에 따라 독특한 방법을 개발했다. 그는 고전 사상가들이 남긴 보물을 되새김으로써 충분히 세상을 바꿀 수 있다는 신념 아래 평생 책 속에서 벗어나지 않으며, 책으로 분투했다.

레오 스트라우스는 1899년 9월 20일, 독일 헤센 주의 작은 마을에서 태어났다. 농장 관련 사업을 하는 그의 아버지는 마을의 유대인 공동체의 지도자였는데, 여러 유대인 부모와는 다르게 아들을 정통 유대교 방식대로 키웠다. 그것이 그의 엄격하고 냉혹하기까지 한 사상적 경향, 아렌트에 비하면 훨씬 '남성적인' 정치철학에 영향을 주었다고도 한다. 그뿐만 아니라 그가 대부분의 거물 유대인 지식인과 달리 시온주의를 신봉한 것과, 심지어 유대교의 일파에서 전승된 밀교密教적 경전 해석법인 '카발라'의 영향을 받은 것을 이때부터라고 보기도 한다.

플라톤의 책을 손에 들고 토끼를 치며(엄격했던 부모가 '자기 벌이는 스스로 해라'라고 가르쳤기 때문에) 마르부르크 대학 계열의 김나지움을 다닌 그는 마르부르크 대학에 진학했고, 1917년부터 1918년까지 군에 입대해 번역병으로 복무하며 제1차 세계대전을 치렀다. 종전 후에는 다시 함부르크 대학에 들어가 1921년에 철학 박사학위를 받았다. 박사학위 논문 주제는 '프리드리히 야코비Friedrich Jacobi의 철학에서 지식의 문제'였고, 신칸트주의의 대가이자 현상에 내재된 관념의 의미를 헤겔 이상으로 천착했던 유대인 철학자, 에른스트 카시러Ernst Cassirer의 지도를 받았다. 당시 유럽은 제1차 세계대전과 식민주의의 붕괴, 대공황 등으로 정치·경제적으로는 암울했지만 지적으로는 놀라운 발전을 이루고 있었다. 스트라우스는 그런 사상적 조류의 한가운데 뛰어들어 헤엄치며, 자신만의 사상을 구축해나갔다.

10대 때 신칸트주의와 니체의 영향을 받았던 그는 대학에서 후설과 하이데거의 철학적 가르침에 더 이끌리는 한편, 시오니즘에도 점점 더 큰 관심을 가지게 되었다. 그가 가입한 유대인 학생 클럽에는 훗날 정신분석학자이자 철학자로 이름을 날린 프롬, 유명한 사회학자가 된 노르베르트 엘리아스Norbert Elias, 현대 해석학의 대부가 된 한스게오르크 가다머Hans-Georg Gadamer, 카발라를 재조명한 유대교 철학자 숄렘 등이 있었다. 또한 이 시절에 마르부르크 대학의 후배 아렌트, 숄렘의 절친한 친구 베냐민과도 친분을 쌓았다. 이 세 사람의 만남은 매우 흥미로운데, 아렌트는 근대성 비판과 고전고대의 재발견이라는 점에서, 베냐민은 합리주의와 신비주의의 접점 모색이라는 점에서 스트라우스 사상과 큰 맥을 함께하기 때문이다(베냐민은 스트라우스에 대해 "나는 항상 즐거운 마음으로 그를 떠올리게 된다"라고 숄렘에게 보낸 편지에서 밝힌 적 있다).

스트레인지 러브에 맞서다

　　　　　　　　　30세를 넘기며 그는 학문적으로나 생활적으로나 새로운 지경을 밟아나간다. 1932년부터 록펠러 재단의 '독일 사회과학 연구 진흥' 후원을 받아 프랑스에서 고대 유대 사상과 이슬람 사상을 연구했으며, 이때 아이를 키우는 과부인 마리 베른손과 결혼하는 한편 카를 슈미트Carl Schmitt, 알렉상드르 코제브Alexandre Kojeve, 레몽 아롱Raymond Aron 등 당대의 젊은 천재 사상가들과 교분을 맺었다. 특히 슈미트와의 교분은 인간적으로나 사상적으로나 풍성했지만, 슈미트의 사상을 양분 삼아 성장한 나치가 독일에서 집권하자 스트라우스는 그와 절교했다.

　프랑스에서 정해진 연구 기간이 끝나가자 스트라우스는 독일로 돌아갈 채비를 해야 했지만, 나치 집권이 임박한 상황에서 망설여질 수밖에 없었다. 그래서 그는 더 서쪽으로 피했다. 1935년에 케임브리지 대학의 객원교수가 되었다가 1936년에 써낸 『홉스의 정치철학The Political Philosophy of Hobbes』이 큰 호평을 얻자 이를 발판 삼아 1937년부터는 미국에서 활동했으며 아렌트, 요나스 등의 유대계 지식인의 보금자리가 되어준 뉴욕의 뉴스쿨에서 약 10년 동안 교수로 재직하는 한편 1940년까지 해밀턴·유니언·애머스트·웨슬리 대학 등에서 방문 교수를 지낸다. 그리고 30대가 막 끝날 참이던 1939년 9월, 그는 미국 땅에서 제2차 세계대전을 맞는다. 얼마 후에는 충격적인 소식이 날아든다. 유럽에 남아 있던 그의 일가친척이 나치에게 남김없이 살해되었다는 것이다(그의 아버지는 그보다 한발 앞서, 고뇌 속에서 심장마비로 숨졌다).

이를 계기로 스트라우스는 죽을 때까지 미국에서 살며(유명한 유대교 신학자인 마르틴 부버Martin Buber가 예루살렘 대학에서 퇴임하면서 이스라엘로 와 자신의 후임자가 되어달라고 청했지만 거절했다. 다만 '아버지의 묘소에 참배할 겸' 모교 마르부르크 대학의 단기 방문 교수직은 수락했다), 미국식 민주주의의 옹호와 '폭정tyranny'에 대한 증오를 정치철학으로 구성해 가르친다. 첫 결실은 1948년 『폭정론On Tyranny』으로 나왔다. 고대 그리스의 학자인 크세노폰Xenophon의 『폭군 히에로Hiero』에 해설서 형식을 취한 이 책은 코제브와의 깊은 교감을 통해 집필되었는데, 코제브가 폭군(그리고 일반적인 정치인)과 철학자는 모두 타인의 애정과 존경을 갈구한다는 점에서 비슷하다고 본 데 대해 스트라우스는 공감하면서도 "그러나 철학자는 소수의 현자에게, 궁극적으로는 스스로에게 존경받기를 바라지만 폭군은 모든 사람에게 사랑받기를 원한다"라고 구분 지었다. 따라서 철학자의 활동은 평화와 발전에 기여하므로 존중받을 필요가 있지만, 폭군의 '이상한 사랑Strange Love'은 폭력과 억압을 가져오기에 지양해야 한다.

1949년에 시카고 대학에 자리 잡은 스트라우스는 『자연권과 역사』(1953), 『마키아벨리』(1958), 『정치철학이란 무엇인가』(1959), 『도시와 인간The City and Man』(1964), 『고대와 현대의 자유주의Liberalism Ancient and Modern』(1968) 등의 명저를 꾸준히 써내며 여러 제자를 길러내, 행태주의 일변도로 흐르던 미국 정치학계에 새로운 바람을 일으킨다. 사실 20세기 벽두까지만 해도 정치학은 곧 정치철학이라고 해도 좋을 만큼 고전을 읽는 것 외에 헌법, 정치법 공부 등이 대부분인 학문이었다. 그러나 이후 그런 정치학은 '구름 잡는' 이야기만 되풀이할 뿐 세계대전이나 제국주의의 소멸, 민주주의와 사회주의의 확산 등의 현상을 '과학적으로' 설명하지 못한다는 목소리가 높아지면서 구조기능주의와 행태주의가 대세로 자리 잡았다. 그러나 스트라우스는 꺼져가던 정치철학의 명맥을 되살렸을 뿐 아니라, 정치현상을 해석만 할 뿐 그 의미에 대해서는 침묵하는 실증주의적 정치과학의 한계를 절절히 비판하면서 정치철학의 의의를 20세기 중후반에 새롭게 제시해놓은 것이다. 그의 해박한 지식, 독특하고 도전적인 견해, 신비주의적 색채마저 띤 교수법 등은 그를 우상시하는 제자들을 만들어냈으며, 이들은 후일 '스트라우시언'이라 불리는 독특한 지적 집단으로 불린다. 1967년에 시카고 대학에서 퇴임한 이후로는, 클레어몬트 대학에서 잠시 머문 이외에는 홀로 연구와 집필에 전념하는 만년을 보냈다. 『크세노폰의 소크라테스론Xenophon's Socratic Discourse』, 『플라톤의 정치철학Studies in Platonic Political Philosophy』 등 주로 고대 그리스 정치철학에 중점을 둔 저작들은 대체로 그의 사후에 출간되었다.

"이스라엘이 애굽에서 나오며 야곱의 집안이 언어가 다른 민족에게서 나올 때에

유다는 여호와의 성소가 되고 이스라엘은 그의 영토가 되었도다.

바다가 보고 도망하며 요단은 물러갔으니

산들은 숫양들같이 뛰놀며 작은 산들은 어린 양들같이 뛰었도다.

바다야 네가 도망함은 어찌함이며 요단아 네가 물러감은 어찌함인가.

너희 산들아 숫양들같이 뛰놀며 작은 산들아 어린 양들같이 뛰놂은 어찌함인가.

땅이여 너는 주 앞 곧 야곱의 하나님 앞에서 떨지어다.

그가 반석을 쳐서 못물이 되게 하시며 차돌로 샘물이 되게 하셨도다."

74세의 나이로 1973년 10월 18일에 폐렴으로 사망, 아나폴리스에 있는 유대인 공동묘지에 매장되던 때, 누구보다 유대교 전통을 존중했으며, 전통 사상과 헬레니즘의 전통을 현대에 접목하려 노력했던 유대인, 열렬한 시오니스트이면서 이스라엘 대신 미국에서 외로운 투쟁을 전개하기를 선택했던 늙은 철학자의 영전에는 그의 유언에 따라 『구약성경』 시편 제114편이 낭송되었다.

엄 밀 한   학 문 으 로 서 의
정 치 철 학

　　　　　　　　스트라우스의 정치철학은 근대
성 비판을 중심으로 한다. 그가 근대성을 비판하는 이유는 세계, 자연과 소
통하며 '참된 삶'과 '진리'를 궁구하던 과거의 삶이 자연과학과 자본주의
헤게모니에 밀려 소멸했기 때문이다. 그에 따라 무신앙, 개인의 원자화,
'하늘을 두려워하지 않는' 권력과 사회가 현대의 인간 조건이 되고 말았
다. 그런 폐해의 가장 두드러진 사례는 파시즘이지만, 개인 권리의 지나친
강조를 통해 공공의 미덕을 잊게 만드는 자유 지상주의 또한 그의 비판에
서 벗어나지 않는다. 그는 학문의 세계에서 그런 세태를 빚어내고 추종하
는 현실을 본다. 그래서 그는 베버의 몰가치적 사회과학을 맹렬히 비판하
며, 정치사회제도를 계급 이익 차원에서 접근하는 사회주의에 냉소적 태도
를 취한다.

　그렇다면 그의 대안은 무엇인가? 스트라우스는 고전고대의 회복을 말
한다. 언뜻 상당히 어이없는 주장처럼 들린다. 현대가 이처럼 심화된 시점
에서 고대로 복귀라니? 고대로 복귀한다면 구체적으로 뭘 어떻게 하자는
것인지도 비판 대상이 된다. 실제로 스트라우스의 글에는 고대 회복의 당
위성을 주장하는 상세한 논설은 많아도, 구체적인 대안이나 회복해야 할
실체는 모호하게 남아 있다. 이쯤 되면 그를 시대착오적 '헛소리'나 일삼은
사람으로 여길지도 모르겠다.

　그러나 스트라우스가 강조하는 것은 구체적 방식과 질서보다 '태도'다.
우리 현대인은 선과 악이라는 문제에 얼마나 진지하게 접근하는가? '선?

_ 서구 문명의 기초를 닦은 플라톤(왼쪽)
과 아리스토텔레스(오른쪽). 스트라우스
는 이들처럼 끊임없이 정의와 덕의 문
제를 고민하는 '고대적 인간'으로 살
것을 권유한다.

민주주의가 선 아닌가?', '진보가 선 아닌가?', '불평등, 독재, 이런 게 악이
겠지' 이런 단순한 주장이라도 나오면 다행이고, 대부분은 그런 문제에 신
경 쓸 의지도, 여유도 없다는 태도일 것이다. 각자의 욕망을 좇아 각자에게
주어진 기능을 무심히 수행하며 보내는 하루하루, 이는 최악의 경우 대중
조작을 손쉽게 함으로써 파시즘 같은 '악의 레짐regime'이 수립될 수 있게
만든다. 그 정도까지는 가지 않더라도 선도 악도 뚜렷하지 않고 오직 돈만
을, 이런저런 숫자만을 말하는 세상은 영혼을 지치게 하고 허무주의에 빠
지게 한다. 그러므로 세상을 단순하게 살지 않는 사람, 미덕과 이상주의를
단지 학창 시절의 낭만으로 묻어두지 않는 사람, 최신 유행 지식의 소비자
가 아니라 스스로 생각하고 행동 방침을 정하는 사람이 스트라우스가 권하

는 '고대적' 인간이다. 아테네의 찬란한 햇빛 속을 걸어다니면서도 끊임없이 정의와 덕의 문제, 햇빛 저편의 어둠을 고민했던 소크라테스와 같은 인간이다.

정치철학 연구에서도 스트라우스는 독특하고 엄격한 입장을 취한다. 현대는 자연과학의 헤게모니에 뒤따라 '사회과학'이 일반화되며, 정치학은 정치 영역의 사실을 연구하는 과학의 한 분과로 정립되어버렸다. 과학적 입장에서 정치철학은 정치철학자 개인의 주관이나 이해관계에 치우칠 수밖에 없으며 따라서 학문으로서 가치중립적이지 않았다. '시대 배경에 따라 바뀌는, 논리적으로 엄밀하지 못한 이야기'의 집합일 뿐이었다. 그리하여 정치철학은 정치학을 본격적으로 배우기에 앞서 잠깐 들여다보는 교양처럼 여겨진다. 이러한 경향을 정면으로 반대한 사람이 스트라우스였다. 그는 가치를 초월해 있다는 사회과학도 실제로는 일정한 가치에 입각해 있으며, 철학이 그 시대의 산물일 뿐이라는 역사학의 주장이야말로 가벼운 세태에 영합해 내놓은 주장일 뿐이라고 반박한다. 또 이를 떠나 가치 문제, 보편적 이상을 포기한 정치학은 체제의 타락을 막지 못한다. 1960년대 말에서 1970년대 초까지 서구 사회를 뒤흔든 '반체제운동'은 스트라우스와는 다른 가치에서 출발한 것이었지만, 그의 기존 학풍 비판에 상당한 힘을 실어주었다.

스트라우스는 정치철학이 정치과학자들이 무시할 만큼 단순하고 제멋대로인 것도 아니라고 주장한다. 그래서 그는 당대 정치철학자들이 문헌을 단편적으로 읽고 논문을 써내는 경향도 비판한다. 그에 따르면 정치철학의 텍스트, 특히 고대의 텍스트는 단순히 읽어서 이해할 수 있는 것이 아니다. 저자의 다른 텍스트, 저자의 선대와 당대 저자들의 텍스트를 꼼꼼히 비교해야 할 뿐 아니라 일종의 암호 풀이 같은 작업까지 필요하다. 정치란 때로는 일반 대중의 상식과 도덕관을 뛰어넘을 필요도 있는데, 누구나 읽고 이해할 수 있게 써놓았다가는 어떤 반발과 파문이 일어날지 모르기 때문이다. 당대의 권력자에 의한 탄압도 예상된다. 그래서 플라톤에서 니콜로 마키아벨리Niccoló Machiavelli까지 위대한 정치철학자들은 텍스트의 쪽수라든가 장의 배치 같은 것들에 암호를 숨겨두었고, 암호를 풀어내는 사람만이 진정한 정치학을 이해할 수 있게 했다는 것이다. 가령 '『군주론』 제3장과 『로마사 논고』 1부 3장은 각기 무슨 단어로 시작하는가', '티투스 리비우스Titus Livius가 쓴 『로마 건국사The Rise of Rome』 권수와 마키아벨리가 쓴 『로마사 논고』 장수가 일치하는 까닭은 무엇인가' 등의 분석이 요구된다는 것이다. 그런 '밀교적 방법'을 터득한 사람이야말로 정치가 돌아가는 진실을 꿰뚫고, 사회의 '밀본密本'이 될 것이다.

텍스트가 사실은 텍스트가 아니라는 스트라우스의 이런 주장은 자신에게는 양날의 검과 같았다. 이야말로 숨겨진 진리라며 그를 현인 따르듯 따르는 열성파 제자들도 생겼지만, 그가 고전에 너무 몰두한 나머지 '저 너머'의 세계로 가버렸다며 등을 돌리고 비웃는 사람도 많았기 때문이다. 그래서 스트라우시언이라고 불리는 소수집단 말고는 그의 학맥을 제대로 계승한 사람은 많지 않았으며, 고전 정치철학의 의미를 되살리고 정치철학의 중요성을 다시 부각한 공로만 인정하는 것이 한동안 미국 지성계의 분위기였다.

"한 번 더

읽 어 보 라"

얼마 전 스트라우스의 이름이 다시금 많이 거론되는 일이 있었는데, 미국의 조지 부시George Bush 행정부에서 '악의 축을 없애자'며 세계를 온통 뒤숭숭하게 했던 네오콘과 관련해서다. 네오콘의 사상적 기초를 이루었다는 앨런 블룸Allan Bloom, 완성했다는 어빙 크리스톨Irving Kristol 같은 사상가나 미 국방부 부장관을 지낸 폴 울포위츠Paul Wolfowitz, 미 국방부 고문을 지낸 리처드 펄Richard Perle 같은 고위 관료들이 한때 스트라우스의 제자였다. 『위클리 스탠더드』를 중심으로 네오콘의 사상과 정책을 외쳐온 윌리엄 크리스톨William Kristol도 아버지인 어빙 크리스톨을 통해 스트라우스에게 영향을 받았다고 한다. 그리고 네오콘에 대한 스트라우스의 영향은 단순한 인맥 이상이라고 한다.

'레오 스트라우스의 저격수' 샤디아 드러리Shadia Drury는 스트라우스는 마키아벨리를 "고전고대 사상을 포기하고 냉혹한 정치 현실주의를 주장함으로써 근대의 타락을 가져왔다"라며 비판하지만 그는 그런 비판을 할 자격이 없다고 말한다. 마키아벨리의 사상은 곧 스트라우스의 사상이기 때문이다. 드러리는 그러한 냉혹한 정치론이 스트라우스의 본심이었지만 겉보기로는 반反마키아벨리론자인 체했는데, 사실 그 주장을 잘 뜯어보면 단지 '왜 마키아벨리는 그런 진실을 대체로 노골적으로, 무지한 대중도 이해할 수 있게 말했느냐'고 탓했을 뿐이라고 한다. 게다가 스트라우스는 젊은 시절 니체의 신봉자였다. '진선미를 넘어 오직 권력을' 추구하는 니체의 허무주의야말로 장년 이후의 스트라우스가 가장 열심히 비난한 것이지만, 이

— 폴 울포위츠(왼쪽)과 조지 부시(오른쪽). 미 국방부 고위 관료들이 한때 스트라우스의
  제자였으며, 네오콘에 대한 스트라우스의 영향은 단순한 인맥 이상이라고 한다.

는 겉치레였을 뿐 스트라우스는 선악의 구분도, 정의나 이상도 전혀 믿지
않았다는 게 드러리의 분석이다. 그러나 그런 주장을 노골적으로 하면 따
돌림을 받을 수밖에 없다. 그래서 옛날 플라톤이 냉혹한 진실을 슬며시 숨
겨 말하며 겉으로는 미덕과 정의를 논한 것처럼, 스트라우스 역시 진의를
숨기고 미덕의 옹호자인 양 했다는 것이다.

　이것은 네오콘이 단순한 실용적 현실주의(공산주의 중국과의 타협도 마다
하지 않았던 키신저 등이 대표하는)를 넘어 국제관계에서 '도덕'을 강조하고,
'선한 체제'를 지키려면 '악한 레짐', '폭정'을 쳐부수어야 한다고 주장하는
사상적 기반이 되었다. 부시의 '악의 축' 발언이나 인권 등을 빌미로 제3세
계에 적극적으로 군사개입해 '체제 교체regime change'를 이끌어내는 미국의

외교 정책은 스트라우스에게서 기원을 찾을 수 있다는 것이다. 단지 미국이 강대국의 지위를 유지하는 정치 현실에 만족할 게 아니라, 민주주의니 인권이니 하는 이상을 내걸고는 불량 국가를 적극적으로 부수어버리고 바꾸어버려야 한다는 것이 네오콘의 가치관이기 때문이다.

이런 주장을 어떻게 받아들여야 할까? 분명 일리는 있다. 하지만 섣불리 판단해서는 안 되리라. 우선 스트라우시언들이 곧 네오콘 구성원들이라는 주장은 '일리'밖에 없다. 스트라우스와 아무 연관 없는 사람도 네오콘의 주요 멤버 가운데 많으며, 울포위츠나 펄 등도 스트라우스의 가르침을 꾸준히 받은 정식 제자는 아니었다. 스트라우스는 묵묵히 연구와 교육에 매진하는 지식인으로 살았고 제자들에게도 그렇게 하도록 권했지만 네오콘은 현실 정치에 적극 뛰어들어서 권력을 잡기에 급급했다는 차이점도 있다. 그리고 과연 한 인간이 평생을 통해 자신이 믿지 않는 신념을 부르짖을 수 있을까? 자신이 주장하는 가치가 모조리 허망한 것이라고 믿는 사람이 그렇게 철저하고 비타협적인 길을 걸을 수 있을까?

스트라우스가 추구한 것이 권력밖에 없었다면, 그 과정에서 거리낌 없이 가면을 쓰고 거짓을 말했다면 그러한 길을 걸을 필요는 없었다. 학계의 유행에 어느 정도 영합하고, 인맥 구축에 힘쓰거나 대중 강연을 하고, 대중적으로 읽히기 쉬운 책(과연 그의 책을 편한 마음으로 즐겁게 읽을 수 있는 독자가 얼마나 될까?)을 쓰는 등 학계나 정계에서 영향력을 쌓아갔어야 하지 않을까? 앞서 보았듯 스트라우스의 독특한 학문 태도는 소수의 열성 집단을 형성했지만, 그보다 훨씬 많은 적을 만들었다. 스스로 정한 폭군(정치인)과 철학자의 갈림길에서, 스트라우스는 끝까지 고독한 철학자의 길을 걸었고,

스트라우시언들도 학계의 비주류가 되어 제대로 자리를 잡기 어려웠다. 그들 중 일부가 네오콘으로서 권력에 접근할 수 있었던 것은 아주 우연한 일이었다.

확실한 것은 스트라우스가 오늘을 사는 우리에게 전하는 하나의 교훈이다. '조급하게 결론짓지 말라'는 것이다. '지금 내 믿음이 과연 얼마나 확실한 것일까?', '이 책을 한 번 읽어보니 대강 이런 내용인 것 같다. 그런데 과연 그럴까? 한 번만 더 읽어보면 무언가 다른 점이 발견되지 않을까?', 공부하는 사람에게나 일반인에게나, 스트라우스는 '한 번 더 생각해보라', '한 번만 더 읽어보라'는 메시지를 보낸다. 세상은, 학문은 그렇게 단칼에 해결해버릴 수 없는 것이기 때문이다. 어떤 사람의 주장을 단순히 '저런 표현을 쓰는 것을 보니 저쪽 동네 사람이로군', '저 사람 출신을 보니 어디어디 쪽의 이익을 대변하는 거로군' 하며 더는 들어보려고 하지도 않는 경박함에 스트라우스의 신중한 태도는 엄정한 경고를 보낸다. 그런 신중함이 결국 책을 읽다 못해 권수나 쪽수까지 살피며 무언가 의미를 찾아내보려는 '밀교적 해석법'까지 낳았으리라. 분명 그러한 해석법을 누구에게나 강요할 수는 없다. 하지만 오늘을 살아가며 스트라우스의 교훈을 지키는 일이 반드시 그의 방법을 그대로 따라야 한다는 말은 아니다.

헨리 키신저
대통령이 못 된다면,
황제가 되겠다

★
Henry Kissinger, 1923.5.27~

보 이 지 **않 는**

예 복

아렌트는 정치는 어쩌면 불가
능한 것을 추구하는 것이라고 생각했다. 적나라한 인간성이 까발려진 폐
허 속에서 고대의 광명을 찾는 것, 잔혹한 운명의 길을 걸으며 세상을 사랑
하는 것이라고. 그녀보다는 덜 '순수' 했을지도 모르지만, 죽기까지 이상을
추구하고 오직 하나의 눈으로 세상을 바라보기를 멈추지 않은 사람이 스트

라우스였다. 그러나 정치에서 이상과 이념을 전혀 배제하지 않더라도 "정치는 가능한 것의 예술이다"라고 차가운 눈매와 담담한 목소리로 이야기한 사람이 있다. 독일 제2제국의 영광과 수십 년 동안의 유럽 평화를 이룩한 불세출의 정치가 비스마르크다. 그가 19세기 외교의 찬란한 별이라면, 20세기에는 그의 정치사상을 받들어 새기면서(비스마르크보다 학자로서의 정체성이 강하기에 '예술'보다는 '철학'이라는 표현을 썼겠지만) 더 큰 무대에서 두드러진 성과를 거두며 외교의 신이라 불린 헨리 키신저가 있다.

그는 사교성은 뛰어났지만 세련미가 부족했고, 언제나 한물간 농담만 늘어놓아서 주변을 곧잘 썰렁하게 만들었다. 그런데 언젠가 그가 아주 그럴싸한 임기응변으로 청중의 폭소를 이끌어낸 적이 있다. 아마 적어도 몇몇은 쓴웃음을 지었을 테지만 말이다. 당신처럼 유능하고 인기도 많은 사람이 왜 대통령 선거에 나서지 않느냐는 질문에, 그는 불행하게도 미국 법률에 이민 1세대는 대통령이 되지 못한다는 규정이 있다고 해명했다. 그러고는 한 번 싱긋 웃더니 이렇게 말했다. "하지만 황제가 되지 못하도록 한 규정은 어디에도 없답니다." 농담으로만 들리지 않는 농담이었다. 그는 실제로 미국 안에서 외교정책에 관련해서는 황제였고, 미국 바깥에서는 여느 황제보다 강력한 권력을 휘두르며 '제국'에 군림했으니까. 이 보기 드문 사람에게 보이지 않는 임금의 예복은 무척 어울렸다. 그리고 투명 옷을 걸친 임금이 그렇듯이, 우스꽝스러웠다.

합 리 적   문 명 을
보 편 화 하 라

헨리 키신저는 1923년 5월 27일, 독일 바이에른 주의 퓌르트에서 '하인츠 알프레드 키싱어'로 태어났다. 같은 바이에른의 주도州都인 뮌헨에서 히틀러가 '맥주홀 반란'을 일으키기 반년 전이었다. 다시 말하면, 제1차 세계대전으로 제2제국이 무너지고 들어선 바이마르 공화국의 민주주의가 불안하게 흔들리고 있던 시점에 세상에 나온 셈이다. 아버지 루이스 키싱어는 김나지움의 교사였으며, 정통파 유대인이었다.

20세기를 풍미한 유대인 명사들을 보면 부모, 특히 아버지의 스파르타식 교육 덕택에 일찍부터 지적으로 발달하게 된 사람이 많다. 반대로 부모의 거칠고 무지한 행동에 대한 반발로 지성의 길을 갈구하게 된 사람도 있다. 그런데 키신저의 부모는 어느 쪽도 아니었다. 정통파로서 유대교 율법을 기본적으로 교육시킨 것 외에는 그야말로 평범하게 자녀를 키운 듯하며, 키신저도 평범한 학생으로 자랐다. 그는 김나지움을 다니던 시절을 회상하며 "공부보다는 축구에 관심을 쏟는 나날이었다. 성적은 중하 정도였고, 특별히 잘하는 과목이라고는 없었는데 특히 영어를 비롯한 외국어에서 뒤졌다"라고 밝혔다.

그러나 그는 태평한 청소년 시절을 보낼 운명이 아니었다. 10세가 되던 해에 히틀러가 집권하고, 그 직전부터 퓌르트의 지척에 있던 뉘른베르크에서 나치 전당대회를 비롯한 각종 집회가 잇달아 열리며 "독일의 모든 유대인에게 죽음을!" 따위의 살벌한 구호가 가족의 일상을 들쑤셔놓고 있었기 때문이다. 1938년, 뉘른베르크법에 의해 아버지는 김나지움에서 쫓겨났으며, 키신저는 유대인 전용 학교로 강제 전학을 당했다. 키신저는 "온 세상이 적으로 변했다. 길을 가는 유대인 학생에게 침을 뱉고, 발로 차고, 옷을 찢어버리는 일이 다반사였다"라고 회고했다(자신이 그런 일을 당했는지는 언급하지 않았다. 묘하게도, 그는 자신이 학대받았다거나 힘들게 살았다는 이야기를 좀처럼 하기 꺼린다. 어떤 면에서는 내세울 만한 이야기일 텐데도).

결국 키신저 가족은 미국에 사는 친척의 도움으로 독일을 탈출, 일단 영국으로 갔다가 뉴욕의 워싱턴하이츠에 새 살림을 꾸렸다. 뉴욕의 변두리 지역으로 생활 여건은 그다지 좋지 않았지만, 이민 온 유대인들이 일종의 공동체를 만들어놓아서 지내기가 그리 불편하지는 않았다. 영어는 거의 모르다시피 했던 하인츠 키싱어(이제는 미국식으로 헨리 키신저라고 개명하게 될) 역시 온종일 독일어만 써도 지장이 없었으므로 당장 힘들지는 않았지만, 이내 마음을 독하게 먹고 독일에서는 등한시했던 영어와 학교 공부에 열을 올렸다. 수많은 조상이 짊어졌던, 뿌리 뽑힌 유랑자의 삶을 자신도 살지 않으면 안 되었다는 위기의식, 당장 가족이 살아갈 길이 막막하다는 위기의식 때문이었으리라. 교사를 천직으로 여기고, 독일인 이웃들과 화목하게 지냈던 아버지는 충격이 너무도 커서 하루 종일 술이나 마시고 빈둥거릴 뿐이었다. 따라서 생계는 어머니가 파출부 일 등을 하며 꾸렸으며, 키신저와 동생 월터도 아르바이트를 해야만 했다. 키신저는 낮에는 면도솔 공장에서 일하고, 밤에는 조지워싱턴고등학교 야간 과정에 다니는 주경야독 생활을 하며 10대 후반을 보냈다.

뉴욕 시립 대학에 입학해서도 고학 생활을 계속해야 했던 키신저의 삶에서 전기는 1944년에 찾아왔다. 미국이 제2차 세계대전에 참전하고, 그도 징집된 것이다. 6년 전에 쫓겨온 독일 땅을 미군 군복을 입고 다시 밟게 된 키신저는 독일어에 능숙하고, 나치와 비非나치 독일인을 쉽게 구분해낸다는 점이 상관의 눈에 들어 전쟁터에서 장교에 임관되었다. 1944년 말부터 이듬해 초까지 치열하게 전개된 제2차 세계대전 최대의 전투 중 하나인 벌지 전투의 현장에서, 21세의 이 유대인 청년은 몸을 사리지 않고 뛰어다니며 나치와 싸웠다. 이 전공戰功과 그동안 피나는 노력을 통해 쌓아올린 학업 성적이 참작되어, 그는 하버드 대학에 진학할 수 있었다.

하버드 대학에서 키신저는 더는 고단한 생활을 하지 않아도 좋았지만, 화려한 학창 시절을 보낼 수도 없었다. 유대인과 이민자 출신에게는 보이지 않는 벽이 있었고, 미국에서 자란 동창생들은 그들을 따돌렸다. 또한 그러지 않아도 당시의 키신저는 여유와 자신감이 없었다. 큰 안경을 낀 삐쩍 마른 대학생. 숫기 없고 독일 악센트가 표 나는 영어에 말주변도 패션 감각도 없는 범생이. 그런 키신저는 자연히 '하버드 대학의 공부벌레'가 될 수밖에 없었다. 그를 알아주는 사람은 지도 교수인 윌리엄 엘리엇William Elliott을 비롯한 교수들뿐이었다. 엘리엇은 그에게 칸트와 스피노자를 소개해주었고, 키신저는 그중에서 칸트 사상에 끌렸다. 그의 트레이드마크인 실용주의 외교론은 칸트의 이상론과는 물과 불처럼 상반되어 보이지만, 적어도 칸트의 '정언명령론'과 '영구평화론'은 키신저의 외교론에서도 맥을 잇고 있다. 정언명령론에서 윤리의 기초를 '보편적으로 적용했을 때, 허용 가능한가 불가능한가'에서 찾은 칸트는, 살인이 모든 사람의 생명을 위협하므로 금지되는 것과 마찬가지로 전쟁은 모든 국가에 불안을 가져올 수밖에 없기에 결국 합리적 문명이 보편화되면 전쟁은 금지되고 영구한 평화가 올 것이라고 보았다. 키신저는 여기에 폰 노이만의 '게임이론'을 덧붙여 생각해 정치의 '현실'을 바라볼 수 있었지만, 핵의 가공할 파괴력은 칸트적인 사고를 모든 국가에 강요한다고도 생각했다. 따라서 외교는 실용적이고 현실적이어야 하지만, 목표만큼은 '이상적'이어야 한다. 미국같이 이상주의적이면서 어디보다 강력한 국가가 외교를 통해 해야 할 일은 히틀러나 사담 후세인Saddam Hussein처럼 '이성을 잃고' 날뛰는 지도자나 공산주의자들처럼 이념을 위해서라면 핵전쟁도 상관없다는 세력을 억제하고, 회유하고, 때로는 때려 부수어서라도 '합리적 문명을 보편화'하는 것이다! 비록 그 과정에서 '소소한' 대의나 이상을 짓밟는 한이 있더라도!

이렇게 말하면 키신저도 '스트라우시언'이 아니었나 하는 생각이 들 만도 하다. 그러나 결코 그렇지 않았다. 그가 생각하고, 실제로 권한이 주어졌을 때 주저 없이 벌인 일들은 과연 일방주의적이고 폭압적인 면이 있었다. 그러나 이는 미국이니까 가능한 일이었으며, 미국이라 하더라도 세계의 평형을 유지하는 데 그 힘을 써야지, 근본적인 변혁 같은 것을 지향하기란 되지도 않고 되어서도 안 될 일이었다.

정치는 '가능한 것의 예술'이다

엘리엇은 자신의 수제자에게 칸트와 스피노자뿐 아니라 '국제관계학 세미나'도 소개해주었다. 정·관계와 학계의 유력 인사들이 참여하고 있던 이 세미나에는 '냉전 전략의 설계자'로 불리는 폴 니츠Paul Nitze와 대부호 록펠러 가문의 '정계 기대주'였던 넬슨 록펠러Nelson Rockefeller를 비롯해서 키신저의 인생에 중요한 영향을 미칠 사람들이 가입해 있었다. 세미나는 6·25전쟁을 전후해 '심리전략위원회'로 발전되고, 키신저는 아직 대학생 신분이면서도 위원회에서 두각을 나타낸다. 그리고 1950년에 하버드 대학을 최우등으로 졸업하고 석사, 박사를 하버드 대학에서 밟는다. 아르바이트와 야학으로 보내던 생활 대신 세계 최고의 명문 대학에서 명사들과 세미나와 만찬을 여는 생활에 익숙해지면서 점점 그의 표정에는 여유가 생기고, 넉살과 재치도 늘어갔다.

1954년에 써낸 그의 박사학위 논문은 「평화, 정당성, 평형」이라는 자못 철학적인 분위기를 풍기는 제목을 달고 있는데, 부제가 실제 제목이었다. '캐슬레이와 메테르니히의 경세statemanship에 대한 연구'. 로버트 캐슬레이Robert Castlereagh와 클레멘스 메테르니히Klemens Metternich는 나폴레옹 전쟁 이후 유럽의 평화를 재구축한 19세기의 정치가다. 두 사람은 실용주의 외교라는 방법을 써서 대혁명 이래 끊임없이 요동쳐온 유럽에 휴식을 가져오고, 시민 정치와 제국주의라는 영광된 유럽의 시대로 나아가기까지 서양이 힘을 갈무리하는 시대를 주도했다. 당시 유럽인들은 강력한 힘으로 모든 것을 바꾸어버리려는 나폴레옹의 모델과, 신비주의적 기독교 신앙이라는 막연한 이상으로 세상을 하나로 묶으려는 신성동맹 주창자 알렉산드르 1세의 모델을 이 두 정치가의 모델보다 매력적이라고 보았다.

그러나 키신저에게 정치란 비스마르크의 말처럼 '가능한 것의 예술'이었으며, 힘이거나 이상이거나 사람을 들뜨게 할지언정 평화롭게는 할 수 없는 것이었다. 그리고 평화만이 문명과 번영을 허락하며, 그래야만 힘도 이상도 가능해지는 것이었다. 그러려면 설득과 타협, 교묘한 조정, 때로는 협잡과 협박까지 동원하는 외교술이 더 믿음직한 정치 방식이며, 명징한 현실 인식 속에서 실리를 추구하면서도 보편적 평화와 번영이라는 정당성을 잊지 않는 자세야말로 한낱 정치인politician이 아닌 경세가stateman가 가져야 할 자세였다. 여기서 키신저는 민주주의를 옹호하면서도 민주주의를 불신하게 된다. 아렌트처럼 대중의 각성에 따른 정치 개혁의 희망을 간직하지 않으며, 스트라우스처럼 정치인의 근본적 역할을 철학자의 역할에 두지도 않는다.

자유민주주의는 나폴레옹이나 히틀러, 알렉산드르나 스탈린의 폭정에 맞서 반드시 지켜내야 할 바람직한 사회체제지만, 자체의 원리만으로는 너무도 쉽게 함락된다. 키신저의 고향이 그렇지 않았는가? 바이마르 공화국이 그렇지 않았는가? 메테르니히가 애써 이룩한 평화체제를 얼크러뜨린 과대망상가 나폴레옹 3세는 어떻게 프랑스 공화정을 뒤엎었던가? 소크라테스와 플라톤이 명상과 토론을 거듭했던 아테네는 어떻게 선동 정치가들에게 농락되고 마케도니아에 유린되었던가? 따라서 페리클레스Perikles처럼, 메테르니히처럼, 비스마르크처럼, 처칠처럼, 키신저처럼 현실 속에서 이상을 보며 신도 악마도 될 수 있는 경세가가 필요하며, 그런 사람이 사실상 '황제'가 되어야 하는 것이다.

하버드 대학의 박사가 된 키신저는 잠시 힘든 시절을 보낸다. 곧바로 날줄 알았던 학계에 자리가 나지 않았기 때문이다. 1955년에는 굴지의 외교전문지인 『포린어페어스』의 편집장 자리를 노렸지만 역시 실패한다. 그런 그에게 하버드 대학의 학장인 맥조지 번디McGeorge Bundy가 일자리를 주선했다. 외교관계협회 스터디그룹에서 핵무기 관련 전문가로 발표와 토론 패널을 맡는 일이었는데, 그는 그 경험을 『핵무기와 외교정책Nuclear Weapons and Foreign Policy』에 담아 출간했다. 제한핵전쟁의 가능성이 제시된 이 책은 베스트셀러가 되었으며, 키신저라는 이름이 학계 밖에서도 알려지는 계기가 되었다. 또한 1956년부터는 국제관계학 세미나 시절부터 얼굴을 익힌 넬슨 록펠러와 친분이 돈독해지면서 록펠러 재단 산하의 특수 연구 프로젝트에서도 활동한다. 대통령의 꿈을 키우며 경세가의 미래를 준비 중이던 넬슨은 키신저에게 매료되었으며, 자신의 개인 자문역이 되어주는 대가로 연간 1만 2,000달러의 거액을 지불했다고 한다. 거물 정치인에 걸맞는 기량과 타의 추종을 불허하는 재력을 가졌지만 '할아버지(록펠러 1세)가 더럽게 모은 돈으로 키워진 인물'이라는 쑥덕거림이 늘 콤플렉스가 될 수밖에 없었던 넬슨과, 최고의 학력과 지적 능력을 갖추었지만 뿌리 뽑힌 이방인이라는 콤플렉스의 소유자인 키신저는 이해관계를 떠나 통하는 데가 있었을 것이다. 키신저는 1964년에 첫 아내인 앤 플레셔와 이혼하고 메리 히긴스를 아내로 맞아들였다. 그녀는 넬슨의 비서로 오랫동안 오른팔 역할을 해오다가, 키신저가 하버드 대학의 교수가 되자 넬슨의 배려로 키신저의 연인이 되었다. 넬슨과의 인연은 결국 키신저를 미국 최고, 아니 세계 최고의 권력층까지 끌어올려준다.

1957년, 소련이 스푸트니크 위성을 미국보다 먼저 발사해 미국 전역이 충격에 빠진 사건을 기회로, 키신저는 넬슨을 통해 더욱 적극적인 대외 정책을 촉구하는 정책 제안을 백악관에 제기하지만 무시된다. 하지만 이듬해

— 1971년 백악관에서 논의 중인 닉슨과 키신저. 닉슨은 중앙 정계에서 따돌림 당하고 있다는 생각을 떨쳐버리지 못했고 이는 키신저 같은 인재를 곁에 두고 싶다는 마음으로 이어졌다.

에 마침내 하버드 대학교수의 길이 열리고, 그는 학교에 들어가자마자 로버트 보위Robert Bowie와 함께 국제관계센터를 설립해 본격적으로 외교정책 전문가이자 싱크탱크 운영자로서 활동을 시작한다. 한편 넬슨은 1960년, 1964년, 1968년에 공화당 대선 후보에 도전하지만 매번 실패한다. 키신저는 그의 장자방張子房으로서 선거 전략을 짜주었다. 특히 1968년에는 강적인 리처드 닉슨Richard Nixon을 상대로 『닉슨 공략집』까지 만들며 총력전을 진두지휘했다. "닉슨이 한 말 바꾸기를 낱낱이 헤집어내라", "늘 음울한 표정의 닉슨과 대조되게 밝고 명랑한 분위기를 연출해라" 등의 매우 구체적이고 마키아벨리적인 조언이었다. 그런데도 넬슨은 당선되지 못했다.

닉슨이 제37대 대통령이 된 후 넬슨은 키신저를 그에게 소개했다. 닉슨은 본래 유대인에 대한 편견을 갖고 있었던 데다, 넬슨의 진영에서 그토록 자신을 몰아친 장본인이었으니 처음에는 냉담한 반응이었다. 그러나 곧 생각을 바꾸게 되는데, 정확한 동기는 알 수 없지만 아마 넬슨이 키신저를 가까이 했던 이유와 비슷했을 것이다. 닉슨도 유능한 정치인이며 현실 속에서 이상을 볼 줄 아는 '경세가' 자질이 있었지만, 콤플렉스가 대단했던 것이다. 먼 변두리(당시만 해도 별 볼 일 없었던 캘리포니아)의 이름 없는 대학(휘티어 대학, 나중에는 듀크 대학으로 적을 옮겼다)을 나온 그는 이른바 와스프 WASP: White Anglo Saxon Protestant('앵글로색슨계 개신교도 백인'으로, 동부 지역의 유서 깊은 가문 출신으로 명문 대학을 나온 미국의 전통적 엘리트층) 일색인 중앙 정계에서 따돌림 당하고 있다는 피해 의식을 떨쳐버리지 못했다.

그랬기에 유대인이지만 하버드 대학교수이며, 현대의 현인인 것처럼 철학 이론에서 세계정세까지 거침없이 언변을 구사하는 키신저 같은 사람을 곁에 두고 싶다는 마음이 불거질 법도 했다. 또한 그처럼 와스프가 득실거리는 의회와 내각을 우회해 백악관 중심으로 국정을 이끌고 싶다는 생각도 한몫해, 널리 유능한 인재를 얻어 보좌관으로 앉히려고도 했으리라. 그리하여 마침내 1969년, 키신저는 대통령 안보보좌관이 되어 고위 관료의 세계에 들어갔다. 그 뒤로 약 10년 동안, 그는 안보보좌관에 국무장관을 역임하며 미국 외교의 황제로 군림한다.

영웅 인 가
악 당 인 가

키신저는 "내가 미국에 '진짜 외교'를 가르쳐주었다"라고 입버릇처럼 이야기한다. 수백 년 동안 이웃끼리 전쟁과 평화와 동맹과 배신을 거듭하며 북적거려온 유럽에 비하면, 역사도 짧고 국경을 마주한 강국도 없는 미국은 외교술이라는 것을 발달시킬 동기가 부족했다. 또한 3대 토머스 제퍼슨Thomas Jefferson이나 4대 제임스 매디슨James Madison처럼 반쯤은 철학자였던 '건국의 아버지들'에 의해 세워진 나라인 만큼 고귀한 이상과 원칙에 대한 고려가 다른 정부보다 많은 편이었다(제퍼슨은 미국 영토를 삽시간에 두 배나 늘릴 수 있는 루이지애나를 매입할 적에 대통령이 과연 이런 결정을 할 권한이 있는지 망설였다). 영국과의 치열한 전쟁 끝에 건국되고 스페인, 프랑스, 러시아 등의 식민지를 몰아내면서 확장되어온 국가인지라 유럽에 관심을 갖지 않았을 뿐더러, 나라 밖 일에 상관하지 않는다는 고립주의 전통이 투철한 나라이기도 했다. 예외가 '제국주의적' 대외 정책을 추진한 시어도어 루스벨트Theodore Roosevelt 정권이라 하겠지만, 그 역시 아메리카와 태평양을 무대로 삼은 '확대된 고립주의'라고 풀이할 수 있었다.

그러나 제1차 세계대전 이후 사정은 달라졌다. 군사력과 경제력, 과학기술력에서 세계 최고가 된 미국은 어마어마한 인명 피해를 내는 전쟁을 억제하고 핵전쟁과 공산화라는 2대 악몽에서 세계를 구해줄 유일한 초강대국이라는 새로운 사명을 자타 공히 인식하게 되었다. 그런데 세계를 무대로 하는 외교라면 종전의 고립주의적 외교와는 차원이 달라야 할 것 아니겠는가? 이제 미국은 어떤 외교술을 쓰며, 어떤 대외 정책을 추구해야 하는가? 키신저는 바로 그 해답을 제시했다. 정면충돌보다는 어디까지나 타협에 의한 문제 해결을 지향하되, 무력과 계략도 필요하다면 서슴없이 사용한다. 반공의 깃발을 결코 내려놓아서는 안 되나 때로는 적의 적과 친구가 될 필요도 있고, 민주주의의 가치를 받들되 필요하면 독재 정권도 옹호해야 한다.

그런 기조에 따라 그는 베트남전쟁을 마무리 짓고(그 공로로 1973년에 노벨 평화상을 받았는데, 평화회담의 상대편이던 북베트남의 레둑토黎德壽는 베트남이 아직 평화롭지 못하다면서 수상을 거부했다), 중국과 국교를 재개하고, 소련과 전략무기 감축 협상을 하고, 중동 분쟁을 해결했다. 존 케네디John Kennedy 이래 이른바 호랑이 등에 탄 형국으로 발을 빼지 못하고 있던 베트남의 수렁에서 결단을 내린 것도 키신저의 실용주의며, 골수 반공주의자로서는 까무러칠 일인 소련과의 데탕트, 중국과의 수교를 성사한 것도 키신저의 실용주의였다. 건국 이래 서로의 파멸만을 갈망했던 이스라엘과 아랍의 중간에 들어가서 이스라엘을 달래는 한편, 아랍권 지도자 중에서는 매우 현실주의적이었던 이집트의 안와르 사다트Anwar Sadat에게 접근해 두 나라의 역사적인 화해를 이끌어낸 것도 키신저의 실용주의였다.

그러나 이는 동전의 한쪽 면일 뿐이다. 키신저는 미국의 영광을 이룩한 영웅이라는 찬사만큼 미국의 이상을 더럽힌 악당이라는 비난을 수없이 들어야 했다. 그런 견지에서 크리스토퍼 히친스Christopher Hitchens는 『키신저 재판』에서 자신이 미국의 외교를 일신했다는 키신저의 자평에 "공개적이고 민주적으로 제안되던 외교를 비밀스럽고 더러운 외교로 바꾸었을 뿐이다"라고 쏘아붙였다. '대를 위해서는 소를 희생할 수밖에 없다', '국제무대에서는 우리 편이 선이고 반대편이 악이다', 이런 단순하고 진부한 규칙에 충실하느라 숱한 악에 눈을 감았으며, 많은 경우에는 스스로 악을 행하기도 했다는 것이다.

1971년에 동파키스탄(오늘날의 방글라데시)에서 민주적인 투표로 분리독립이 결정된 것을 파키스탄 정부가 무자비하게 탄압했음에도 키신저는 그저 관망했고(파키스탄의 야히아 칸Yahya Khan에게 중국과의 화해 중재역을 맡기고 있었기에), 1974년 키프로스에서 극우파가 쿠데타를 일으켜 마카리오스 3세를 내쫓았을 때도 침묵했으며(쿠데타 세력이 그리스의 사주를 받았으며 미국은 그리스와 동맹 관계였기에), 1975년 인도네시아가 동티모르를 침공해 학살을 자행했을 때는 오히려 인도네시아 편을 들었다(동티모르가 좌경화될 우려가 있다고 해서). 그리고 1973년 칠레의 살바도르 아옌데Salvador Allende 정권, 1976년 아르헨티나의 후안 페론Juan Peron 정권이 쿠데타로 무너지는 과정은 적극적으로 개입하고 공작했다. '세계 평화의 사도'라지만 따져보면 자국의 국익이 문제될 때만 평화를 위해 개입할 뿐이고, '자유민주주의의 수호자'라지만 냉전 논리를 앞세워 민주 정권 전복을 방치 혹은 조장하고 독재 정권을 옹호했을 뿐이다. 오늘날까지 세계의 수많은 진보 지식인과 정치인이 비난하는 미국 대외 정책의 패턴을 정착한 장본인이 바로 키신저였던 것이다.

물론 키신저는 변명할 것이다. 그것은 경세가가 짊어지지 않으면 안 될 십자가라고. 페리클레스든, 메테르니히든, 중국의 관중管仲이든 시대를 움직인 경세가는 모두 그처럼 어두운 면을 가지고 있었다고. 그리고 인간이

— 키신저는 미국의 영광을 이룩한 영웅이라는 찬사만큼 미국의 이상을 더럽힌 악당이라는 비난을 수없이 들어야 했다. 숱한 악에 눈을 감았으며, 많은 경우에는 스스로 악을 행하기도 했다는 것이다.

얼마나 악해지기 쉬운지, 민주주의 국가의 시민이 얼마나 무관심해지기 쉬운지 생각하면 그런 경세가와 이중적인 행동의 필요성에 수긍이 안 가는 것도 아니다.

　그러나 반성하고 개선하려고 애쓰는 자 또한 인간이다. 그런 반성이 없다면, 필요악에 대해 눈을 감아버리는 일이 일상화된다면, 우리는 모두 악마가 되리라. 이른바 경세가라는 사람들도 한때 시대정신의 권화權化가 되어 시대의 번영을 이룩했을지 몰라도, 결국에는 몰락 또한 재촉하지 않았는가. 페리클레스는 왜 펠로폰네소스전쟁을 막지 못했는가? 메테르니히는 이미 깨어나버린 시민들의 자유정신을 언제까지나 억압할 수 있다고 여겼는가? 비스마르크의 능수능란한 외교술의 끝은 바로 세계대전이 아니었던가?

키신저는 1980년에 공직에서 은퇴했다. 하지만 그 뒤로도 그의 영광은 별로 빛이 바래지 않았다. 최근에도 북한 핵문제에 대한 자문을 한국 정부에 해주었을 정도로, 90세를 넘기도록 세계 각지에서 자문과 강연 요청이 끊이지 않는다. 1982년부터는 유대계 금융 재벌인 바르부르크 가문의 후원으로 '키신저앤드어소시에이츠'라는 자문·로비 단체를 만들어 기업적으로 활동 중이다. 10대 후반에서 20대 전반까지 공부와 잡일밖에 할 일이 없던 그는 백악관에 있을 때부터 최근에 이르기까지 세계적인 명사로서 낮에는 화려한 리셉션을, 밤에는 질펀한 파티를 즐기면서 각종 스캔들을 일으킨 것으로 알려져 있다. 그가 단순한 쾌락주의자이기 때문일까? 아니면 아무리 술을 마시고 여자를 희롱해도 채워지지 않는 아쉬움이, 먼 옛날에 축구공을 가지고 노는 것만으로 만족했던 시절에 잃어버리고 만 것에 대한 아쉬움이 있기 때문일까? '가장 성공한 유랑민'으로서의 아쉬움이?

이제 그 유랑을 마치고 조상들의 목적지로 갈 날이 올 때, 그는 무슨 생각을 할까? 마지막으로 어떤 말을 남길까? '다 이루었다'일 것인가? '로즈버드*(영화 〈시민 케인〉에서 언론 재벌인 주인공이 죽기 전에 중얼거린 말)'일 것인가?

★ 그를 알던 사람들은 이 말이 무슨 뜻인지 몰라 당황하는데, 결국 주인공이 어린 시절 타고 놀던 나무 썰매에 새겨진 말이라는 사실이 밝혀진다. 즉 '로즈버드'는 아무리 부와 권력을 쌓은 사람일지라도 생의 마지막에는 어린 시절의 무구한 즐거움을 그리워한다는 뜻이다.

제 6 장

현 대 의   초 상

경
제
·
경
영
학
자
들

● 유대인의 가장 전형적인 이미지는 무엇일까. '공부벌레', '천재' 등도 있겠지만, 이는 대체로 현대에 형성된 이미지다. 아마 최근까지 여러 세기에 걸쳐 서구인들이 떠올려온 유대인이라면 셰익스피어의 『베니스의 상인』에 나오는 샤일록, 옹졸하고 야비하며 돈밖에 모르는 모리배의 이미지일 것이다. 기독교도인 평신도에게 대금업을 금지했던 중세 기독교 사회의 관습은 교회와 비기독교도인 유대인에게 대금업을 도맡게 했고, 그 결과 서서 꾸고 앉아서 돌려주기 마련인 사람의 심리가 유대인들에게 '인정머리 없는 수전노'라는 이미지를 씌운 것이다.

현대에 이르러서조차 '유대인은 돈 계산이 빠르다'는 이미지가 수그러들지 않아, 존 록펠러John Rockefeller나 조지프 슘페터Joseph Schumpeter처럼 유대인 혈통이나 전통과 무관한 사람에게까지 유대인이라는 소문이 따라붙게 만들었다. 유대인이면서 경제·경영학에서 뚜렷한 업적을 남긴 사람도 많다. 18세기 고전 경제학자 데이비드 리카도David Ricardo를 비롯해, 수리경제이론을 파고들어 일반균형이론과 후생경제학 발전에 공헌한 케네스 애로Kenneth Arrow, '레온티예프 역설'로 유명한 바실리 레온티예프Wassily Leontief, 세계에서 가장 많이 팔린 경제학 교과서를 저술한 폴 새뮤얼슨Paul Samuelson, 신자유주의의 초석을 세운 미제스와 프리드먼, 경영학이라는 학문의 대부로 평가받는 드러커, '불완전한 정보'라는 조건을 놓았을 때 경제 행동을 파악해낸 조지프 스티글리츠Joseph Stiglitz, 저명한 경제학자이자 미국 연방준

비제도이사회 의장으로 세계경제를 쥐락펴락해온 인물인 앨런 그린스펀Alan Greenspan 등이

그런 예다(역대 노벨 경제학상 수상자 3명 중 1명 이상이 유대인이다).

그러나 같은 유대인 경제학자라고는 해도 이들이 하나의 경제철학만을 내세우는 것은 아니

다. 미제스나 프리드먼 같은 시장 자유주의자들이 있는가 하면, 사회가 시장을 통제해야 마

땅하다는 사회주의자들도 있다. 마르크스부터 그렇고, 로자 룩셈부르크나 해럴드 래스키

Harold Laski도 그렇다. 먼저 소개할 칼 폴라니는 '마르크스 이래 자본주의에 가장 결정적인

비판을 제기한 학자'로 손꼽힌다. ●

칼 폴라니

공동체가 우리를
구원할 것이다

★
Karl Polanyi, 1886.10.21~1964.4.23

비 범 한 부 모 와

비 범 한 자 식 들

칼 폴라니는 1886년 10월 21일, 세기말 빈에서 헝가리계 유대인 아버지와 러시아계 유대인 어머니 사이에서 태어났다. 그러나 그는 평생 오스트리아인도 유대인도 아닌 헝가리인의 정체성을 지켰으며, 유대인답게 세계 곳곳을 떠돌았지만 헝가리 땅에 묻혔다.

그는 매우 유별난 집안에서 태어난 셈이었다. 아버지 미하이 폴라섹(자신은 죽을 때까지 이 토속적인 성을 고집했지만, 자녀들에게는 부드럽게 들리는 폴라니로 개명하는 것을 허락했다)은 과격 학생운동가였다가 철도 엔지니어로, 다시 철도 사업가로 변신해 당대에 '헝가리의 철도왕' 반열에 올랐지만 무리한 투자 끝에 파산한 풍운아였다. 어머니 세실리아 볼은 20대 여학생 시절에 과격 폭력혁명단에 가입해 학교 실험실에서 폭탄을 만들었다고도 하고, 체포를 피해 오스트리아로 와서 사교계의 명물이 된 뒤 '백작부인 출신'이라는 소문을 달고 다녔지만 실제로는 랍비의 딸이었다. 아무튼 인생을 평범하게 살지 말 것! 기존의 권력에 순응하지 말고 저항과 진보의 삶을 불태울 것! 이것이 부부가 음과 양으로 자녀들에게 던져준 교훈이었다.

폴라니 가족에게 들은 이야기를 토대로 드러커가 자서전에 써놓은 이야기에 따르면, 폴라니는 4남 1녀 중 3남이었으며 형제들은 한결같이 비범했다. 유별난 교육 방식 덕분이었다. 한창 부유했던 시절, 그들은 자녀를 외딴 성에 가두고는 외부와의 접촉은 물론 형제자매끼리의 접촉마저 금지한 채 가정교사들과의 맹렬한 '가정학습'으로 날을 새우도록 했다는 것이다. 말로는 "장 자크 루소Jean Jacques Rouseau의 가르침대로 아이들을 완전한 자연 상태에서 자기 주도 학습을 하게끔 한 것"이었다지만, 드러커가 전하는 폴라니 이야기가 대체로 그렇듯 진실성은 다소 의심스럽다.

하지만 폴라니 형제가 모두 비범한 인물이 된 것은, 서로 특별한 영향을 주고받는 일 없이 심지어 나라까지 달리 선택해서 활동한 점은 어김없는 사실이었다. 형 오토는 이탈리아로 가서 아버지처럼 엔지니어가 되었다가 경영자로 대성했는데, 철도가 아니라 자동차였으며 유명한 피아트자동차가 그가 창립한 회사였다. 그는 이탈리아 공산당을 후원하며 혁명을 꿈꾸는 진보주의자기도 했는데, 끝에는 그만 자신의 이상에 맞는 인물로 베니토 무솔리니Benito Mussolini를 선택하고 파시즘 운동을 지원하다가 좌절에 빠진다. 둘째인 아돌프는 브라질로 이주해 건축에 종사했는데, 문명과 야만이 뒤섞인 이 나라야말로 이상적인 사회를 이룰 수 있으리라 보았고 건축, 미술, 도시계획 등에서 자신이 한몫하리라고 믿었지만 끝내 "브라질도 자본주의의 물이 들고 말았다. 이 나라는 또 하나의 일본일 뿐"이라며 실패를 자인했다. 셋째이자 유일한 딸인 무지는 헝가리에 머물며 민족음악의 선구자가 되었는데, 농촌 운동에도 관심을 가지고 그쪽에도 재능을 보였다. 그녀의 추종자 중에는 전후 유고슬라비아의 통치자가 될 요시프 티토Josip Tito와 이스라엘의 키부츠 공동체의 밑그림을 그린 프란츠 오펜하이머Franz Oppenheimer도 있었으며, 모두 그녀의 가르침을 응용한 협동 노동 공동체 건설에 주력했다. 막내 마이클은 독일로 가서 과학을 전공, 아인슈타인의 제자가 되었지만 노벨상 수상자로 거론되던 중에 과학철학으로 전향했고 나중에는 윤리학자가 되었다.

폴라니는 누이처럼 헝가리에 머물면서 법학을 전공했다. 정치 운동이나 사회운동에 유독 관심이 많았던 그는 대학 시절에 '갈릴레이 쾨르(서클)'라는 진보적인 지식인 모임을 꾸리고 회장이 되었다. 당시 헝가리의 가장 재능 있고 진보적 색깔이 뚜렷한 청년들을 끌어들인 이 모임에는 루카치, 카를 만하임Karl Mannheim 등도 가입해 활동했다.

그는 부다페스트의 콜로스바 대학에서 법학 박사를 받고, 이듬해에 삼촌의 법률 회사에서 일을 배우고, 2년 뒤에는 변호사가 되었다. 그러나 그

— 폴라니는 전쟁터에서 짬이 날 때마다 책을 손에 들었는데, 셰익스피어의 『햄릿』이었다. 그림은 헨리 푸젤리의 〈허레이쇼, 햄릿, 유령〉.

는 변호사 일을 극히 싫어했다고 한다. 결국 '지식인 백수'의 길에 들어선 그는 그사이에 잡지 『차바곤돌라트(자유사상)』 편집장이 되었다가 1914년에는 급진당을 창당해 28세의 나이로 당수가 되었다. 그러나 '들보잡' 수준을 벗어나지 못했으며, 1년 뒤에는 제1차 세계대전에 징집되어 오스트리아 군 장교로 러시아 전선에 나가 싸워야 하는 처지가 되었다.

누구보다 생명 존중과 인간에 대한 온정을 중시했던 그가, 이제는 조국으로 여기지 않는 오스트리아를 위해 자본주의자들이 일으킨 전쟁을 수행해야 한다! 변호사 일보다 몇 배나 싫은 일을 해야 하는 그는 심각한 우울 상태에 빠져들었던 것 같다. 그는 전쟁터에서 짬이 날 때마다 책을 손에 들었는데, 『자본론』도 『성경』도 아닌 셰익스피어의 『햄릿』이었다. 그는 "죽을 것인가, 살 것인가, 이것이 문제로다"라는 구절을 수십 차례나 되풀이해 읽었다고 한다. 죽음이 도처에 깔린 곳에서 살아야 할 이유를 찾을 수 없는 지금, 과연 이대로 살아가야 할 것인가? 살려고 한들 내일 당장 죽음이 찾아올 수도 있지 않은가? 차라리 스스로 명예로운 죽음을 택할까? 그렇다면 과연 그놈의 명예로운 죽음이란 무엇인가? 이런 의문이 30대에 갓 들어선 전직 변호사, 전직 편집장, 전직 당수의 뇌리를 끊임없이 파고들었다.

결국 폴라니는 1917년에 폐결핵에 걸려서 이후의 전쟁을 야전병원 침대에서 보내게 된다. 이런 식으로 폴라니 가문의 셋째 아들도 남다른 재능과 이상을 꽃피우지 못하고, 실패자의 대열에 들어서는가 싶었다.

누가 월급을
자기를 위해 쓴답니까?

                             그러나 빈의 병원에서 치료 중이던 그는 예기치 않은 행운과 마주한다. 바로 평생의 동지이자 반려자가 될 일로나 두친슈카와의 만남이었다. 폴라니보다 11세 어린 그녀 역시 폴라니의 어머니처럼 여간내기가 아니었다. 헝가리 국유철도 총재의 딸로 17세 때 반전주의 활동가로 체포된 경력도 있었으며, 지하 공산당의 지도자로 당시 헝가리를 이끌던 우파 정치인 이스트반 치차István Tisza 암살 계획에도 가담한 적이 있는 젊은 여성 혁명가였다.

이 '좌빨 남녀'의 만남과 사랑은 절망 상태에 있던 폴라니에게 삶의 희망을 주었으며, 직후에 전쟁은 끝났다. 패전국이 된 헝가리는 기존 정부가 무너지고 온건 우파인 카로이 미하이Károlyi Mihály의 공화당 정부로 바뀌었다. 폴라니는 비록 좌파였지만 이 정부에 희망을 걸고 지지했다. 그러나 희망의 나날은 오래가지 않았다. 1년 뒤, 쿤이 쿠데타를 일으켜 정권을 잡은 것이다. 그는 유대인이었고 각료 중에도 유대인이 많았으며(폴라니의 옛 친구 루카치도 포함되어 있었다), 무엇보다 볼셰비키 혁명 노선을 추종하는 좌파였다. 그러나 폴라니는 쿤의 독재와 공포정치에 비난을 퍼부었으며, 루카치에게도 매운 말을 아끼지 않았다. 이는 탄압으로 돌아와, 폴라니가 편집장을 맡아 운영하던 『차바곤돌라트』가 강제 폐간되었다.

좌익 독재는 우익 독재로 이어졌다. 호르티가 이끄는 극우파 쿠데타가 일어난 것이다. 헝가리에 더는 희망이 없다고 본 폴라니는 1920년에 빈으로 떠났다. 얼마 뒤에는 폰 노이만도 뒤를 따라 폭력과 반유대주의가 판치는 헝가리를 떠날 것이었다. 빈에 온 폴라니와 일로나는 정식으로 결혼하고, 아이도 가졌다. 그러나 생계 수단이 막막했다. 이미 30대 중반이 된 폴라니의 경력은 별로 쓸 만한 게 없었고, 그나마 헝가리에서나 통하던 것이었다. 헝가리인을 위한 주간지 『베씨 마자르』 편집 일을 거들어보았지만 돈이 되지는 않았다. 폴라니는 외국어 강습이나 번역, 미술 교습 등 돈 되는 일을 닥치는 대로 하면서, 남는 시간에는 정치, 경제, 문학, 미술 등 온갖 장르의 글을 열심히 써내려갔다.

그러던 폴라니에게 여유가 생긴 것은 1924년, 『오스트리아 이코노미스트』의 국제 전문 기자 겸 편집자로 발탁된 때였다. 권위 있는 경제지였던 이 신문의 봉급 수준은 상당했다. 그러나 3년 뒤에 폴라니와 처음 만나, 그의 집에 초대받은 드러커는 어안이 벙벙해질 수밖에 없었다고 한다. 대체 그 많은 수입은 어디로 갔는지, 폴라니 부부와 어머니, 딸 카리는 빈 외곽의 다 쓰러져가는 빈민촌에 살고 있었다. 식사는 드러커가 기함할 정도로 초라했으며("설익은 감자 몇 개! 오직 그것뿐!"), 가족들은 또 어디서 돈을 벌어서 적자를 메울 것인지 입씨름을 벌였다. 참다못한 드러커가 봉급은 어떡하고 이러고 사느냐고 물으니, 그들은 세상에 이상한 소리를 한다는 반응을 보였다고 한다.

"누가 자기 월급을 자기를 위해 쓴답니까?"

"다들 그러는데요."

"우리는 그 '다들'이 아니에요!"

일로나는 "지금 빈에는 헝가리를 도망쳐 나온 헝가리 난민이 많고, 그들은 모두 변변한 직업도 없이 궁핍하게 살고 있다. 우리는 돈을 버니까, 당연히 그들에게 베풀어야 한다"라고 설명했다.

감동적인 이야기다. 그러나 혁명가를 넘어서 성자聖者에 가까운 이런 태도가 과연 100퍼센트 진실이었는지는 의문이다. 폴라니가 아무리 이상주의자라고 해도 "누가 자기 월급을 자기를 위해 쓴답니까?"라는 질문을 할 정도는 아니지 않았을까? 그렇게 눈처럼 흰 마음을 가진 사람들이라면 왜 소소한 돈을 벌 궁리를 하느라 입씨름을 벌였을까? 아무 근거는 없지만, 당시의 폴라니 가족은 드러낼 수 없는 다른 어떤 이유, 가령 정치자금이나 혁명운동 자금을 대는 이유로 수입의 대부분을 쓰고 있었던 것일지도 모른다.

아무튼 『오스트리아 이코노미스트』 일자리가 폴라니에게 경제적 여유는 별로 주지 못했을지라도, 사상적 여유는 확실히 제공했다. 그의 이름이 빈 지식인 사회에 알려지면서 여러 학우와 라이벌이 생겼기 때문이다. 드러커도 학우의 하나였던 셈이고, 포퍼도 이때 만나 친구가 되었다(포퍼는 "나의 사회과학 방법론에 대해 폴라니는 '그것은 자연과학 방법론에 더 가까워 보인다'라며 비판했다"라고 당시를 회상했다). 헝가리에서의 경험으로 볼셰비키에게 넌더리가 난 폴라니는 온건한 페이비언 사회주의와 기독교 사회주의에 이끌렸다. 한편 미제스 같은 오스트리아 경제학파는 그가 이 시절에 최대의 논적으로 삼은 대상이었다. '설익은 감자 몇 개' 밖에 내놓을 수 없었지만, 폴라니의 집에서는 종종 뜻이 맞는 지식인 몇몇이 모여 토론으로 밤을 새우는 작은 세미나가 열렸다. 폴라니는 그런 자리가 정말 좋았다. 자신이 행복한 사람이라 여겼고, 영원히 그런 삶이 계속되기를 바랐다.

"사 회 를 복 원 해 야   한 다"

20세기 초 빈에 거주하던 유대인에게 닥쳐온 운명은 폴라니에게도 예외가 아니었다. 1933년, 나치가 집권하고 모든 공직과 중요한 직책에서 유대인을 추방함에 따라, 폴라니도 『오스트리아 이코노미스트』에서 나오게 되었다. 유대인을 대상으로 하는 폭력과 광기가 날로 심해지자, 폴라니는 다시 짐을 싸야 한다는 결론을 내렸다. 그리고 영국으로 떠났다.

우울한 잿빛 도시 런던. 그러나 일찍이 마르크스와 레닌이 연구하던 곳이기도 했다. 폴라니는 그 땅에 와서 두 번 놀랐는데, 하나는 그때 막 출간

된 마르크스의 『경제학-철학 수고』를 읽고 자신이 알고 있던 마르크시즘의 틀을 깨는, 인간 자율성에 대한 믿음과 인간소외에 대한 비탄을 찾아낸 때였다. 다른 한 번은 오스트리아나 헝가리에 비해 훨씬 경제가 발전한 선진국인 영국의 노동자들이 오히려 중부 유럽 노동자들보다 못한 삶을 살고 있다는 현실을 알았을 때였다.

그리하여 이곳 런던에서 폴라니 평생의 사상이 갈무리되고 융합되어 본모습으로 완성되어 갔다. 유대교의 숙명론, 기독교의 자유와 박애 사상과 사회주의적 응용, 초기 마르크스주의의 인간학과 소외론, 로버트 오언Robert Owen의 공동체주의적 사회주의……. 사상적 완성을 이룬 폴라니는 1935년에 조지프 니덤Joseph Needham, 라인홀드 니부어Reinhold Niebuhr 등 당대의 쟁쟁한 지식인들이 참여한 『기독교와 사회혁명Christianity and social revolution』의 한 장인 「파시즘의 본질」을 저술, 영국 지성계에서 호평을 받았다. 그리고 1937년부터 일종의 사회인 교육체제인 노동자교육협회에서 경제사를 강의해 생계 수단을 확보하는 한편, 강의 준비 과정에서 필생의 저작 『거대한 전환』의 틀을 잡아나갔다. 폴라니가 세계적인 사상가로 떠오르는 계기는 드러커가 마련해주었다. 1940년, 미리 미국에 가 있던 드러커의 추천으로 미국 버몬트주의 베닝턴 대학에서 '록펠러 펠로' 초청을 받은 것이다. 몇 년 전 스트라우스도 받은 록펠러 기금을 활용해 시장자본주의를 가장 통렬하게 반대하는 책이 나오게 된 것은 아이러니지만, 폴라니는 미국에 머물던 시절 『거대한 전환』을 저술해 1944년에 출간한다. 우연히도 시장 만능을 역설하는 책의 챔피언 격인 하이에크의 『노예의 길』이 나온 해였다.

『거대한 전환』에서 폴라니는 마르크스를 포함한 대부분의 경제사가들의 통념을 산산이 부수어버린다. 시장은 태초부터 존재한 것이 아니라 극히 최근의 산물이며, '보이지 않는 손'이 수요와 공급의 메커니즘에 따라 모든 것을 합리적으로 결정한다는 시장자본주의는 수천 년 동안 사회에 자연스레 뿌리내려 '내재되어' 있던 경제 관계를 파괴하고, 사회 자체의 동학動學까지 파괴하고 말았다. 이는 슘페터가 말한 '창조적 파괴'와도 일맥상통했다.

　그러나 슘페터가 "더 많은 물자가 생산되어 더 많은 사람에게 더 싼 값에 돌아갈 수 있다면, 전통 방식의 생산자들이 일자리를 잃는다 해서 무슨 해로움이 있는가?"라고 여겼던 반면, 폴라니는 그것이야말로 근본적인 문제라고 여겼다. 인류에게 친숙한, 수천 년 동안 내재되어 있던 경제는 "손익의 합리적 계산에 따른 이익 극대화 원칙"에 따라 움직이는 것이 아니었다. 가령 인디언 사회에서 행해진 '포트라치potlatch'는 개인이 이익을 극대화하기는커녕, 더 많은 손해를 보기 위해 경쟁하는 관습이다. 상대방이 많은 선물을 가져다주면, 나는 그보다 많은 선물을 상대방에게 주어야 하는 것이다. 폴라니는 포트라치 같은 경제 관습은 이런저런 형태로 모든 전통 사회에 자연스레 내재되어 있었고, 그 사회는 물자를 순환시키고 구성원의 필요를 충족시키는 데 결정적인 기능을 해왔다고 말한다.

　그러나 신고전주의와 신자유주의 경제학자들이 이야기하는 '합리적 사고'가 인클로저 운동 이래 점점 두드러지기 시작했으며, 이는 최소 비용으로 최대 편익을 추구하는 것만이 경제라는 신화에 따라 마침내 19세기 세계를 정복했다. 본래 필요한 물자의 교환에만 쓰이던 시장은 역사상 최대의 힘을 얻고, 노동과 화폐와 토지까지 좌우하게 되었다. 그리고 국가는 그런 시장 지배 체제를 유지하기 위한 호위병으로 호출되었다. 이런 체제는 필연적으로 인간을 소외시키고, 사회를 붕괴시켰다. 한편으로 사회도 이런 시장의 폭력에 순응하지 않았는데, 사회를 보호하기 위한 운동(정부의 개입, 노동자들의 파업, 보호무역 등)은 시장 운동과 충돌하면서 문명 전체를 붕괴할 파괴력을 발휘하고야 만다. 폴라니가 보고 겪은 19세기 말과 20세기 초의 세계사가 바로 그 과정이었다. 자유방임주의와 금본위제는 제1차 세계대전 후 각국의 초超인플레이션 등 경제 위기를 불러왔고, 이를 각국이 보호무역으로 해결하려다 보니 제2차 세계대전이 불가피해졌다는 것이다. 히틀러니 나치니 반유대주의니 하는 것은 외피에 불과할 뿐이었다.

따라서 이제 우리가 할 일은 시장자본주의의 파산을 직시하고, 경제를 본래대로 사회에 내재된 형태로 돌려보내는 일이다. 노동, 화폐, 토지를 시장의 굴레에서 해방해 공동체의 틀에 맡기는 일이 되리라. 이런 폴라니의 처방은 사회주의적이면서도 역사유물론을 주장하는 정통 마르크스주의와는 동떨어진 것이었고, '본향의 회복'을 갈구한 베냐민의 사상과는 엇비슷한 것이었다.

진리를 통해
자유로워지기

폴라니가 이처럼 독특하고도 강렬한 사상을 내놓게 된 배경에는 그의 개인사가 숨어 있다. 그는 어려서 유대교의 가르침과 교사 말고는 부모도 형제도 만날 수 없는 환경(정확히 어떤 모습이었는지는 불분명하나)에 접했으며, 이는 '세상에는 피할 수 없는 숙명이 있다. 죽음과 고독이다'라는 인식을 가져왔다. 최고의 고독은 개인의 사망이며, 그것은 아무리 사랑하는 사람이라도 공유할 수 없는 절대적인 소외다("죽을 것인가, 살 것인가"). 소외는 의식 속에 개인을 소환하는데, 모든 개인이 죽는 운명인 이상 인생은 비극일 수밖에 없다. 그리고 개인은 죽음의 전망 앞에 '이익을 어떻게 할 것인가?'라는 선택을 하게 된다. 삶이 유한하다면 그동안 최대한의 쾌락을, 즉 이익을 맛보는 것이 현명하다는 생각을 할 수도 있다. 그것이 신자유주의적 생각이다. 반면 어차피 죽음이 찾아올 것이므로 어떤 것도 무익하다고 여길 수도 있다. 그것이 단지 염세주의로 끝나지 않으려면, 개인은 사랑과 나눔으로 개인의 경계를 초월하고 이익을 스스로에게 돌릴 것이 아니라("누가 자기 월급을 자기를 위해 쓴답니까?"), 공동체를 위해 바칠 필요가 있다. 그것이 폴라니가 이해한 기독교의 가르침이며, 이런 헌신과 희생을 자발적으로 함으로써 인간은 참된 의미에서 자유로워질 수 있다. 개인의 소외와 절대 고독에서 자유로워지는 것이다.

그러나 이런 자유, "내키는 대로 해도 공동체에 거슬리지 않는從心所欲不踰矩" 자유를 누리려면 사회가 먼저 정의로워야 한다. 사회에 공동체를 살리는 제도와 관행이 없다면 인간은 정신적으로 이기주의에 빠질 것이며, 이를 초월하려는 사람은 십자가에 못 박힐 것이다. 이기주의자들밖에 없는 사회를 통제하려면 나치나 볼셰비키처럼 개인의 자유를 박탈하고 개인을 물건으로 취급해야 할 것이다. 폴라니는 기독교 자체에는 이 문제에 대한 해답이 없다면서, 오언 같은 사상가를 따르는 수밖에 없다고 한다. 그러므

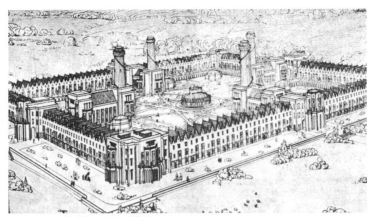

폴라니는 로버트 오언 같은 사상가를 따라 진리를 통해 자유로워지고, 자유를 유지할 공동체적 사회를 건설함으로써 영원히 행복할 수 있다고 보았다. 오언(왼쪽)과 그가 설립한 공동체 '뉴 하모니(위)'.

로 우리는 시장이라는 우상을 깨뜨리고, 진리를 통해 자유로워지고, 자유를 유지할 공동체적 사회를 건설함으로써 영원히 행복할 수 있다.

그의 '실패한' 형제들도 제각기 그런 목표를 추구했다. 아돌프는 브라질에서 정의로운 사회를 이룩하려고 했고, 오토는 자본가, 노동자, 농민 할 것

없이 모두가 하나로 힘을 합친다는 파시즘의 구호를 공동체주의로 오해했다. 드러커가 키부츠 공동체에 영감을 준 무지를 '실패했다'고 여긴 이유는 그녀가 결혼 후 자신의 재능을 쓰지 않고 평범한 생활을 했기 때문이지만, 무지는 나름의 정의롭고 평화로운 공동체를 찾은 것이다.

1940년대 후반, 예순을 넘기고 비로소 세계적 거장의 반열에 들어선 폴라니는 미국 컬럼비아 대학의 초청을 받아 객원교수로 재직했다. 그러나 미국도 결국 '약속의 땅'은 아니어서, 태동 중이던 매카시즘의 기준에 따라 과격 사회주의 운동 전력이 있는 아내의 미국 입국이 불허되었다. 그러자 폴라니는 거주지를 뉴욕에서 가까운 캐나다 온타리오 주의 피커링으로 옮기고, 아내와 살면서 컬럼비아 대학에 출퇴근했다. 그는 이매뉴얼 월러스틴Immanuel Wallerstein 등 경제사학자들에게 많은 영감을 주었고, 1953년에 퇴임한 뒤에는 문학이나 철학 등에 대해 쓴 예전 글을 발표하거나, 새로 기고하며 시간을 보냈다(1954년 『예일 리뷰』에 기고한 『햄릿』 비평도 그 하나다. 그는 "죽을 것인가, 살 것인가"를 고도의 관심을 기울여 분석한다). 그리고 마지막 때가 다가오자 '수구초심首丘初心'이 발동했던지, 1920년에 떠나온 헝가리를 43년 만에 방문했다. 그리고 이듬해인 1964년 피커링의 자택에서 숨졌다. 그의 유언에 따라 유해는 부다페스트의 공동묘지에 안장되었으며, 13년 뒤 아내의 유해도 그곳에 묻혔다.

시장자본주의에 대한 그의 공격은 참으로 통렬했지만, 그의 사후 명성은 오랫동안 하이에크나 프리드먼, 드러커에 비하면 아랫길을 면하지 못했다. 무엇보다 그의 '예언'이 빗나간 것으로 보였기 때문이다. 제2차 세계대전으로 시장자본주의 시대가 끝나고, 이제는 공동체주의 시대로 '거대한 전환'만 남았다고 한 그의 호언은 그 뒤의 역사와 전혀 부합하지 않았다. 다른 이유도 있겠지만, 폴라니는 경제를 지나치게 이분법적으로, 사회와 인간을 지나치게 일차원적으로 본 듯하다. 합리적 손익계산으로서의 경제와 공동체적인 경제는 과연 그렇게 모순되는 것일까? 인간은 분명 개인을 위해 사회를 붕괴하고 싶어하지 않는다. 그러나 근대 이후 시장경제는 이미 사회에 '내재' 되어버렸으며, 이를 억지로 끌어내리려면 그야말로 사회가 붕괴되고, 개인의 평화와 행복이 산산조각 나는 결과를 가져오지 않을까? 폴라니가 만악의 근원이라고 본 금본위제는 전후 브레턴우즈 체제에서 달러와 금이 연동됨으로써 유지되다가, 결국 미국의 금 보유량이 바닥난 1970년대에는 종말을 고했다. 그러나 이제는 금과 연동되지도 않는데 달러는 기축통화의 자리를 유지하니, 이는 달러의 사용이 현대 경제에 내재되어버렸기 때문이 아닌가?

최근에는 다시 폴라니가 조명받고 있다. 신자유주의의 문제점이 속속 드러나면서 그 이념을 가장 정면으로 부정한 사상의 주인공으로 소환되는 것이다. 하지만 시장의 비판을 시장의 파괴로 곧바로 연결해서는 위험하다. 이는 폴라니도 바라지 않으리라. 아무튼 누구나 "죽을 것인가, 살 것인가"의 선택의 기로에 설 필요는 없다. 죽어야만 할 때는 죽어야 할지도 모른다. 그러나 죽을 것 같더라도, 일단은 살아야 한다.

밀턴 프리드먼

일하기 싫은 자,
먹지도 마라

★

Milton Friedman, 1912.7.31~2006.11.16

공 부 벌 레 와
일 벌 레 의   삶

　　　　　　　　　　밀턴 프리드먼은 나치의 박해
이전에 일자리를 찾아 미국으로 이민 온 유대인의 자식이며, 독일계가 아
닌 동유럽계 유대인 2세다. 그는 미국 사회의 주변부에서 가난과 차별의
성장기를 겪었지만, 뛰어난 머리와 줄기찬 노력으로 중년에는 사회 엘리트
의 반열에 들었다. 이어서 만년에는 세계에서 가장 영향력 있는 사람이 되

었다. 그런 면에서 그는 '아메리칸 드림을 이루어낸 유대인'의 전형으로 여길 수 있을 것이다. 이는 어쩌면 어려웠던 성장기에서 우러난 프리드먼다운 메시지, 즉 '공짜 점심은 없다'는 메시지가 세상에 통했기 때문이다.

프리드먼의 아버지인 예노 프리드먼은 현재 우크라이나 지방인 베레호베라는 곳에서 살다가 1894년에 16세의 나이로 부모를 따라 뉴욕으로 왔다. 브루클린의 유대인 거주지에서 지내다가 같은 처지인 사라 에텔을 만나 결혼해 1남 3녀를 낳았고, 뉴저지로 가서 작은 구멍가게를 열어 먹고살았다. 프리드먼은 그의 막내이자 유일한 아들이었다. 그러나 프리드먼이 16세가 되던 1928년에 아버지는 50세로 사망한다. 가뜩이나 빠듯한 살림에 가장마저 세상을 등졌으니, 남은 가족의 삶이 얼마나 고단했을지는 뻔하다. 게다가 두 가지 큰 불운이 가족을 기다리고 있었다. 하나는 미국과 세계경제를 수렁으로 몰아넣는 1929년의 뉴욕발 대공황이고, 하나는 1920년대와 1930년대가 미국 사회에서 유대인 차별이 가장 악랄하게 불거져 나온 시절이라는 것이다.

많은 식당에서 '유대인과 개 출입 금지'라는 푯말을 내걸었고, 명문 대학과 대기업도 유대인에게 문을 닫았으며, 일부 주에서는 유대인의 공직 임명을 제한하기도 했다. 유대인은 미국 독립 당시부터 존재했지만 19세기 말에서 20세기 초까지 부쩍 이민자가 늘어 미국의 소수 인종 중에서 무시할 수 없는 숫자를 차지했는데, 자연히 '이방인이 사회에서 인식되는 제2단계' 즉 차별과 텃세의 단계를 겪었다. 사회의 극소수일 때는 흥미와 배려의 대상이 되지만, 어느 정도 머릿수가 늘었다 싶으면 경계와 탄압의 대상이 되기 마련인 게 예나 지금이나 집단 내 소수자들의 운명이다. 게다가 마침 러시아에서 일어난 사회주의 혁명이 '유대인들의 작품'이라는 인식이 생겼고, '유대인들이 세계를 지배하려고 음모를 꾸미고 있다'는 소문까지 겹치면서 한결 질시가 심해졌다.

　물론 그런 차별은 나치가 자행한 박해에 비하면 훨씬 가벼웠다. 그러나 비트겐슈타인이나 폰 노이만, 폴라니 등은 스스로 유대인임을 인식하지도 못할 만큼 차별 없는 유년기를 보냈다. 그들은 사회적 엘리트로 여유롭게 지내다가 성인이 되어서야 나치의 된서리를 맞았지만, 프리드먼 같은 사람은 철이 들 때부터 성장기 내내 '가볍지만 늘 계속되는' 차별을 숙명처럼 겪어야 했다. 개성 강한 젊은이가 이런 삶을 강요당하면, 보통 두 가지 중 한 가지 길을 걷는다. 첫 번째는 자포자기해 덧없는 방탕에 빠지거나 사회 자체를 증오해 반항아나 혁명아의 길을 가는 것이다. 프리드먼의 동년배 유대인 중에는 지하 사회주의 운동에 가입하는 사람이 많았다. 두 번째는 고난을 묵묵히 견디며, 더 나은 내일이 오리라 믿고 출세를 위해 한껏 절제하며 공부에 매달리는 것이다.

　프리드먼은 후자였다. 그는 아르바이트를 하면서도 주경야독하며 고등학교를 조기 졸업했고, 하버드나 예일 등의 명문대에서 그가 유대인이라는 이유로 입학을 꺼리자 더 온건한 러트거스 대학에 장학생으로 진학했다. 그러나 장학금으로는 겨우 학비만 충당했을 뿐, 식비는 일해서 벌어야 했다. 그 후 그는 박사학위를 받을 때까지 약 10년을 노상 돈에 쪼들리며 공부벌레와 일벌레의 삶을 병행하며 살았는데, 뭐 하나라도 몸을 놀려 돈을 벌어야만 손에 넣을 수 있었던 생활에서 얻은 삶의 교훈이 '공짜 점심은 없다'는 것이었다.

세상은 뭐든 기브앤드테이크다. 설령 아무 대가가 없는 듯한 선행조차 도덕적 만족감이나 명예욕이라는 효용을 '구매'한 것이며, 따라서 손해 보지 않고 살려면 자신의 시장가치를 높이기 위해 늘 노력해야 한다. 사회의 변두리에서 죽어라 일해야 입에 풀칠할 수 있는 상황을 보고 겪으며, 트로츠키나 엠마는 '세상은 썩었다! 세상은 불공평하다'라고 깨달았다. 그러나 프리드먼은 '공짜 점심은 없다'는 것을 깨달았다. 불공평하다고? 세상은 언제나 그렇지 않았는가? 유대인을 차별한다고? 세상은 언제나 그렇지 않았는가?

시카고 학파의
태동

1932년에 러트거스 대학을 졸업한 프리드먼은 시카고 대학 대학원 경제학과에 입학했다(이 학교도 인종문제에 관대한 명문대 중 하나였다). 이때부터 그가 불운은 타고났는지 몰라도 적어도 인복은 있었음이 드러나는데, 가장 값진 만남은 대학원 동기였던 로즈 디렉터와의 만남이었다. 그녀 역시 가난을 딛고 일어선 유대인 이민 2세였으며, 두 사람은 곧 열렬한 사랑에 빠졌고 4년 뒤에 결혼한다. 그녀는 박사학위는 받지 않았지만 역시 명석한 두뇌의 소유자로, 남편의 작업을 음으로 양으로 도왔다. 게다가 그녀의 오빠, 즉 프리드먼의 처남이 될 아론 디렉터는 프리드먼을 하이에크가 주도하고 있던 몽펠르랭협회에 소개해주었다. 그는 이곳에서 신자유주의 경제사상을 발전시킨다. 세상이 온통 케인스 경제학으로 뒤덮여 있던 당시, 이는 대책 없는 비주류의 길을 선택하는 것처럼 보였다. 그러나 공짜 점심은 없다고 굳게 믿고 있던 프리드먼은 시장 중심적 사고방식이 편하고 좋았다. 그가 보기에 정치는 변덕스럽고 위험하며 '미개한' 것이었다. 그가 뉴저지에서 날품팔이를 할 때 정부가 그에게 무엇을 해주었나? 바다 건너 부모의 고향에서는 정부가 그의 동족에게 무슨 짓을 하고 있었나? 반면 시장은 언제나 가격에 맞추어 대우해준다. 진정 순수한 시장이라면, 공들여 만든 상품의 가치를 외면하지는 않으리라. 유대인의 손으로 만들어진 것이라고 해도!

1933년에 그는 더 나은 장학금을 제시한 컬럼비아 대학으로 옮겼다가 이듬해에 다시 시카고 대학으로 돌아왔는데, 그사이에 계량경제학의 대가였던 해럴드 호텔링Harold Hotelling과 웨슬리 미첼Wesley Mitchell의 강의를 듣고 많은 영향을 받았다. 시카고 대학으로 돌아와서는 역시 계량경제학에서 뛰어난 업적을 남긴 헨리 슐츠Henry Schultz의 조교로 근무했으며, 그의 소개로 아내와 함께 국가자원위원회 연구원으로 근무했다. 1937년에는 미국경제연구소에서 사이먼 쿠즈네츠Simon Kuznets의 조교로 일했으며, 이때 쿠즈네츠의 지시에 따라 전문직 소득을 연구한 결과 프리드먼 고유의 '항상소득가설'의 밑거름을 마련했다.

1940년대에는 대공황이 진정되고, 두 차례 세계대전도 마무리에 들어가면서 바야흐로 미국의 시대가 열리기 시작했다. 신진 계량경제학자로서 프리드먼의 명성도 높아지기 시작해서 위스콘신 대학, 컬럼비아 대학, 미네소타 대학이 아직 박사학위도 받지 않은 그를 비전임 교수나 연구원으로 초빙했다. 1946년, 프리드먼은 서른넷의 나이로 컬럼비아 대학에서 박사

_ 프리드먼은 퇴임할 때까지 계속 시카고 대학에 머물며 '시카고 학파'의 중심인물이 되었고, 동시에 미국 정부에 중요한 영향을 행사하는 브레인으로 활약하게 된다.

학위를 받고 시카고 대학의 전임 교수가 되었다. 정부의 주요 싱크탱크인 미국경제연구소에서도 그에게 연구원직을 주었다. 이후 그는 1977년 퇴임할 때까지 계속 시카고 대학과 미국경제연구소에 머물며 '시카고 학파'의 중심인물이 되었고, 동시에 미국 정부에 중요한 영향을 행사하는 브레인으로 활약하게 된다. 그해는 케인스가 세상을 떠난 해이기도 했는데, 프리드먼은 『지붕 혹은 천장Roof or Ceilings?』이라는 책에서 케인스식으로 주택임대료를 정부가 통제했을 때 나타나는 부작용을 제시했다가 "거인을 애도하는 분위기에 찬물을 끼얹어도 유분수"라며 국내외의 경제학자들에게 집중 공격을 당하기도 했다. 아직은 살아 있는 프리드먼이 죽은 케인스를 이길 때가 아니었다. 그러나 그때는 생각보다 빨리 오고 있었다.

자 유 주 의 가
빛 을   발 하 다

'그때'에 이르기 전, 프리드먼
은 조상의 땅인 유럽에서 자신의 경제사상에 마침표를 찍을 수 있었다.
1947년에는 신자유주의라고 하는, 막 태동하고 있던 경제학(구체적으로는
하이에크가 1944년에 펴낸 『노예의 길』)에 관심을 가진 미국의 갑부 윌리엄 볼
커William Volker의 초청으로 미국과 유럽의 신자유주의 경제학자들이 스위
스의 몽펠르랭에 모여 세미나를 열었다. 프리드먼도 하이에크, 미제스, 조
지 스티글러George Stigler 등과 그 자리에 함께했다. 여기서 정부의 정책, 평
등과 불평등, 거시경제와 미시경제 등 온갖 정치·사회·경제적 아이디어
가 오갔고, 상당수의 신자유주의 교리가 담금질되었다. 그때의 경험을 바
탕으로 써낸 책이 프리드먼의 최대 명저 『자본주의와 자유』였다. 또한
1950년에는 마셜플랜을 집행하는 미국 정부 기관의 자문을 위해 프랑스에
갔는데, 거기서 그는 세계대전 이전의 약탈적 금본위제부터 전후의 브레턴
우즈 체제까지 유지되고 있던 고정환율제의 근본적 한계를 포착하고, 변동
환율제가 답이라는 결론에 도달했다고 한다. 그 결과 1960년 『통화 안정
의 방안A Program for Monetary Stability』, 1963년 『미국의 통화사A Monetary History
of the United States』, 1962년 『자본주의와 자유』를 내놓으며 프리드먼은 신자
유주의자의 대부로 하이에크와 어깨를 나란히하게 되었고, 특히 정치·사

회 문제에서는 '자유지상주의'의 주창자로 널리 주목받았다.

프리드먼의 경제 이론으로 가장 먼저 주목받은 것은 '통화주의'였다. 통화량이 거시경제에 중요하다는 입장은 케인스 이래 케케묵은 생각으로 치부되어왔지만, 프리드먼은 대공황의 원인에 대한 분석에서 통화주의를 부활시켰다. 그에 따르면 미국의 연방준비제도이사회FRB에서 판단을 잘못해 통화량을 늘리지 않았기 때문에, 애초의 주식 급락 수준에서 무마되지 않고 대공황으로 번졌다는 것이다. 말하자면 기업들의 주식 급락이 주식을 보유한 은행의 신용 하락으로 이어지고, 투자자들이 한꺼번에 예금을 인출해서 은행이 도산하고, 은행에서 자금을 대출하지 못하게 된 기업이 다시 도산하는 끝 모를 늪에 빠진 것이 대공황이라는 것이다. 예금 대량 인출 시점에서 연방준비제도이사회가 통화량을 늘려 시중에 돈을 풀었다면, 최초의 패닉은 이내 진정되고 경제는 빠르게 회복되었을 것이라는 진단이다. 이는 이미 대공황이 진행된 상태에서 기업 대신 정부가 사회간접자본 건설 같은 대량 투자를 해, 얼어붙은 경기를 살리고 고용을 다시 창출해야 한다는 케인지언keynesian적인 접근법과는 전혀 다른 시각이었다. 그러나 프리드먼의 접근법은 자료에 대한 치밀한 분석과 설득력 있는 대안으로 무장하고 있었기에, '정부 재정지출만이 경제의 숨을 틔운다'는 종전의 사고방식에서 큰 전환이 일어났다.

그러나 그는 단순한 계량경제학자만은 아니었다. 그의 '항상소득가설'은 거의 최초로 소비에 '소비자의 기대 심리' 요인을 부가해 분석한 것으로, 케인스의 소비 이론을 거꾸로 뒤집으면서 현대 소비심리학의 기초를 닦았다. 케인스는 호황기에는 소비가 줄고, 불황기에는 소비가 늘 것으로 보았다. 호황기에 개인의 실소득이 늘어나면 평소의 소비를 유지하면서 남는 소득을 저축한다. 따라서 공급에 비해 수요가 밑돌면서 불황이 찾아온다. 하지만 그렇게 되면 사람들이 평소 소비에 더 많은 돈을 지불하게 될 것이므로 수요가 다시 공급을 넘어서 호황으로 이어진다는 것이다. 그러나 프리드먼은 정반대로 호황기에 소비가 늘고, 불황기에는 줄 것으로 보았다. 사람들은 자신의 소득 수준에 항상적인 기대가 있으며, 이는 1~2년의 단기적 호황이나 불황으로 달라지지 않는다. 따라서 호황으로 자신의 기대소득보다 높은 소득을 올리면 '공돈'처럼 생각하게 되고, 여유분을 저축하지 않고 사치품이나 여행 등으로 써버린다는 것이다. 반대로 불황이 와서 기대소득보다 낮은 소득을 올리면, 소득이 회복될 날을 기다리며 평소에 쓰던 돈도 쓰지 않게 된다. 이는 경험적으로 입증되어 케인스 가설을 눌렀다.

또한 프리드먼은 1967년 미국 경제학회장에 취임하며 한 연설에서 '기대치가 부가된 필립스곡선'을 제시해 고전적인 필립스곡선을 대체해보았다. 필립스곡선은 1958년에 영국의 경제학자 윌리엄 필립스William Phillips가 내놓은 것으로 실업률과 인플레이션률 사이에 상관관계가 있다는 것이다. 즉 불황이 오면 기업은 노동자를 해고하고, 늘어난 실업자들은 직장을 얻기 위해 낮은 임금을 감수하거나 낮은 임금에 실망해 실업 상태를 유지한다. 그러다가 호황기에 들어서면 기업은 고용을 증대하고, 실업자들은 임금 인상을 희망한다. 기업은 인상된 임금분을 상품 가격에 전가해 인플레이션이 발생한다. 즉 실업률이 높을 때는 잘 일어나지 않는 인플레이션이 실업률이 낮아지면 빈번해진다. 높은 실업률과 대규모의 인플레이션 모두 국가경제에 부정적이므로, 한쪽이 과도할 때는 정부가 나서서 다른 쪽을 끌어올려야 한다. 실업률이 지나치게 높으면 정부가 돈을 풀어서 고용을 늘리거나, 기업 감세를 통해 고용 확대를 유도하는 것이다.

그러나 프리드먼은 여기에 '노동자의 기대 심리'를 덧붙임으로써 필립스곡선이 단기적으로는 몰라도 장기적으로는 성립하지 않는다고 주장했다. 호황기에 기업이 임금을 올리면 실업자는 적극적으로 취업한다. 그리고 얼마 후에 인플레이션이 오는데, 여기까지는 필립스곡선대로 전개되는 듯 보인다. 하지만 인플레이션 때문에 자신의 실질임금이 줄었음을 깨달은 노동자는 더 많은 임금 인상을 요구하며, 기업이 이를 감당하지 못하면 실업률은 다시 증가한다. 즉 높은 실업률을 우려한 정부가 경기부양책을 써서 고용을 늘리려 해도, 장기적으로 실업률은 실업률대로 높으면서 인플레이션만 부가된 꼴이 되어버린다는 것이다. 따라서 정부는 섣불리 필립스 곡선에 이끌려 경제에 손을 대지 말아야 한다.

평등은 효율적일 때 의미가 있다

이런 프리드먼의 경제 이론은 거시경제에서 정부의 역할을 깎아내리고 '가만히 있는 게 도와주는 것'이라는 결론으로 이어진다. 그런 면에서 그의 이론은 새로운 자유방임주의라고 부를 수도 있다. 하지만 현대는 기존 자유방임주의 시절처럼 경제 규모가 작고 사회가 단순하지 않다. 결국 프리드먼도 정부 정책이 경제에 중요한 변수로 작용할 수 있고, 때로는 경제 회복을 위해 적극적으로 나설 필요도 있다고(가령 디플레이션 억제를 위한 통화량 증대) 본다. 그는 그런 점에서 자생적 질서와 기업의 리더십을 강조한 하이에크와는 다소 입장이 다르다. 하지만 어디까지나 원래의 '야경국가夜警國家' 역할을 군사 안보나 치안뿐 아니라 경제 안보까지 확장했을 따름이며, 케인스 경제학이나 사회주의 경제학처럼 정부가 경제의 시작과 끝을 책임져야 한다고 보는 것과는 거리가 멀다.

그렇다면 국가는 야경국가가 되는 일 말고는 할 일이 없는가? 균등한 기회 보장이나 소득재분배를 통한 사회 평등의 강화는 어떨까? 프리드먼은 그런 일에도 대부분 '노'라고 한다. 대부분의 사회문제는 정부가 개입하면 할수록 이상해질 따름이고, 개인들의 자유로운 판단의 집합에, 즉 시장에 맡기는 게 제일 낫다는 것이다. 그의 고향 선배라고도 볼 수 있는 폴라니가 시장의 속성을 혐오하고 "시장이란 사회 안에 내재되어 그 규범을 따르는 사회의 아주 일부"라고 주장한 반면, 프리드먼은 시장을 사회 전반에 확대하는 것이 가장 자연스럽고 이상적이라고 보았다.

왜 그런가? 가령, 지긋지긋하게 겪은 차별 문제를 두고 프리드먼은 시장이야말로 차별을 가장 효과적으로 없애준다고 한다. 선의에서가 아니라 "그 상품이 유대인의 손으로 만들어진 것이라고 해도" 상품 가치를 외면하지 않는 시장의 속성 때문이다. 폴라니가 애착을 갖는 전통 사회의 규범은 인간을 자유롭고 평등하게 해주었는가? 귀족이 노예를 착취하고, 남성이 여성을 비하하지 않았던가? 프리드먼은 관습이나 종교가 아니라 상품 가치가 군림하는 자본주의가 발전한 것과, 구체제가 붕괴하고 시민사회가 수립된 것 사이에는 결정적인 상관관계가 있다고 본다.

민주주의 역시 마찬가지다. 민주주의가 제대로 작동하려면 정당·언론·집회 활동 등이 필요한데 자본주의 없이는 그런 활동에 필요한 자금이 사회에 충분히 유통될 수 없다는 것이다. 계속해서 같은 맥락으로, 프리드먼은 퇴직연금제도를 비롯한 복지 제도, 누진세, 농업 보조금, 주택 보조금, 최저임금제, 최고가격제, 징병제 등 사회를 유지하고 사회정의를 실현하기 위해 현대 국가가 당연히 해야 할 일로 받아들이는 많은 제도를 폐지하거나 대폭 축소해야 한다고 주장했다. 신자유주의자가 생각하는 자유와 평등의 의미에는 사회주의자가 생각하는 의미와는 사뭇 다른 색깔이 입혀져 있다. 가령 시장 시스템에 따른 평등이 가난한 유대인이 명문 대학교수가 될 기회를 부여한다고 하자. 그런데 필연적으로 그 과정에서 소외되는 사람들이 있지 않은가? 교수가 되고 싶었지만 엠마처럼 부모가 가난할 뿐 아니라 폭력적이기까지 해서 공부할 기회를 얻지 못했다면 어떤가? 아니, 애초에 시장 원리에 따른 경쟁 체제에서는 누구나 치열한 경쟁에 허덕일 수밖에 없으며 필연적으로 다수가 목표 달성에 실패하게 되는데, 그런 자들이 불쌍하지 않은가? 그들에게도 무언가 베풀어주어야 하지 않을까?

프리드먼은 '노'라고 대답한다. 그가 애초에 생각하는 평등은 효율이라는 면에서만 의미가 있기 때문이다. 가령 유대인이나 여성을 사회 관습이나 편견에 따라 배제한다면, 그만큼 인적 자원의 풀pool이 좁아지며 최적의 인재를 선발할 가능성이 낮아진다. 따라서 평등은 필요하다. 그러나 평등을 통해 되도록 소외되고 고통받는 사람을 줄여야 한다는 인도주의적 의미의 고려는 별개인 것이다. 복지 제도도 유효수요를 창출하고 노동력을 공급한다는 효과 면에서는 나무랄 데가 없다. 그러나 기업의 투자나 기부를 통하지 않고 정부를 거치는 과정에서 비효율이 발생하기 때문에 쓸모없는 것이다. 기업 투자가 냉혹한 계산을, 기부가 개인의 취향과 편견을 반영함으로써 공명정대하지 않을 수 있다는 도덕적 문제는 고려 대상이 아니다.

신자유주의자는 소외가 늘, 어디서나 있었던 것으로 본다. 그들의 과제는 국가권력을 앞세워서 소외를 없애려는 얼토당토않은 것이 아니라, 최대한 효율적인 소외가 되도록 유도하는 것이다. 자신의 임금마저 자신보다 소외된 사람에게 쓰고 싶었던 폴라니는 "부자는 천국에 들어가기가 어려우니라. 네 소유를 팔아 가난한 자들에게 주라. 그리하면 하늘에서 보화가 네게 있으리라"라는 『성경』 말씀을 믿었다. 그러나 프리드먼이 신봉한 말은 "일하기 싫어하거든 먹지도 말게 하라"였다. 이를 현대적으로 바꾸면 '공짜 점심은 없다' 아닌가.

신화가 된
자유인

1970년대는 유대인 경제학자들에게 최고의 시대였다. 1970년부터 1979년까지 단 3년을 빼놓고 유대인이 줄줄이 노벨 경제학상을 수상했다. 테이프는 케인지언인 새뮤얼슨이 끊었지만 가장 주목받은 사람은 1976년에 "소비 분석, 통화사와 통화이론, 경기안정 정책의 복잡성 제시 등에서 위업을 이룬" 프리드먼이었다. 그는 국가정책 자문에서도 또렷한 두각을 나타냈다. 1964년에 골수 공화당 우

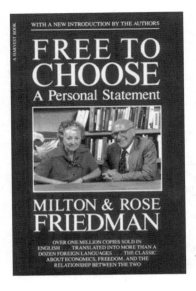

프리드먼은 1980년부터 〈선택의 자유〉라는 텔레비전 시리즈를 통해 대중과 접하면서 큰 인기를 끌었다.

파인 배리 골드워터Barry Goldwater의 경제 자문이 된 후 공화당 대선후보들에게만 경제 자문을 해주었다. 닉슨은 그의 조언을 받아들여 1971년에 변동환율제로 갈아타며 '닉슨 쇼크'를 세상에 일으켰고, 1973년에는 징병제를 폐지했다. 또한 로널드 레이건Ronald Reagan은 감세와 재정지출 억제를 비롯한 프리드먼의 조언을 금과옥조처럼 따랐다(비록 과도한 국방비 지출로 오히려 정부 부채를 대폭 늘렸지만).

프리드먼은 1980년부터 〈선택의 자유〉라는 텔레비전 시리즈를 통해 대중과 접하기도 했는데, 이는 큰 인기를 끌어서 『선택의 자유Free to Choose』가 출간되었을 때 『자본주의와 자유』와 함께 그의 양대 저작이 되기도 했다. 오늘날에도 미국 정부가 '좌파 빨갱이'들에게 점령당했다며 우파 총궐기를 주장하는 보수 시민단체 '티파티' 등은 『선택의 자유』에 나오는 구절을 『성경』 구절처럼 암송한다. 한낱 보잘것없고 가난한 유대인 이민자의 아들이었던 프리드먼. 그는 삶의 후반부 30여 년을 지극한 영광과 광휘에 싸여 보내고 2006년에 타계했다. 프리드먼Friedman은 스스로 해방된 인간Freed Man이 되는 데 성공한 것이다.

말년의 명성이 어느 정도였는지 보여주는 에피소드가 하나 있다. 어떤 경제학자가 그를 점심에 초대했다. 그리고 자신이 돈을 내고는 "어떻습니까? 드디어 선생님도 '공짜 점심'을 드셨군요!"라고 의기양양하게 말했다. 그러자 프리드먼은 태연히 대답했다. "아니지! 그 대가로 자네의 형편없는 이야기를 2시간이나 참고 들어주지 않았나." 이 오만불손한 에피소드가 널리 퍼졌다는 사실이 프리드먼과의 점심은 결코 공짜가 아니며, 엄청난 부가가치를 가지고 있음을 말해준다. 그가 그토록 신화적 존재가 되었기에, 밥 사주고 비아냥만 들은 셈인 그 경제학자는 오히려 이를 자랑삼아 퍼뜨리고 다닌 것이다. 오늘날 워런 버핏Warren Buffett과 점심을 같이하려면 실제로 엄청난 거액을 지불해야 하는 것과 마찬가지로 말이다. 그러나 세상에 공짜가 없다면, 그가 신화적 존재가 되는 데도 그만 한 값이 들었을 것이다. 그것이 과연 젊은 시절의 차별과 고생뿐일까? 자유로워진 인간은 동시에 많은 정겨운 것에게서 소외된 인간일지도 모른다. 뭐든지 황금으로 만드는 미다스의 손의 대가로, 사람이 먹는 양식을 잃어버렸는지도 모르는 것이다.

피터 드러커
'구경하는 자'의
아이러니

★

Peter Drucker, 1909.11.19~2005.11.11

대 열 에 서
벗 어 나 다

"나는 웅덩이를 좋아한다. 그건 지금도 마찬가지다. 나는 웅덩이에서
풍덩풍덩하는 소리보다 좋은 음향을 별로 알지 못한다. 일반적으로 나는
그런 웅덩이를 풍덩거리면서 밟고 건넌다. 하지만 그 웅덩이는 그런 식
으로 건너지 않았다. 당시 나는 군중에 의해 원치 않는 방식을 강요당했

던 것이다. 나는 가능하면 웅덩이를 돌아서 가려고 했지만 뒤에서 나를 따라오는 사람들의 규칙적인 발걸음 소리, 즉 거대한 인간 집단의 압력이자 집단 운동의 물리적 위협이 나를 압도했다. 그래서 나는 어쩔 수 없이 웅덩이의 한쪽 끝에서 맞은편 끝까지 철퍼덕거리며 건너가야 했다. 나는 웅덩이의 끝에 도착하자마자 바로 내 뒤를 따르던 덩치 큰 의과 대학생에게 한마디 말도 없이 깃발을 넘겨버렸다. 그리고 대열에서 벗어나 집으로 발걸음을 돌렸다."

피터 드러커는 특이한 사람이다. 여기 소개한 사람치고 특이하지 않은 사람이 있을까 싶지만, 그는 모순적이면서도 모순이 당혹스럽지 않고 편하게 다가온다. 그는 신자유주의 주창자들과 비슷한 주장을 많이 하지만, 사회주의자들과 비슷한 주장도 한다. 그를 신처럼 떠받드는 사람들은 대체로 기업인이나 우파 정치인들이지만, 좌파에 속하는 사람들이 그를 대놓고 비난하는 일은 별로 볼 수 없다. 여기서 길게 전재한 부분은 그가 남긴 유일한 자서전(그는 "이 책은 차라리 자서전이라 불러야 할 것이다"라고 써놓았다)의 도입부에 나오는 에피소드로, 당시 14세이던 그는 제1차 세계대전에서 패전한 오스트리아의 빈이 사회주의 물결로 한창 뒤덮였을 때, 시위행진의 선두에서 붉은 깃발을 들고 걸어갈 소년으로 뽑혔다.

그 일이 참으로 자랑스럽다고 여겨 계속 가슴이 두근거렸지만, 웅덩이를 풍덩거리며 밟고 건너는 일을 평소에 꺼리기는커녕 좋아했지만, 소년 드러커는 결정적으로 자기 뜻보다는 대세에 밀려 웅덩이를 밟고 건너는 일이 싫었다. 그래서 대열에서 벗어났다. 이 에피소드를 두고 그는 "그 차갑고 떠들썩한 11월의 어느 날, 나는 내가 구경꾼이라는 사실을 발견했다"라고 평했다. 구경꾼이란 무엇인가? 참으로 아이러니한 존재다. 의미의 모호함과 모순됨이 뒤섞인, 그러나 뭐라 말할 수 없는 흥미로움을 자아내는 존재다.

드러커는 흔히 '현대의 가장 영향력 있는 경제 · 경영 사상가'라거나 '현대 경영학의 창시자' 등으로 불린다. 그런데 『피터 드러커 자서전』Adventures of a Bystander(구경꾼의 모험)을 몰입해서 읽다 보면(슈테판 츠바이크Stefan Zweig의 소설 이상으로 흡입력이 강하다), 후반부에 제너럴모터스GM의 경영을 분석하는 내용까지 나왔을 때 무심코 이런 생각이 떠오른다. '뭐야, 이 사람. 경제 · 경영쪽 일도 했어?' 실제로 그 책은(적어도 표면적으로는) 경제, 경영에 대한 이야기보다는 철학, 문화, 사회, 정치 등에 대한 이야기가 가득하다. 그리고 드러커가 처음 학생들에게 강의한 학문은 법학이었고, 교수로서 처음 담당했던 강좌는 정치학과 철학 위주였다. 그가 경영학자로서 입지를 확고히 했던 때는 대략 40세쯤인데, 그전에는 신문기자, 경제 분석가, 칼럼니스트, 작가 등 다양한 직업을 거치거나 겸했으며, 이후에도 대학에서 동양 미술을 강의하거나 소설을 쓰는 등 경제 · 경영 전문가로서는 영 어울리지 않을 듯한 작업을 멈추지 않았다.

아이러니는 그것뿐이 아니다. 드러커는 유대인이다. 그것도 부모 모두 그렇다. 그런데 『피터 드러커 자서전』에는 스스로 유대인이라고 지칭한 부분이 한 군데도 없다(그래서 드러커는 사실 유대인이 아니라는 설이 나오기도 했다). 이것만으로는 무언가 자신의 혈통에 콤플렉스가 있어서 그랬나 보다고 짐작할 수 있다. 그런데 그 맥락과 배경에는 지나칠 정도로 유대인적인 요소가 많다. 그는 독일 프랑크푸르트 대학에서 강사를 하다가 나치가 제정한 뉘른베르크 법에 따라 "유대인 교직원은 모두 내보내겠다"라는 방침을 듣고 그만둔다. 그리고 나치가 마침내 오스트리아까지 장악할 기미를 보이자 해외로 도피한다.

그런데 분명히 자신이 유대인이라서 그렇게 행동하는 것 같지만, '나치가 날뛰는 곳에서 있고 싶지 않았다", "원래부터 과거지향적인 빈을 벗어나 미국으로 가고 싶었다"라는 식의 이유를 댄다. 그가 프랑크푸르트를 떠나려고 짐을 싸고 있던 밤에 신문사 동료였다가 나치돌격대가 된 친구가 찾아오는데, 용건은 '유대인인 여자 친구를 보호해달라'는 것이었다. 뉴욕 대학이 유대인 교수들의 봉급을 비非유대인보다 크게 깎았고, 다른 대학에서는 고용의 기회 자체가 없다는 이야기를 하면서, "몇 년 뒤 뉴욕 대학에 부임했을 때 나도 난감할 수밖에 없었다"라고 덧붙인다. 여전히 자신이 유대인이라는 말은 한마디도 하지 않고서.

『피터 드러커 자서전』은 자신의 생애를 다루기보다 자신이 만나고 영향을 받은 사람들의 열전列傳을 통해 자신의 이야기를 풀어놓는 식인데, 수십 명에 달하는 인물 중 대부분이 유대인이다. 그들은 명성에 관계없이 드러커가 직접 알고 지냈던 지인이었지만, 유일한 예외(코흘리개일 때 딱 한 번 우연히 마주쳤을 뿐이라고 한다)인 프로이트는 유대인으로서 박해를 당해왔다며 늘 불평했던 사람이다. 그리고 드러커는 그런 그의 태도를 매우 못마땅하다는 듯 서술한다.

유대인으로 알려지고 싶지 않아서 스스로 유대인이라 밝히지 않았다면, 왜 도처에 유대인 냄새를 남기다 못해 도배질을 해놓은 것일까? 왜 자서전이라고 하면서 온통 다른 사람들 이야기만 써놓은 것일까? 아이러니는 계속된다.

아 이 러 니 의
미 학

구경꾼이란 무엇인가? 드러커는 이렇게 말하고 있다.

> "구경꾼은 자신만의 역사가 없다. 그들은 무대 위에 있지만 연극에는 참여하지 않는다. 심지어 관객 역할도 하지 않는다. 연극과 거기에 참여한 모든 배우의 성공은 관객의 반응에 달려 있지만, 구경꾼의 반응은 연극의 성공과는 전혀 관계가 없다. 단지 자기 내면에만 어떤 영향을 미친다. 하지만 극장의 안전 요원들이 그런 것처럼 구경꾼들은 무대 한쪽에 서서 배우나 관객이 미처 눈치채지 못하는 것들을 본다. 무엇보다 그들은 배우나 관객과는 다른 입장에서 사물을 바라본다."

시대와 역사에 참여하지 않는, 뿌리가 없고 소속이 없는 아웃사이더. 그는 단지 방관할 뿐 주도하지도 개입하지도 않지만, 인사이더들이 보지 못하는 것을 보는 사람이다. 따라서 진정한 혁신과 창조적 파괴에 아이디어를 제공할 수 있는 사람이다. 어디서 많이 들었던 설명 같지 않은가?

"방랑하는 유대인." 아무리 한 사회에 뿌리를 내리려고 해도 언제고 다시 박해가 찾아오고, 또 다른 사회를 찾아 떠나야 하는 사람들. 몇 세기를 거듭해온 유대인의 슬픈 초상이다. 그러나 아웃사이더에 방랑자이면서도 한 사회를 근본적으로 변혁하는 위대한 인간상도 있다. 서양 고전정치철학에서의 '입법자'는 그 사회에 소속되지 않으며, 입법을 마치면 사라져버리기에 그 땅에서 숨 쉬고 그 땅의 주민과 동고동락하는 지도자일 수는 없다. 그러나 아웃사이더이기 때문에 어떤 기득권에도 얽매이지 않으며, 전혀 다른 시각에서 사회를 봄으로써 그 누구도 내놓지 못했던 발상과 계획이 가능하다. 스파르타의 체제를 만들었다는 리쿠르고스Lycourgos나 아테네 체제의 입법자 솔론Solon 등이 그런 예이며, 예부터 현실 참여적 철학자가 지향해야 할 정점으로 여겨진 모습이 바로 입법자다.

하지만 이는 신화나 철학 속의 존재이지, 현실에서 그렇게 영향력 있는 아웃사이더가 있을까? 있다. 피터 드러커가 개념을 창시했다고도 하는 '컨설턴트'와, 드러커의 철학에서 현대 사회경제 흐름의 핵심이 되며, 기존의 경영자들이 지향하고 변화해야 할 목표가 되는 '전문경영인'이 바로 그들이다. 이들은 기업 경영에 매우 중대한 영향을 미치며, 그들의 생각에 따라 수천 명의 직원이 일자리를 잃거나, 하나의 기업이 여러 개로 갈라지거나, 주력 업종이 바뀔 수 있다. 하지만 이들은 기업에 소속되지 않거나 임시로 소속될 뿐이며, 임무를 마치면 훌훌 털고 떠나버리는 아웃사이더다. 구경꾼인 것이다. 드러커 경영철학에서 여러 차례 강조되는 탈중앙집중화, 아웃소싱, 민영화 등도 그런 이미지를 내포하고 있다. 토머스 홉스Thomas Hobbes나 존 로크John Locke 같은 사회계약론자들이 주권을 가진 개인에서 이야기를 시작하고, 마르크스의 사회사상이 생산수단의 소유권을 중심으로 전개된다면, 드러커는 소유하지 않으며, 소속되지 않으며, 궁극적 당사자가 아닌 사람과 조직을 중심으로 이야기하려 한다.

그러나 그런 입법자나 컨설턴트나 전문경영인이나 오직 이익만을, 또는 비즈니스상의 권리와 의무만을 염두에 두어서는 안 된다. 새로운 시대는 그런 구경꾼들이 중요한 역할을 맡게 되는 시대이므로, 그들은 엄밀히 말하면 자신의 책임이 아닌 공공 문제까지도 관심을 갖고 책임져야 한다. 공공 부문의 민영화나 '제3섹터'의 활동도 그런 맥락이어야 하며, 그것이 드러커의 신자유주의적 어젠다가 오직 효율성만 앞세우는 프리드먼의 어젠다와 구별되는 지점이다. 책임지지 않아도 될 것을 책임지며, 스스로 속하지 않을 곳의 행복을 위해 노력하는 구경꾼. 그런 아이러니한 존재의 가능성이야말로 드러커 평생의 화두였다. 그래서 그는 유대인이면서 유대인이라 밝히지 않고, 동시에 유대인 티를 내고 다녔다. 그는 소속되지 못하는 운명을 짊어진 집단에 소속되는 것도, 소속되지 않으려 다른 집단으로 도망치는 것도 싫었다. 어느 것이나 '아이러니의 미학'에 어긋났으므로.

지식과 인간이라는 주제

피터 드러커의 아버지 아돌프 드러커는 당대의 뛰어난 공직자이자 지식인으로, 서서히 황혼에 이르고 있던 합스부르크 오스트리아 제국에서 외무 차관 등 여러 고위직을 맡았다. 한편 그는 온건파 자유주의자로서 게르만의 군국주의에는 반대하지만 대놓고 투쟁하지는 못하는 유약한 모습과 함께, 루터파 개신교로 개종한 유대인이자 유명한 비밀결사인 프리메이슨의 회원으로 오스트리아 지부장까지 지냈던 은밀함까지 갖고 있었다. 아내인 카롤리네 역시 개종 유대인으로 의학을 전공했는데, 프로이트의 강의를 듣는 홍일점일 때가 많았다고 한다('닥터 아이러니'의 어머니답게, 그녀는 프로이트를 무척이나 존경하고 흠모했지만 그의 이론은 하나부터 열까지 부정했다고 한다). 이들 부부는 1909년 11월 19일에 장남인 드러커를 낳았다.

드러커가 성장할 때 가세는 풍요롭지는 않았지만 빈곤하지도 않았다. 제1차 세계대전 패전 후의 살인적 인플레이션으로 드러커 집안의 경제 사정도 많이 나빠졌지만, 포퍼처럼 먹고살기 위해 뭐든 일자리를 찾지 않으면 안 될 정도는 아니었던 듯하다. 이렇듯 안정된 집안 분위기에서 드러커는 3세 때부터 책을 읽기 시작했고, 9세 때부터는 부모님이 주최한 빈의 지식인 모임에 얼굴을 내밀었다. 초등학교에서 그를 열성적으로 가르친 미스 엘자와 미스 소피, 두 교사는 드러커가 지능이 뛰어나고 글쓰기 재능이 특히 탁월한 것을 보고 조기 졸업해 김나지움에 진학하도록 해주었다. 드러커는 어려서부터 책 속에 펼쳐진 세계에서 노니는 기쁨을 알았고, 다양하고 흥미로운 사람들을 만나 영향을 받으며 '지식'과 '인간'이라는 두 주제에 열중하는 자세를 갖추게 되었다.

그는 14세에 "웅덩이 때문에 깃발을 포기하는" 체험을 했으며, 그 나이에 정말 자신을 구경꾼이라는 개념으로 범주화했는지는 모른다. 아무튼 자유의지 없이 조직이나 체제의 부속품으로 움직이는 것에 대한 혐오, 남의 앞에 서서 이끌기보다 한 발짝 물러서서 지켜보는 일에 대한 선호가 이로써 자리 잡게 되었다. 이는 결국 사회주의 혐오와 자유 지성의 옹호라는, 보수적 자유주의자로서 생애의 방향을 잡는 주춧돌이 되었던 듯하다.

'붉은 깃발 놀이'를 일찌감치 포기한 드러커는 대신 당시의 유력 경제 문화지인 『오스트리아 이코노미스트』를 구독하기 시작하는 등(폴라니는 그 직후에 그곳의 편집진이 된다) 더욱 지적인 세계로 파고들어갔다. 그의 성취 는 김나지움을 졸업할 때 대학 진학용 논문으로 「파나마 운하가 세계무역 에 미친 영향」이라는, 또래답지 않을 뿐 아니라 학술적으로도 의미 있는(얼 마 후 정규 학술지에 게재됨으로써, 그 사실은 입증되었다) 글을 써낼 정도였다. 그는 이 논문이 주목받음에 따라 함부르크 대학 법학부에 갓 입학한 새내 기로서 『오스트리아 이코노미스트』 편집부의 초대를 받았으며, 거기서 폴 라니를 만나 "통감자가 전부인, 형편없는 식사"를 대접받게 된다. 1929년 20세에 독일 프랑크푸르트로 가서 투자분석사로 일하는 한편 프랑크푸르 트 대학 법학부로 편입학해(당시 법대는 어느 학부보다 자유 시간이 많았다) '프 리드리히 슈탈Friedrich Stahl'을 연구 주제로 잡고 주경야독 생활을 했다. 슈 탈은 프로이센의 독일 제국 건설에 밑거름이 된 사상을 구축한 사람이자 유대인이었다. 이때쯤에는 '유력한 구경꾼'이라는 인간상에 대한 가치관 이 드러커에게 웬만큼 형성되어 있었을지도 모른다. 그해 가을에 뉴욕 증 권시장이 폭락하며 세계대공황이 일어나 그는 투자분석사 일자리를 잃었 지만, 대신 대공황의 발생 원인에 대해 기고한 글을 눈여겨본 유력 일간지 『프랑크푸르터 게네럴 안차이거』에서 그를 기자로 뽑아주었다. 또 1931년 에 프랑크푸르트 대학에서 법학 박사학위를 받았고, 『프랑크푸르터 게네 럴 안차이거』 부편집장이자 모교의 법학 강사로 일하며 나름대로 알찬 프

— 1929년 세계대공황이 일어나자 드러커는 발생 원인에 대한 글을 써 『프랑크푸르터 게네럴 안차이거』 기자로 일하게 된다. 사진은 대공황 시기 뉴욕 유니언은행에서 예금을 찾기 위해 줄을 선 미국인들.

랑크푸르트 생활을 이어갈 수 있었다.

『프랑크푸르터 게네럴 안차이거』 기자이자 편집자로 일하며 드러커는 여러 유력 인사를 인터뷰했는데, 그중에는 히틀러와 요제프 괴벨스Joseph Goebbels도 끼어 있었다. 1932년 권력의 문턱인 대통령 선거에서 히틀러가 낙선하자 많은 사람이 히틀러는 이제 끝났다고 했지만, 드러커와 폴라니는 생각이 달랐다. 드러커는 너무 두껍고 횡설수설이 많아서 나치 당원조차 별로 읽지 않던 히틀러의 『나의 투쟁』을 꼼꼼히 읽었으며, 이제 자신이 그 야말로 구경꾼으로서 방랑의 길을 나설 때가 임박했음을 짐작했다.

그때는 1년도 지나지 않아서 찾아왔다. 히틀러가 결국 정권을 거머쥔 것이다. 드러커는 나치가 대학의 자율권을 뿌리째 뽑아버리고 유대인 박해를 노골적으로 전개하는 것을 보고 독일을 떠나 영국으로 갔지만, 그곳에서 잡은 금융 관련 일자리를 잃고 빈으로 돌아왔다. 빈에서도 히틀러에게 동조하는 나치 당원의 난동이 빈번히 일어나는 가운데 불안과 초조를 감출 수 없었지만, 그를 조카처럼 아꼈던 왕년의 사회주의자 헤르만 슈바르츠발트Hermann Schwarzwald의 격려를 받고 1934년 초에 다시 영국으로 떠났다. 그 뒤로 강연 차 잠시 들르는 일을 빼면 몇십 년간 오스트리아 땅을 다시 밟지 않는다.

1936년까지 영국에서 활동하며, 드러커는 케인스의 강의를 청강하기도 하고("그 방에 모인 모든 사람이 사람보다는 숫자에 열중하고 있음을 알았고, 나는 그것이 싫었다"라고 회상했다), 런던에서 다시 만난 폴라니와 교류하기도 했다. 그러나 그의 인생에서 가장 중요한 변화는 프랑크푸르트 시절 얼핏 본 도리스 슈미트와 재회해 사랑에 빠지고, 결혼한 것이었다. 두 사람은 신혼여행을 미국으로 갔는데, 드러커는 유럽과 마찬가지로 대공황에 시달리면서도 활기와 위트를 잃지 않는 미국인들을 보고 감명받았다. 미국의 자유와 다양성은 그가 어릴 때부터 빈의 울타리 안에서 느껴온 답답증에 대한 해답처럼 여겨졌다. 결국 드러커 부부는 미국에 눌러앉기로 했고, 신문사 특파원(드러커)과 투자회사의 직원(도리스)으로 뉴욕 교외에서 맞벌이 부부의 삶을 시작했다.

드러커의 시대가
열리다

1938년 나치가 오스트리아를 합병했다는 소식을 대서양 건너편에서 들으며, 드러커는 그의 이름을 널리 알리게 될 『경제인의 종말』을 마무리하고 있었다. 정치철학 서적으로 분류될 수 있는 이 책에서 그는 나치즘의 기원이 중상주의적 경제사상에서 출발한다고 보면서, 자국중심주의에 따라 약탈과 폭력을 정당화하는 사조가 국내 정치에서 강력한 독재 체제와 문화적 일원주의로 이어졌고, 결국 나치즘으로 귀결되었다고 보았다. 이는 아렌트의 『전체주의의 기원』에 앞서 나치즘과 파시즘의 전체주의적 성격을 잘 드러낸 저작이었다. 또한 드러커는 이 책에서 "히틀러는 곧 독일 내 유대인에 대한 인종 청소에 들어갈 것이며, 스탈린의 소련과 손을 잡게 될 것"이라고 예측했다. 출간 당시에는 허무맹랑하게 들렸지만 곧 소름 끼칠 정도로 정확한 예언이었음이 입증된 이 말은, 그가 『나의 투쟁』을 포함한 나치즘의 텍스트와 히틀러라는 사람을 냉정히 관찰한 결과였다.

『경제인의 종말』에 감명받은 처칠이 드러커를 극찬하고, 이에 마음이 동한 『타임』 발행인 헨리 루스Henry Luce의 후원으로 드러커는 미국의 유력 일간지에 글을 싣기 시작했다. 1942년에는 베닝턴 대학의 교수가 되었고, 『산업사회의 미래』라는 두 번째 책을 썼다. 이 책에서 그는 "홉스와 로크 이후 300년 간 서양의 관심사였던 '절대적·일원적 시민종교', '완전한·좋은 사회의 구축'이라는 탐구는 마르크시즘의 실패로 종지부를 찍었다"라고 주장했다. 폴라니가 '사회의 복원'이라는 이름으로, 아렌트가 '정치의 복원'이라는 이름으로 간직하고 있던 이상 사회에 대한 희망을 드러커는 냉정히 저버린 것이다. 그 대신 "적당하고 견딜 만한, 그러나 자유로운 사회"는 현실적으로 추구할 수 있다. 시장의 혼란과 불협화음을 면할 수는 없지만, 개인의 자유는 지킬 수 있는 사회, 선을 크게 늘리기보다 악을 줄이는 일에 중점을 두는 사회, 그것이 드러커가 제시한 현실적 목표였다.

드러커는 이 두 권의 책으로 서구 지식인 사회에 이름을 확실히 알렸지만, 그때까지는 정치철학자나 사회학자로 알려져 있었다. 그러던 그가 1943년, GM의 앨프리드 슬론Alfred Sloan에게 'GM의 경영을 분석해달라'는 제안을 받음으로써 마침내 경제·경영 이론가로서 명성을 쌓을 전기를 마련한다. 드러커는 GM을 속속들이 살피고 조사해 1946년에 보고서 격인 『기업의 개념』을 썼고, 이 책은 몇 가지 점에서 현대 경영학의 전기를 마련했다. 이 책에서 드러커는 당대로서는 혁신적이었던 네 가지 주장을 전개한다.

첫째, 경영은 생산수단의 종속변수가 아니라 독자적으로 가치를 창출할 수 있는 부문이다. 둘째, 종업원은 테일러시스템의 응용 편에서 여기듯 단순히 '살아 있는 기계'가 아니며, 종업원이 현장에서 습득한 지식을 바탕으로 자율적으로 활동할 권한을 부여할 때(이는 나중에 지식 노동자의 개념으로 발전된다) 효율은 극대화된다. 셋째, 기업의 상부에서 하부로, 종합상사에서 부문별 계열사로 권한을 이양하고 기업을 분화함으로써 경쟁력을 극대화할 수 있다. 넷째, 기업은 사회적 책임을 져야 한다. 이는 종업원의 권한 강화와 기업의 사회적 책임을 강조했다는 등의 이유로 GM 지도부에게 배척당했지만, 사회적으로는 센세이션을 일으켰다. 이로써 드러커는 '학계

— 드러커는 1943년 'GM의 경영을 분석해달라'는 제안을 받음으로써 마침내 경제·경영 이론가로서 명성을 쌓을 전기를 마련한다.

의 주목할 만한 인물' 수준에서 '미국 사회의 명사'로 떠올랐다. 여세를 몰아 그는 1947년에 마셜 플랜의 고문역을 맡아 유럽에 다녀왔고(프리드먼은 3년 뒤에 다녀왔다), 1949년에는 뉴욕 대학 교수가 되었는데 스스로 경영(매니지먼트)학과를 창설해서 부임한 것이었다. 이제 경영학은 인기 학문이 되어가고 있었다. 드러커의 시대가 열린 것이다.

한 손에는 코란
한 손에는 칼

드러커의 경영학자로서 경력은

1971년까지 뉴욕 대학의 경력과 그 뒤 타계할 때까지 있었던 캘리포니아 클레어몬트 대학의 경력으로 이루어진다. 그전까지는 회계나 인사 등에 국한되어 있던 경영학의 영토를 조직론까지 확장하고, 경영을 중요한 가치 창출원으로 격상했다는 점에서 드러커를 경영학의 창시자까지는 아니어도 확립자라고 부를 만하다. 또한 이 시기에 그는 기업 컨설턴트로도 활약했으며, 컨설턴트라는 개념 자체는 확실히 자기 손으로 창시했다. 1980년대 말에는 사회주의권의 몰락을 예측했는데, 정부는 필연적으로 비효율성을 보일 수밖에 없으며 따라서 민영화(이것 역시 드러커가 정립한 개념이라고 하는데, 대처나 레이건 등은 프리드먼의 작은 정부론과 함께 드러커의 민영화론을 우선 참고해 경제정책을 수립했다고 한다), 규제 철폐, 기업 자율성 강화 등의 처방이 필요하다는 조언은 신자유주의자들과 비슷했다.

그러나 드러커는 『새로운 현실The New Realities』 등의 책에서 제3섹터의 중요성을 강조해 신자유주의자들과 구분되는 모습을 보였다. 영리를 추구하지 않으면서 중요한 사회 기능을 담당하는 비정부, 비기업 부문을 총칭하는 제3섹터의 개념은 1970년대 사회학에서 나온 것이지만, 드러커는 그것이 단지 경제의 주변부가 아니라 중심부에 속하며, 점점 더 중요해질 것이라고 예언함으로써 본격적으로 주목을 받았다. 드러커는 젊은 시절 폴라니를 좋아하고 존경하면서도 동의할 수 없었던 점(자본주의는 예외적이며, 시장은 다시 사회 안에 내재되어야 한다)에 대해 나름의 타협안을 제시한 셈이다. 혹은, 구경꾼들이 조직화해 구경꾼 이상의 영역을 확보할 가능성에 주목한 셈이랄까.

1993년, 80세가 넘은 나이에도 지적으로 활발했던 드러커는 『자본주의 이후의 사회의 지식경영자』에서 경제·경영학을 넘어 일종의 '미래학'을 제시했다. 그에 따르면 세계는 탈자본주의·비사회주의 시대로 향하고 있으며, 그 시대에도 시장과 정부는 존속하겠지만 더는 자본주의나 사회주의로 설명하기 어려운 사회와 경제가 운영될 것이다. 어느 나라에서나 늘어날 수밖에 없는 연기금이 '자본가 없는 자본'의 역할을 해서 경제의 축이 될 것이고, 갈등은 자본가와 노동자 사이가 아니라 서비스 노동자와 지식 노동자, 지식 노동자와 경영자 사이에 존재할 것이다. 그러나 과거의 계급 갈등과는 달리 그런 갈등은 반드시 제로섬zero-sum적이지 않으며, 지식 노동자가 서비스 노동자의 입장을 이해하고 경영자가 사회적 책임을 확실히 짊어진다면 원만히 해결될 것이라고 본다.

드러커의 이런 주장이 반드시 신봉 대상이 되는 것은 아니다. 계량적 접근을 위주로 하는 주류 경제학자들은 그의 주장이 일부 부정확한 통계나 사실에 근거한 엉성한 세계관이며 엄밀한 과학이 아니라고 한다. 드러커는 프리드먼 같은 냉정한 '객관적' 접근을 기피했으며, 경영이란 어디까지나 '예술 또는 교양'이라고 되풀이해 강조했다. 한편 좌파 진영에서는 드러커에 대한 직접적 비난은 자제하면서도, 그의 경영혁명론이 자본주의적 노동 착취의 현실을 그럴듯한 미사여구와 표면적 정책으로 호도하고 있을 뿐이라고 반박한다. 미래학적으로는 "국민국가의 쇠퇴는 막을 수 없으며, 여러 국가가 동참해 이라크의 침략을 격퇴한 걸프전은 인류적 과제가 주권에 우선한다는 원칙의 확립을 보여준다", "2010년대가 되면 세계 국가의 4분의 3 가량은 선진국에 진입할 것이다"라고 한 그의 예언이 지나치게 낙관적이었고 허술한 가정에 근거해서 크게 빗나갔음을 지적할 수 있다.

사실 예술은 객관성이나 합리성과 친화적이지 않다. 그리고 아이러니의 틈에서 순간 튀어나오는 미의 약동을 붙잡는 것, 그것이 예술의 과제다. 경영자란 한 손에는 코란을 들고 비전을 전파하며, 한 손에는 칼을 들고 구조조정을 추진하는 아이러니한 존재다. 그것이 궁극적으로는 사회를 보호하기 위한 행동이라 할지라도, 당장 소외가 발생하는 것을 피할 수는 없다. 폴라니 같은 영혼의 소유자로서는 죽어도 못할 일이 경영이다. 그러나 그런 불합리와 모순에서 아이러니의 미학을 추구할 수 있다면, 현실의 범주에서 벗어나지 않는 이상을 붙잡을 수 있지 않을까? 예술가가 단지 예술을 위한 예술을 할 뿐, 작품을 소유하고 이익을 얻으려고 하지 않는다면 어떨까? 그래도 착취와 소외라는 본질을 뒤로 돌릴 수는 없을까? 2005년 11월 11일, 이 위대한 구경꾼은 96세 생일을 8일 남겨두고 타계했다. 그와 가장 대조적인 경제사상가면서 아이러니하게 한 배를 타고 있었던, 미국에 정착한 유럽 출신 유대인 학자라는 공통점을 가졌으면서 평생 아무런 교류도 하지 않았던 프리드먼이 죽기(2006년 11월 16일) 1년 전쯤이었다.

제 7 장

창 조 의 초 상

예
술
가
들

● '천재'의 아우라를 이루는 요소에 빠지지 않는 '창조성'. 그것은 과학 분야에서만이 아니라 문학, 미술, 음악, 연극, 영화 등 예술 분야에서도 두드러지는 요소다. 유대인 천재가 많았던 만큼, 예술 부문의 유대인 거장도 많았다.

문학에서는 카프카, 만, 츠바이크 등이 저물어가는 세기말의 유럽 한복판에서 개인으로서, 또 유대인으로서 절감했던 불안과 비애를 원고지에 쏟아냈으며, 전후에는 엘리 위젤Elie Wiesel이나 필립 로스Philip Roth 등이 유대인의 정체성에 대해 다양한 시각을 보여주었다.

미술에서는 아메데오 모딜리아니Amedeo Modigliani, 마르크 샤갈Marc Chagall, 마크 로스코Mark Rothko 등이 서로 이질적이면서도 묘하게 동질적인, 미에 대한 야심적이고 강렬한 접근법을 나타냈다. 오시 자킨Ossip Zadkin이나 제이컵 엡스타인Jacob Epstein 등은 모더니즘 조각의 거장으로 우뚝 섰으며, 건축에서도 그로피우스와 반데어로에 등이 현대 건축의 새 장을 열었다.

음악에서는 말러가 고전음악 전통의 마지막이자 모더니즘의 새벽을 장식했으며, 쇤베르크, 거슈윈, 코플런드 등이 뒤를 이어 모더니즘 음악을 수립했다. 발터나 번스타인은 한 시대를 풍미한 거장 지휘자였으며, 프리츠 크라이슬러Fritz Kreisle, 블라디미르 호로비츠Vladimir Horowitz, 아르투르 루빈스타인Arthur Rubinstein, 야샤 하이페츠Jascha Heifetz, 아이작 스턴Isaac Stern 또한 불멸의 명연주자로 손꼽혔다.

또한 콘스탄틴 스타니슬랍스키Konstantin Stanislavskii는 현대 연극술의 기틀을 잡았고, 세르게

이 예이젠시테인Sergei Eisenstein, 큐브릭, 윌리엄 와일러William Wyler, 로만 폴란스키Roman Polański, 우디 앨런Woody Allen, 스티븐 스필버그Steven Spielberg 등은 영화사에서 빼놓을 수 없는 명감독들이다.

이렇게 무수한 유대인 천재 예술가 가운데 겨우 두 사람만을 여기에 소개하는 일은 그들 입장에서는 일종의 모독일지도 모르겠다. 그러나 다른 분야의 거장들, 철학자들이나 경제학자들 등과는 또 다르게, 예술가들은 워낙 분야도 다양하고 업적도 다채롭기 때문에 도무지 3, 4, 5명 등의 숫자로 충분히 '대표'할 수가 없다. 제대로 조명하자면 아예 그들만 뽑아서 책을 한 권 따로 써야 하리라. 어차피 충분한 대표가 안 되는 마당에 저자의 역량도 감안해 두 사람을 소개하는 것이며, 이 외의 예술가들이 결코 이들보다 역량이나 업적이 떨어지는 것은 아니다. ●

프란츠 카프카

영원한 악몽 속에서
살아가기

★

Franz Kafka, 1883.7.3~1924.6.3

세 상 에

내 던 져 진   존 재

어느 날 아침, 잠을 자고 있던 그레고르는 뒤숭숭한 꿈자리에서 깨어

나자 자신이 침대 속에서 한 마리의 벌레로 변해 있는 것을 발견했다.

– 「변신」의 첫머리

누군가가 요제프 K를 모함했음이 분명했다. 그는 나쁜 일을 저지른 적도 없는데 어느 날 붙잡혔기 때문이다. ─「심판」의 첫머리

K가 도착한 것은 밤이 이슥한 뒤였다. 마을은 눈 속에 파묻혀 있었다. 성이 있는 산은 전혀 보이지 않았다. ─「성」의 첫머리

프란츠 카프카의 소설은 하이데거식으로 '세상에 내던져진' 주인공의 상황에서 시작되는 경우가 많다. 그는 낯설고 기묘하며 적대적인 환경에 마음의 준비도 없이 던져진다. 그러나 독자는 이런 미스터리에 찬 설정에 침을 삼키며 읽다가도, 이내 무언가 위화감을 느낀다. 말이 안 되는 세계의 말이 안 되는 질서도 그렇다. 그러나 더욱 당혹스러운 것은 참으로 어처구니없는 상황에 처한 주인공이 놀라고 혼란스러워하기보다는 상황에 담담히 적응하는 듯 보이기 때문이다. 가령 「변신」에서 그레고르는 자신이 벌레로 변했다는 사실보다 자명종이 울렸는데도 기상 시간에 깨지 못했다는 것에 놀라고, 사람으로 되돌아가는 방법보다 자신을 찾아온 지배인에게 좋지 않은 인상을 주지 않을지를 괘념한다. 「성」의 측량 기사 K는 부름을 받고 왔는데도 정작 성에서 자신을 원하지 않을 뿐 아니라 언제까지고 자신을 들여보내려 하지 않는 불가해한 상황을 별로 이상히 여기지 않으며, 성에 들어갈 방법을 계속 모색할 뿐이다. 결국 그레고르도 K도 자신이 처한 부조리한 상황에서 벗어나지 못한다. 죽음만이 그들의 이야기를 종결짓는다.

기묘한 세계로 느닷없는 진입, 이성을 간직하고 '합리적'으로 사고하면서도 세계의 부조리함 자체는 별로 의식하지 않는 태도. 아무리 발버둥 쳐

보아도 끝내 제자리에서 벗어나지 못하는 구속. 우리는 사실 흔하게 이런 상황의 주인공이 된다. 바로 꿈을 꿀 때다. 깨고 나서 생각해보면 황당할 뿐인 세계가 꿈속에서는 아무렇지 않게 느껴졌을 것이다. 불안과 공포에서 도망치려고 아무리 애써도 제자리걸음을 하게 되었을 것이다. 카프카의 소설은 꿈속에 갇힌 주인공의 이야기다. 그리고 그것이 여러 비평가의 견해처럼 우리가 살아가는 현대사회에 대한 풍자의 의미를 가진다면, 우리는 꿈에서 깨어나는 것처럼 다른 차원으로 옮겨가야만, 다시 말하면 죽음과 같은 파멸 또는 초월을 해야만 벗어날 수 있는 영원한 악몽 속에서 살아가고 있다는 말이 된다.

아 버 지 **와**
아 들

　　아버지와 저는 아주 달랐고, 다르기 때문에 서로에게 몹시 위험한 존재였습니다. 그러므로 만약 서서히 커가는 저라는 아이와, 아버지라는 일가를 이룬 남자가 서로 어떤 관계에 있게 될 것인지를 미리 따져보았다면, 한마디로 아버지가 저를 짓눌러서 납작하게 만들 것이라고, 저에게 남아 있는 것은 아무것도 없게 되리라고 추론할 수도 있었을 것입니다. 그러나 지금 그런 일은 일어나지 않았습니다. 저는 살아 있으니까요. 하지만 어쩌면 더 나쁜 일이 벌어졌는지도 모릅니다.
　　- 「아버지에게 드리는 편지」

카프카는 1883년 7월 3일, 체코의 프라하에서 잡화상 헤르만 카프카의 아들(두 형이 있었지만 태어난 지 얼마 안 되어 죽었으므로 실질적인 장남이었다)로 태어났다. 헤르만은 전형적인 자수성가형의 '일 중독자 가부장'이었으며, 다혈질인 남편과 대조적으로 어머니 율리에 뢰비는 조용하고 경건한 성품이었다. 카프카는 어머니의 성품을 주로 이어받았으며, 여건이 되었다면 성직자나 철학자가 되어 안온하고 명상적인 삶을 영위했을 것이다. 그러나 그런 천성에 맞는 삶을 허락하지 않은 최대의 적, 그레고르를 방 안에 가두고 K를 끝끝내 성 안에 들이지 않은 존재가 아버지였다. 속물적이고 이해타산적인 시각에서만 세상을 바라보았던 헤르만은 '돈 많이 벌어서 가족 배 안 굶기고 자식 좋은 학교에 보내고 떵떵거리며 사는 것'에만 삶의 가치가 있다고 여겼고, 그 가치관을 자식들에게 강요했다.

카프카가 아버지 때문에 기를 펴지 못하고 평생 악몽 같은 음울한 세계에서 살아가게 된 시초는 아직 뛰어노는 것밖에 모를 코흘리개 시절부터였다. 조금이라도 돈벌이가 되는 곳으로 거주지를 옮기려는 아버지의 속셈 때문에 뻔질나게 이사를 다녀야 했던 것이다. 어린 카프카는 또래들과 친해질 틈이 없었으며, (어느 정도는 그런 잦은 이사가 원인이 되었을) 동생들의 연이은 죽음 앞에서 공포에 떨어야 했다. 어쩌다 같이 노는 아이들에게도 빈정거림을 들었다. "너 유대인 자식이지?", "너희 아빠는 돈밖에 모른다며?", "유대인이라 그렇대. 유대인들은 더러운 돈벌레들이고, 죽으면 지옥에 간대!"

아버지는 카프카에게 세상 질서의 공포스러움과 부조리도 몸소 가르쳐주었다. 어린 카프카가 반은 어머니의 관심을 받고 싶어서 밤중에 "목말라요” 하고 칭얼거리자, 아버지는 냉큼 우악스러운 손으로 셔츠 바람의 카프카를 낚아채서 문 밖에 내던지고는 한참을 그대로 두었고, 카프카는 이 경험을 두고두고 이야기했다. 아버지로서는 아들의 버르장머리를 고치려는 행동이었을지 모르지만 아들은 경악, 공포, 억울함, 후회, 자괴감 등이 끝없이 밀려오는 가운데 영원 같은 시간을 어둠 속에서 벌벌 떨어야 했다. 자신이 갇혀 있어야 가족들이 편안히 잘 수 있다고 강요받는 그레고르처럼, 무슨 수를 써도 성 안에 들어갈 허가를 얻지 못하고 좌절하는 K처럼. 그러나 아버지의 가르침은 율법처럼 질서정연하지 않았다. 아내와 자식들에게는 규칙을 강제했지만 자신에게는 관대했던 것이다. 카프카는 장성한 뒤로도 “식탁에서는 조용히 밥만 먹어야 한다고 하시면서 당신 스스로는 손톱을 깎고 귀를 후볐으며, 우리가 조금이라도 먹을 것을 흘리면 무섭게 야단치면서 당신이 마구 흘리는 건 개의치 않았던” 아버지의 이중성을 생생히 떠올린다.

그런 대립과 억압의 배경에는 단지 개인의 문제, 서로 다른 성격의 소유자가 아버지와 아들로 만난 불행의 문제로만 치부할 수 없는 것도 있었다. 당시 체코는 오스트리아–헝가리 제국의 일부였으며, 프라하는 독일계, 체코계, 유대계 등이 뒤섞여 살아서 언어, 종교, 문화 정체성이 복잡하게 얽혀 있었다. 그 틈바구니에서 어찌 보아도 비주류였던 유대인의 숙명을 거부한 카프카의 아버지는 밑바닥부터 시작해서 부를 일구었으며, 일단은 체코인들에게, 다음에는 독일어를 쓰는 상류층에게 동화해 신분을 상승하려 했다. 그러나 그 과정이 결코 순탄할 수 없었기에 그는 늘 초조하고 스트레스에 시달려야 했다. 그래서 가족들에게 화풀이를 하고, 후계자가 될 아들을

_ 카프카의 부모. 속물적이고 이중적이었던 아버지는 카프카에게 경악과 공포를 불러일으켰다.

강하게 키우려고 했던 것이다. 카프카는 대학에 들어가면서 지긋지긋한 아버지의 구속에서 놓여날 수 있다고 생각했지만, 곧 깨닫게 된다. 자신이 달아날 데라고는 애당초 없었음을.

규칙과 숫자
사이에서 살아남기

포세이돈은 자신의 책상머리에 앉아 계산을 하고 있었다. 모든 바다와 강과 호수를 관리하는 일은 해도 해도 끝이 없었다. 그는 원하는 만큼 보조원을 쓸 수 있었으며 실제로 많은 보조원을 두고 있었다. 그러나 그는 직무에 무척 충실했으므로 모든 것을 두 번씩 꼼꼼히 계산해야 했고, 그래서 보조원들은 그에게 거의 도움이 되지 못했다. 그는 자신의 일을 즐기지는 않았다. 단지 그 일이 자신의 일로 부과되었기에 하고 있을 뿐이었다. ─「포세이돈」

카프카는 1893년에 김나지움에 입학했다. 성적은 우수했지만 그는 늘 불안과 콤플렉스에서 벗어나지 못했다. 병약한 몸은 자신감을 심어주지 못했고, 삐쩍 마르고 근육이라고는 없는 육체가 부끄러워 20세가 넘도록 수영장에 출입하지 못했다. 교사들이 모범생이라고 칭찬하는데도 늘 '성적이 떨어지면 어떡하지?', '사람들이 내 외모가 형편없다고 놀리면 어떡하지?' 하는 불안을 달고 살았으며, 니체나 스피노자를 읽으며 얻은 감명을 집에서 입 밖에 낼 때마다 "그런 쓸데없는 건 집어치우고, 돈 벌 궁리나 해라"라는 아버지의 호통에 기가 죽었다.

1901년에 프라하 대학에 입학해서는 철학이나 화학을 전공하려 했지만, 결국 아버지의 바람대로 법학을 선택했다. 법학 공부는 어느 정도 그의 적성에 맞았다. 그렇지 않았다면 1906년에 법학 박사까지 받고, 변호사 사무실에서 근무하지는 않았으리라. 「심판」을 비롯해서 그의 소설 곳곳에는 법학 지식과 가치관(이른바 '리걸 마인드[legal mind]'라고 불리는)이 뚜렷이 배어 있기도 하다. 그러나 타인을 끔찍하게 두려워한 비트겐슈타인이 수학과 논리학의 무미건조한 질서에서 평온함을 얻었던 것과는 다르게, 카프카는 무미건조한 법조문과 법률 절차의 질서에 마냥 몰입할 수는 없었다. 법은 인간을 다루는 것이며, 인간을 심판하는 것이며, 어릴 적 그를 학대한 아버지처럼 상당 부분 비논리적인 권력에 근거해서 인간의 자유를 압살하는 것이었기 때문이다.

결국 법률가 일에 진력이 난 그는 보험업으로 전직했다. 1907년에 민간 보험회사에 취직하고, 1908년에 노동자재해보험국으로 직장을 옮긴 그는 그곳에서 10여 년 동안 근무하게 된다. 하루 종일 숫자와 씨름하는 일은 그의 마음에 불안이 스며들지 않게 도와주기는 했지만, 허무감이 터져버릴 만큼 부풀어 오르게도 했다. 아버지는 아버지대로 돈도 별로 안 되는 보험 일은 집어치우고 매제가 운영하는 석면 공장 일이나 도우라고 그에게 윽박을 질렀다.

집 안에서나 밖에서나 숨 막히는 나날에 그가 미치지 않게 도와준 것은 영국 수필가 에릭 헬러Eric Heller의 말처럼 "오직 책상뿐이었다". 책상 앞에 앉아 머리를 빠르게 스쳐가는 몽상과 환상을 글로 옮기는 작업만이 어릴 때부터 그의 구원이었다. 대학 시절 만난 친구 막스 브로트Max Brod는 카프카가 잔뜩 수줍어하며 읽어준 글에 그야말로 열광적인 찬사를 보냈다. 그래서 이 호리호리하고 파리하며, 부리부리한 눈에 뾰족한 귀를 가진 내성적인 청년의 가슴에 '나도 무언가 가치 있는 일을 할 수 있을지 모른다'는 꿈이 처음으로 피어나기 시작했다. 비록 아버지는 브로트와 아들의 글쓰기를 '되먹지 못한 젊은 놈들의 너저분한 짓거리'로 치부했지만.

고독하게 살고 있지만, 그래도 여기저기 어딘가에 연결되고 싶어 하는 남자. - 「골목길에 난 창문」

브로트는 아마도 카프카를 인생의 또 다른 면으로도 이끌었던 것 같다. 프라하 대학의 학생이던 시절 그는 사창가에서 동정을 잃었으며, 그 뒤 수시로 그 골목을 배회하는 덧없는 영혼의 무리에 끼곤 했다. 술집 종업원이나 점원 등과 '원나잇'도 종종 가졌다. 그러나 그는 성관계를 하고 나면 극도의 혐오감에 휩싸였다. 분명 육체는 쾌락을 느꼈고, 쾌락이 다시 그의 발걸음을 밤거리로 인도했다. 그러나 그의 정신은 그것을 수치스럽고 되먹지 못한, 너저분한 짓거리로 단죄했다. 한편으로 그는 처음 만나는 여자에게 구원의 희망을 품고 그녀의 품에 안겼지만, 결국 둘 사이에는 더러운 욕정밖에 없었음을 깨닫고 그녀에게서 도망치듯 물러났다. 카프카는 만난지 1시간도 안 되는 술집 여자에게 사랑한다고 하며 곧바로 잠자리로 뛰어들고, 바로 그녀를 버리는 「성」에서 K의 모습 그대로였다.

　이런 태도는 그가 장기적인 남녀 관계를 갖는 데 지장을 줄 수밖에 없었지만, 의외로 여자를 사귀는 데는 어려움이 없었다. 그의 신비스런 외모와 말솜씨, 이제 막 만났음에도 거침없이 진도를 나가는 대범함은 여러 여자를 매혹했다. 하지만 관계를 맺자마자 후회와 자책에 머리를 싸매고, "저와 계속 사귀려면 플라토닉한 관계를 유지해야 합니다. 내가 당신을 원해도 응하지 말아야 해요. 그리고 우리가 오래가려면 되도록 만나지 말아야 합니다. 아무리 사랑스러운 사람이라도, 마주하고 있으면 미칠 것 같아지니까요"라고 하는 연인을 누가 오래 감당할 수 있겠는가.

　그래서 대학생 시절 어느 유부녀와의 불륜을 시작으로 펠리체 바우어, 율리에 보리체크, 밀레나 예젠스카, 도라 디아만트 등 여성과의 잇따른 관계에서 세 번 약혼(두 번은 펠리체와 했다)했지만 세 번 모두 얼마 못 가 파혼했으며, 죽음의 그림자가 다가오던 말년에야 한 여인(도라)과 "러시아 원정에 나서는 나폴레옹의 심정으로" 동거할 수 있었다. 그와 오래 사귄 여인 중 두 사람은 유부녀였다. 펠리체와 한 번 파혼한 이유는 카프카가 그녀의 친구와 바람을 피웠기 때문인데, 죄스러운 부분이 많은 관계와 결혼의 틀에서 벗어난 관계가 정상적인 관계보다 오히려 그에게 위안을 준 것 같다. 정상적인 연애와 결혼은 그에게 아버지처럼 살 것을 강요하는 것처럼 보였고, 그는 그것을 동경하면서도 혐오했기 때문이다. 그는 철저히 고독해져야만, 어머니의 자궁에서 나오지 않는 태아처럼 되어야만 안도할 수 있었다. 그러나 세상은, 아니 그의 본능은 다시 폭력적으로 그를 세상에 끌어내려고 했고, 그가 일시적이라도 고독에서 벗어나 친밀한 관계를 맺게끔 했다. 이런 혼란스럽고 병적인 삶은 계속적인 글쓰기를 통해서만 치유되었고, 현실의 병마로 대체되었다. 그는 치명적인 병에 걸리기 전까지 평생토록 두통, 불면증, 호흡곤란, 류머티즘, 만성피로 등에 시달렸다.

각자의 법 앞에 서서

푸줏간 주인의 널따란 칼날이 빠르고 기계적인 정확성을 가지고 옆구리를 계속 베어내는 환상이 머릿속을 떠나지 않는다. 베어낸 얄따란 고깃덩어리가 대팻밥처럼 바람을 타고 날아간다. - 「일기」, 1913년 5월 4일.

카프카도 이런 삶에서 어떻게든 벗어나고 싶었다. 그래서 그는 병약한 몸을 운동과 여행으로 고쳐보려고도 하고, 철저한 식이요법을 스스로 개발해서 실천하기도 했다. 이 식이요법은 결국 그를 채식주의자로 만들었다. 그의 할아버지는 유대인용으로 특별히 도축한 고기를 파는 정육업자였는데, 자기 아들과는 달리 아버지를 존경했던 헤르만은 이 일로 아들과 사이가 더욱 멀어졌다. 그는 율리에가 변변찮은 집안 출신이라는 이유로 아들의 약혼을 맹렬히 반대하기도 했는데, 카프카는 그와 심한 언쟁을 하다가 피를 토했다. 폐결핵이었다. 그토록 건강에 유의하던 그가 식이요법으로 살균하지 않은 우유를 마신 것이다. 이 병은 1917년부터 1924년까지 그의 남은 생을 갉아먹고 망쳐버렸다. 병에 걸리지 않았더라면, 점점 커지고 있던 문단의 평가가 그를 전업 작가이자 명사의 반열에 올려놓을 수도 있었을 것이다(그의 수줍음 때문에라도 카프카의 문학은 잘 알려지지 않았지만, 1917년에는 집필한 8권 중 3권의 책이 출간되었으며 그중 한 권인 『화부』는 폰타네상을 수상했다. 저명한 사상가였던 루돌프 슈타이너Rudolf Steiner는 카프카를 만나보고 그에게 무척 감탄했으며, 그의 글을 널리 선전하는 역할을 도맡았다).

또한 유대인으로서 새로운 삶을 모색할 수도 있었을 것이다. 그는 "아버지에게 물려받은" 유대인의 피와 유대교 전통을 기본적으로 기피했지만, 아버지가 신분 상승을 위해 내던지려 애썼던 것이기에 반대로 흥미를 갖기도 했다. 더욱이 본래 성직자다운 성품을 가졌으며 가혹한 현실과 접한 환상을 꿈꾸던 그는 베냐민처럼 유대교 중 신비주의에 적잖이 이끌렸고, 작품에 그런 요소를 반영했다. 그가 건강을 되찾았더라면, 생의 마지막 동반자가 된 도라의 희망대로 팔레스타인으로 이주해 살았을지도 모른다. 그녀는 카프카의 병석에서 『탈무드』를 읽어주었으며, 팔레스타인에 가서 자신은 요리사가 되고 카프카는 지배인이 되어 알콩달콩 레스토랑을 꾸리자는 이야기를 늘어놓기도 했다.

하지만 끝내 출구는 나타나지 않았다. 그의 대표 소설의 주인공처럼(미완성으로 끝난 「성」의 마지막은 K가 죽은 다음에 성에 들어와도 좋다는 허가를 받는 것으로 정해져 있었다고 브로트는 말한다), 카프카는 죽음을 자신의 오랜 꿈에서 깨어나는 수단으로 삼았다. 1924년 6월 3일, 카프카는 빈 근교의 키얼링 요양소에서 도라가 지켜보는 가운데 숨을 거두었다. 그의 유해는 프라하로 옮겨져 그곳의 유대인 공동묘지에 묻혔다. 그는 죽기 전에 자신의 미발표 작품을 모두 없애달라고 브로트에게 부탁했지만, 다행히 브로트는 친구의 유언을 지키지 않았다.

왜냐하면 이 입구는 오직 당신만을 위해 만들어진 것이기 때문이오. 이제 나는 문을 닫아야겠소. ─「심판」

만약 로빈슨이 오기가 나서든, 겸손해서든, 아니면 두려워서든, 무지해서든, 아니면 그리움에 젖어서든 그 섬에서 가장 높은 곳, 즉 가장 잘 바라볼 수 있는 곳에 그대로 머물러 있었다면, 그는 곧 죽었을 것이다. 그는 지나가는 선박들과 그 선박들의 질 나쁜 망원경들을 염두에 두지 않고 자신의 섬 전체를 탐험했다. 그리고 섬을 향유했다. 그래서 그는 스스로를 구원했으며(합리적으로 정해진 귀결은 아니었지만), 결국 발견될 수 있었다. ─「로빈슨」

_ 카프카는 절망만을 말하지는 않는다. 그의 소설 속 주인공들은 성공하지는 못할망정 끝내 포기하지 않는다. 사진은 유대인 묘지에 있는 카프카의 무덤.

어쩌면 그것이 카프카로서는 더 나은 귀결이었을지도 모른다. 그가 조금 더 살았더라면, 세 여동생이 실제로 겪은 것처럼 아우슈비츠에 수감되어 고통 끝에 죽어갔을 것이기 때문이다. 아우슈비츠야말로 카프카가 환상 속에서 평생을 두려워해온 근대적 세계의 현실, 인간 이성의 종착점이었다. 바로 그래서, 그의 여동생들이 가스실에서 죽어가던 그때, 나치에 점령된 프랑스를 중심으로 카프카의 작품이 널리 읽히기 시작했던 것이 아닐까. 불가해한 꿈처럼 보이던 것이 사실은 현실이었고, 질서정연한 현실처럼 보이던 것이 사실은 지독한 악몽이었음이 마침내 드러났기 때문에.

오늘날 한국의 청소년들 사이에서도 카프카는 인기가 많다. 클라이맥스도 카타르시스도 없고 무미건조한 필체로 일관하는 몇 세대 전의 외국 작가지만 말이다. 「변신」처럼 '엽기적이고 황당한' 스토리가 흥미를 끌기 때문이기도 하겠지만, 그보다 안개 속을 헤매는 듯한 그의 문장 사이를 헤매다 보면 그가 겪은 악몽은 지금 여기의 현실이기도 하다는 점을 어렴풋이 느낄 수 있기 때문일 것이다. 사랑하는 가족이 벌레로 변해버렸는데도 '은폐'하고 '관리'하려고만 하며, 단 한 번도 그의 증세를 고쳐보려고도, 하다못해 따스한 말 한마디와 눈물로 위로하려고도 하지 않는 천하에 이상한 그레고르의 가족처럼, 이 사회의 어른들도 그들을 점수와 규칙, 공허한 교훈과 잔혹한 관리 계획으로 옭아매고 있으며, 결정적인 순간에는 '가만히 있으라' 하고 달아나버린다는 것을. 그것이 우리가 살고 있는 멋진 신세계의 거울에 비친 참모습이라는 것을.

그러나 카프카는 절망만을 말하지는 않는다. 그의 소설 속 주인공들은 성공하지는 못할망정 끝내 포기하지 않는다. 가진 지혜와 수단을 쥐어짜서 상황을 개선하려고 노력하며, 대부분 헛되게 끝나지만 조력자를 찾아 힘을 합치려 한다. 그리고 정말로 드문 경우지만, 우연의 힘이 다분히 작용한 결과이긴 했지만 '탈출'에 성공한다.

카프카가 정치사상에 관심이 있었다는 증거는 하나도 없다. 그러나 평범함 속에 똬리를 튼 악과 싸우기 위한 대책에서, 그는 아렌트의 메시지를 예비하고 있었다. 성공할 가망이 없더라도, 합리적으로 계산해서 나오는 미래가 없더라도, 끝까지 해보아야 한다, 행동해야 하며 연대해야 한다고 그는 말한다. 오늘날 우리가 저마다의 '법 앞에' 설 때, 결코 '가만히 있어서는 안 된다'고, 카프카는 침묵을 통해 이야기하고 있다.

레너드 번스타인

햄릿인가,
광대인가

★

Leonard Bernstein, 1918.8.25~1990.10.14

랍 비   대 신
딴 따 라 를   꿈 꾸 다

"바통을 든 오케스트라의 지휘자는 찬란한 존재다. 아르투로 토스카

니니Arturo Toscanini같은 지휘자 밑에서 플루트를 분다는 것은 또 얼마나

영광스러운 일인가. 그러나 다 지휘자가 될 수는 없는 것이다. 다 콘서트

마스터가 될 수도 없는 것이다."

수필가 피천득이 남긴 글처럼, 클래식 음악에 대해 잘 모르는 사람이라 할지라도 지휘자의 이미지는 '찬란한 존재'로 떠오른다. 앞으로는 수백 명의 연주자, 뒤로는 수천, 수만의 청중을 앉혀놓고서 그 수많은 머리 위로 우뚝 솟아올라 눈을 질끈 감고, 마법의 검처럼 지휘봉을 휘두르는 찬란한 존재. 클래식에 조금 더 관심과 지식이 있는 사람이라면 불멸의 지휘자로 헤르베르트 폰 카라얀Herbert von Karajan, 빌헬름 푸르트벵글러Wilhelm Furtwängler, 토스카니니, 레오폴드 스토코프스키Leopold Stokowski 등의 이름을 나열할 것이며, 그중에서도 가장 화려하고, 독특하며, 때로는 우스꽝스러울 정도의 퍼포먼스로 오케스트라를 휘어잡았던 거장으로 번스타인을 반드시 언급할 것이다.

이 불멸의 지휘자는 교향곡 세 편, 연가곡집 두 편을 비롯한 많은 가곡, 합창곡, 뮤지컬 일곱 편, 영화음악 한 편과 발레곡 다수를 지은 작곡가이자 일류 피아니스트이기도 했다(피아니스트로 솔로 연주를 한 일은 드물었으나, 피아노 협주곡을 지휘하다가 피아노 파트에서는 재빨리 피아노로 달려가 연주하고, 다시 지휘대로 돌아오는 '묘기'로 청중을 감탄시키고는 했다). 그의 넘치는 음악적 재능을 기려 '20세기 음악의 다빈치'라고 부르기도 한다. 그러나 번스타인은 찬란하고 쾌활한 퍼포먼스 저편에 한과 우울증을 안고 살았다. 특히 그의 말년은 이루지 못한 꿈에 대한 미련과 깨어진 이상에 대한 비감으로 가득 차 있었으며, 가끔 감정이 격해질 때는 가까운 사람들에게 자기 인생은 실패했다는 식으로 푸념했다. 왜 그랬던 것일까. 매우 손쉽게(보통의 경우에 비하면) 영광의 자리에 이르고, 죽을 때까지 그 자리를 지켰던 이 사람을 무엇이 그토록 번민하게 만들었을까?

레너드 번스타인은 '루이스 번스틴'이라는 이름으로(무슨 이유에서인지 뒤에 레너드로 개명했으며, 유대인 냄새가 나지 않는 번스틴이라는 발음을 부모 대부터 쓰다가 그의 명성이 확고해질 무렵 번스타인으로 불러 달라고 했다), 1918년 8월 25일에 보스턴에서 태어났다. 아버지 샘 번스타인은 러시아 출신 유대인으로, 집요한 박해를 참던 끝에 군대에 강제 징집되어 제1차 세계대전에 끌려갈 지경이 되자 미국으로 건너온 사람이었다. 강인한 기질의 샘은 몸뚱아리 하나만으로 하루 벌어 하루 먹는 생활(뉴욕의 풀턴 어시장에서 물고기의 내장을 제거하는 일이었다)에서 출발해 매사추세츠 주의 미용 상품 판매업자로 성공, 부자의 반열에 들 수 있었다. 그러나 등진 조국에서 정통 유대교 교육을 받았던 그는 어릴 때 꿈이던 랍비가 못내 아쉬웠으며, 비록 자신은 살기 위해 장사꾼이 되고 말았지만 자식 대에서는 랍비가 나오도록 하겠다는 생각을 하고 있었다.

하지만 맏아들 루이스는 도무지 아버지의 바람을 존중하지 않았다. '심심풀이 삼으라고' 피아노를 사주었더니만 그 어린 손으로 완전히 건반에 달라붙듯 밤낮으로 쳐대고, 기어코 조르고 졸라서 레슨까지 받았다. 그리고 결국 음악가가 되겠다고 하는 것이 아닌가! 유대 전통에서는 음악가란 별로 존중받는 직업이 아니었다. 아버지의 꿈을 대신 이루고 집안의 명예를 높이기는커녕 '딴따라'가 되고 싶다고 안달하는 아들을 야단치고, 어르고, 별짓을 다 해보았지만 고집을 꺾을 수는 없었다. 그런 아버지에 대한 소년 번스타인의 감정도 좋지 않았다. 아버지의 견해에 그가 동감하는 것이 있다면, 당시의 대통령 프랭클린 루스벨트Franklin Roosevelt와 민주당에 대한 열광적인 지지뿐이었다. 유럽에 비하면 훨씬 나았지만, 번스타인이

소년 시절을 보낸 1920년대와 1930년대는 미국에서 유대인에 대한 차별이 가장 심한 때였다. 그런 와중에 유대인, 흑인, 노동자, 농민 등 소수집단의 사정을 동정하고 그들을 사회에 통합하기 위해 애쓴 루스벨트는 메시아처럼 여겨졌다. 그런 정치의식은 소년 번스타인의 영혼에 길이 남아, 평생 음악가면서도 '예술을 위한 예술' 보다는 사회 참여와 진보 정치에 보탬이 되는 예술을 해야 한다는 신념을 갖도록 했다.

대중의 감동 없이는 아름다움도 없다

번스타인은 1935년에 하버드 대학에 진학하면서 아버지와 그가 살던 유대인 공동체에서 벗어났다. 당시 하버드 음대에는 말러에서 시작해 쇤베르크나 벨러 버르토크Béla Bartók, 거슈윈, 코플런드 등 유대인 음악가들이 이끄는 모더니즘 음악이 풍미하고 있었는데, 그중에서도 현대 음악의 나아갈 길은 쇤베르크나 안톤 폰 베베른Anton von Webern 등의 '무조無調음악'이냐, 재즈, 아프리카 음악 등을 과감하게 사용해 클래식의 틀에서 벗어나면서도 조성調聲은 포기하지 않은 이고리 스트라빈스키Igor' Stravinsky나 에릭 사티Eric Satie 등의 신고전주의 음악이냐 하는 논쟁이 치열했다. 아도르노의 사상에 기대고 있던 무조 음악가들은 급진적 사회주의 이념을 음악으로 표현하려 했다. 그들에 따르면 유조 음악이란 자연스러운 음악이 아니라 18~19세기의 비교적 짧은 시기에 유행했던 음악의 한 방식에 불과하며, 부르주아 사회의 성숙기와 일치한다. 말하자면 바흐나 볼프강 아마데우스 모차르트Wolfgang Amadeus Mozart, 베토벤 등이 빛을 발했던 클래식 음악은 사회가 조화롭고 평화롭게 돌아간다는 '부르주아적 판타지'를 구현하고 있으며, 이를 들으며 아름답다고 '세뇌'되는 일반 대중은 자기도 모르게 스스로의 계급적 처지를 잊고 부르주아적 사회질서에 순응하게 된다는 것이다. 따라서 조성을 없애고 불협화음, 당김음 등을 거침없이 사용하며 자유분방한 음악을 만드는 것이 음악인의 시대적 사명이라는 것이다.

번스타인은 진보적이고 사회참여적인 시각이 강했고, 클래식의 기존 질서에 집착하지 않고 자유로운 시도를 하려는 모험 정신도 누구보다 뛰어났다. 그러나 그는 무조음악가들에게는 동의할 수 없었는데, 그의 음악철학 형성에 큰 영향을 준 하버드 대학 미학 교수 데이비드 프롤David Prall의 "미란 감상을 통해 감동을 줌으로써만 성립된다"라는 지론에 깊이 공감했기 때문이다. 무조음악이나 추상미술이 나름의 미학적 논리에 따라 일정한 가치를 포함한다고 하자. 그러나 대중은 그런 음악이나 미술을 제대로 감상할 수 없으며, 피터르 몬드리안Pieter Mondriaan이나 쇤베르크로는 그들의 심금을 울릴 수 없다. 따라서 그런 전시회나 음악회에는 대중이 찾아오지 않고, 그런 예술의 가치는 극소수의 예술가와 평론가에게만 인정될 것이다. 그러나 그러면 '시대적 사명'이라는 것이 달성되겠는가? 프롤레타리아를 부르주아의 지배에서 탈출시키는 힘을 낼 수 없는, 예술을 위한 예술에 머무는 게 아닌가? 아도르노나 쇤베르크는 무조음악 연주회장이 텅텅 비는 것이야말로 '예술을 상업화하는 자본주의 질서에 대한 반항의 성공'이라고 주장했지만, 번스타인은 그러면 입장료를 받지 않는 무료 공연을 한다고 청중이 모이겠느냐고 반박한다. 그리하여 번스타인은 유조 음악, 다시 말해 클래식 음악의 사도로 남으면서 어떻게든 대중에게 가까이 가기 위해 팝 음악을 채용한다거나, 화려한 퍼포먼스를 도입한다거나, 청소년들을 위한 음악 프로그램을 개발(전에는 생각지도 못한 일이었다)한다거나 하는 시도를 평생 추구하게 된다.

번스타인의 경력은 스스로도 놀랄 만큼 빠르고 쉽게 향상되었다. 대학 재학 중이던 1937년, 그는 당대의 명지휘자 디미트리 미트로폴로스Dimitri Mitropoulos를 만났으며, 같은 해에 역시 유대인이던 저명한 작곡가 코플런드와 만난다. 두 사람은 모두 유럽 대가들의 명성에는 못 미치지만 미국인으로 살며 미국 음악계를 선도하는 막강한 영향력의 소유자였으며, 둘 다 번스타인에게 큰 호감을 가졌다. 그래서 각각 지휘자로서, 또는 작곡가로서 후계자의 모습을 이 야심만만한 젊은이에게 기대하게 된다. 이 정도만 해도 일개 음대생에게 넘치는 영광이자 밝은 전망의 보장이었지만, 더 확실한 출세 계기는 그로부터 6년 뒤, 대학 졸업 이후인 1943년에 찾아온다. 뉴욕 필하모니 연주회 개막 직전 상임 지휘자인 발터가 갑자기 건강이 나빠져 지휘를 맡을 수 없었는데, 수석 부지휘자였던 아서 로진스키Arthur Rodzinskii도 마침 출타 중이었다. 궁여지책으로 부지휘자 명단에는 올라 있었지만 가장 어리고 경험도 별로 없는 번스타인이 졸지에 미국 최고 권위 악단의 지휘봉을 잡게 된 것이다. 뜻밖의 행운을 번스타인은 놓치지 않았다. 연주회는 대성공으로 끝났으며, 텔레비전으로 중계된 공연을 본 사람들은 처음 보는 젊고 매력적이며 활기 넘치는 지휘자에게 빠져버렸다. 신출내기 지휘자가 하루아침에 명사 대열에 합류한 것이다.

— 1945년의 번스타인. 1943년 이후 번스타인의 음악적 성공은 절정에 달한다.

이후 지휘자로서의 번스타인의 경력은 탄탄대로였다. 은사 미트로폴로스와 또 다른 명지휘자 세르게이 쿠세비츠키Sergei Kussevitzky(그와는 대학 졸업 후 인연을 맺었다)의 아낌없는 배려 덕도 있지만, 경제력과 군사력은 월등했지만 문화적으로는 유럽에게 뒤져 있던 미국인들이 '우리에게도 천재가 있다!'는 자긍심을 갖기 위해 그를 열성적으로 후원했기 때문이기도 했다. 번스타인은 지휘에만 힘을 쏟지 않았다. 뉴욕 필에서 지휘한 이듬해인 1944년, 그는 피츠버그 교향악단에서 자신의 제1번 교향곡 〈예레미야〉를 지휘한다. 발레곡 〈팬시 프리〉와 뮤지컬 〈춤추는 대뉴욕〉도 그해 공연되었고 모두 절찬을 받았다. 1957년에는 뮤지컬 역사상 최고 히트작 중 하나인 〈웨스트사이드스토리〉가 나오고, 뉴욕 필하모니 상임 지휘자로 선임됨으로써 번스타인의 음악적 성공은 절정에 달했다.

무대 뒤편,
어둠 속의 눈물

그러나 화려함만이 전부는 아니었다. 그는 젊은 음대생 시절부터 '언젠가는 음악사에 길이 남을 대작을 쓰고야 말리라. 그것은 사회 비판의 메시지를 강렬히 담을 것이며, 청중은 감동과 몰입을 거쳐 체제를 개혁해야 한다는 신념을 마음에 새기게 될 것이다'는 생각을 품어왔다. 유대교의 모티프와 미국적인 페이소스를 사용한 그의 교향곡들은 분명 문제작이었지만, 스스로 정한 목표에는 아득히 못 미쳤다. 〈웨스트사이드스토리〉나 〈남태평양〉 같은 뮤지컬, 1958년부터 시작한 CBS 방송의 〈청소년 음악회〉 등은 그가 무척 공을 들였으며 대중적 인기도 높은 작품들이었지만 역시 '필생의 대작'에 비하면 심심풀이라 해도 좋았다. 그러나 어떤 때는 '마땅한 대본이 없어서', 어떤 때는 '너무 바빠서' 작품을 쓰려던 시도는 번번이 미끄러지기만 했다.

사적인 면에서도 고민이 있었다. 유대인으로서 받는 차별은 그가 장년에 접어들고 명사가 되면서 거의 없어졌지만, 그의 '소수자 정체성', 즉 동성애자라는 사실은 아직도 미국 사회에서 섣불리 드러낼 수 없는 형편이었다. 그래서 그는 자신을 무척 사랑했던 칠레 출신 여배우 펠리시아 콘과 약혼했다가 파혼해버렸지만, 1951년에는 다시 그녀를 찾아가 결혼한다. 성적인 면을 떠나 자신을 아껴주고 힘이 되어줄 동반자가 필요하기도 했고, 자신이 '정상'임을 세상에 과시할 필요도 있었기 때문이다. 펠리시아는 남편이 계속해서 집에 들이는 남자 애인들을 보며 가슴앓이를 하다가 1976년에 이혼하지만, 곧바로 자신이 암에 걸렸음을 알게 된다. 그 소식을 들은 번스타인은 그녀에게 달려와 그녀가 숨질 때까지 정성으로 간호했으며, 그녀의 죽음 앞에서 뜨거운 눈물을 흘렸다.

그것만이 아니었다. 언제부터인가, 지휘대 위에서 펄쩍펄쩍 뛰어오르며 춤추듯 지휘하는 번스타인에게 열광적인 박수와 환호를 보내는 청중 틈에서 차가운 눈빛으로 뭔가를 기록하고 있는 사람들이 있었다. 후버가 이끄는 FBI 요원들이었다. FBI는 대학 시절부터 번스타인을 주시해왔다. 그가 '반파시즘 난민 합동구호위원회'나 '진보시민연합' 등의 진보 단체에 가입하거나 후원자가 되어 활발히 활동하는 일을 심상치 않게 보았던 것이다. 번스타인이 작곡한 곡들에서 배어나는 진보적, 사회 비판적 색채 또한 경계 대상이었다. 1940년대까지는 그래도 괜찮았다. 그러나 1950년대는 냉전의 시대, 매카시즘의 시대였다. 의회에 설치된 '반미활동조사위원회'는 학계, 언론계, 예술계 등을 무차별적으로 들쑤시며 쟁쟁한 명사들을 청문회에 세웠다. 그중 다수는 소련이나 사회주의와는 관련이 없는, 단지 진보적 활동에 몸담은 적이 있는 사람들이었으나 매카시즘의 메커니즘은 세심하지 않았다. 진보파는 항상 소수며 따라서 서로 교류하고 연대하려는 경향이 있다. 따라서 흑인 민권운동이나 여성운동을 하는 사람이라도 사회주의자들과 밀접한 관계를 가질 가능성이 높고, 따라서 모두가 유죄다!

번스타인의 친구와 동료들도 줄줄이 끌려갔다. 엘리아 카잔Elia Kazan처럼 '불순분자' 동료들을 팔아먹고 화를 면한 사람도 있었고, 존 가필드John Garfield처럼 심리적 압박을 견디지 못하고 심장발작을 일으켜 숨진 사람도 있었다. 찰리 채플린Charlie Chaplin은 미국 영주권을 상실하고 추방되었다. 이런 상황이었으니 번스타인의 심경이 편할 리 없었다. 낮에는 환한 미소를 지으며 청중 앞에서 신 나게 지휘하지만, 집에 돌아오면 언제 반미조사위의 소환령이 떨어질지 몰라 전전긍긍하는 나날. 미국 정부는 1950년에 정부와 산하기관에서 번스타인의 음악을 듣는 일을 금지하고, 1953년에는 여권 발급을 취소해 해외 공연길을 막아버리면서 서서히 숨통을 죄어왔다. 민간에서도 '레드채널스' 등의 언론이 그를 '빨갱이'로 소개하고, CBS가 공연을 일체 방송하지 않기로 하는 '블랙리스트'에 그를 올리면서 그의 화려한 경력의 밑동에 도끼질을 시작했다. 고민하던 그는 결국 카잔처럼 누구를 배신하지는 않되, 스스로의 양심을 속이는 행동을 해서 파국을 모면한다. 조사위에 '진술서'를 써보낼 때, 자신이 열의에 넘쳐 가입하고 후원한 여러 진보적 활동에 대해 '잘 모르고 벌인 일', '젊은 시절의 치기', '나도 모르는 사이에 이름이 올라가 있었을 뿐' 등으로 변명했던 것이다. 자신은 그저 예술을 위한 예술을 하는 딴따라일 뿐이라는 수치스러운 진술과, 그를 후원해온 존 케네디(당시 상원의원)의 조력 덕분에 번스타인은 채플린이나 가필드 같은 운명은 피할 수 있었다. 출국 금지가 풀리고 블랙리스트에서도 이름이 지워져 그는 별 문제 없이 음악 활동을 할 수 있게 되었지만, FBI의 감시는 거의 죽을 때까지 그를 따라다녔다.

한 걸음의
심 연

"현대 작곡가들이 쓰는 모든 작품은 그에 앞선 모든 음악으로부터 자연스럽게 뻗어 나온 결과일 뿐입니다. 이와 마찬가지로 과거에 자기 시대를 앞서간 위대한 작곡가들은 그들이 물려받은 음악 전통의 범위를 확장했던 것일 뿐입니다.…… 거미집에서 한 걸음만 더 내디디면 콘서트홀입니다. 풍선껌과 현대 미술관의 거리도, 싸구려 소설과 『율리시스』의 거리도 딱 한 걸음입니다. 현대 예술을 만나십시오. 현대음악은 여러분을 위한 음악입니다."

번스타인이 1957년 〈현대음악으로의 초대〉라는 텔레비전 방송에서 남긴 말이다. 모더니즘이 지배 엘리트에 대항해 대중을 위한 음악을 한다면서 오히려 대중을 저버렸다는 왕년의 비판 의식은 많이 완화되었고(무조음악에 대해서는 여전히 부정적인 편이지만), 예술이란 결코 심오하고 복잡한, 선택된 소수만을 위한 것이 아니라 대중을 위한 것이라는 신념이 강하게 묻어나고 있다. 그러나 그는 "딱 한 걸음"을 자신 있게 이야기하기 전에, 이미 1903년에 나왔던 조지 버나드 쇼George Bernard Shaw의 〈인간과 초인〉 대사를 떠올려야 했을지 모른다. "천국과 지옥은 물리적으로 뛰어넘을 수 없는 어떤 장벽 같은 것으로 갈라져 있는 게 아닙니다. 사람들의 도저히 함께할 수 없는 성향의 차이로 갈라져 있는 거죠. 싸구려 쇼가 펼쳐지는 극장과 불과 얼마 떨어져 있지 않은 클래식 콘서트홀을 생각해보십시오. 두 공간 사이에 장벽이 있는 것도, 거리가 엄청 먼 것도 아닙니다. 다만 쇼를 보러 가는 사람과 클래식을 들으러 가는 사람 사이에 차이가, 심연과도 같은 차이가 있을 뿐입니다."

현대음악과 대중음악 사이의 거리가 딱 한 걸음이었을지 몰라도, 발걸음을 떼놓을 뜻도 생각도 없는 이상 한 걸음이나 만 걸음이나 똑같은 심연인 것이다. 그리고 그것은 현대음악뿐 아니라, 클래식도 크게 다르지 않았다.

번스타인의 전기를 쓴 배리 셀즈Barry Seldes는 그가 끝내 '필생의 대작'을 쓰지 못한 까닭을 여기서 찾는다. 1960년대에 번스타인은 다시 기운과 희망을 찾았다. FBI가 눈을 번득이고 있음을 아면서도 흑인 민권운동에 동참해 거리 행진을 하기도 하고, 지휘자로서 말러의 작품들을 집중적으로 다루어 말러 붐을 주도하기도 했으며, 교향곡 2번 〈카디시〉와 3번 〈치체스터 시편〉, 200명 이상이 동원되는 대규모 악극 〈미사〉를 썼다. 1970년대에는 뉴욕 필의 상임 지휘자를 그만두고 주로 유럽에서 지휘를 했으며, '카라얀의 최대 라이벌'로 세계 음악 잡지와 평론서의 서두를 장식했다. 그리고 죽기 한 해 전, 베를린 장벽이 무너진 1989년 크리스마스에는 제2차 세계대전 승전국들과 독일의 드레스덴 악단원을 모아 베토벤의 9번 교향곡 〈합창〉을 연주해 전 세계 사람들의 환호를 받았다.

그러나 지명도는 물론 음악적 완성도에서 〈웨스트사이드스토리〉를 넘어서는 작품은 끝내 나오지 않았으며, 특유의 재기발랄함과 날카로운 풍자도 시간이 갈수록 떨어졌다. 왜 그랬을까? 셀즈는 미국의 정치, 사회 변동에 대한 실망이 원인이라고 한다. 1960년대의 민권운동이 가져온 벅찬 희망은 마틴 루서 킹, 존 케네디, 로버트 케네디 암살로 차갑게 식어버렸다.

— 1960년대에 번스타인은 흑인 민권운동에 동참해 거리 행진을 하기도 했다. 사진은 1963년 워싱턴에서
행진하는 흑인들의 모습.

게다가 보수 공화당 세력이 워터게이트로 치명타를 맞았음에도, 미국 대중
은 1980년대에 레이건과 부시를 잇달아 당선시키며 보수 일변도의 정치에
손을 들어주었다. 결국 어느 사이엔가, 번스타인이 잠재적인 개혁의 주체
로 신뢰하고 사랑했던 대중은 사라져버린 것이다(아니면, 원래부터 없었던 것
이다). 여러 시민운동 세력조차 여러 분파로 분열하며 제 갈 길을 가는 사이
에, 대중은 어느 정도 충족된 듯한 사회정의의 이슈들(베트남전 종식, 흑인 투
표권 보장 등등)에 만족하고 개인의 일상에 매몰되어버렸다. 이는 결국 아도
르노가 비판한 대로 물질만능주의와 쾌락주의에 미혹되어 체제의 노예가
되어버리는 길임에도, 대중은 진지하고 과격한 담론에서 '딱 한 걸음' 발을

떼어놓고는 소소한 일상의 행복에만 몰두하게 된 것이다. 이에 번스타인은 절망했으며, 이제는 자신이 염원하던 대작을 쓴다 한들 아무 소용이 없게 되었음을 깨달았다. 그래서 대작을 작곡하는 일을 포기해버렸다는 게 셀즈의 설명이다.

그러나 말년의 번스타인이 가까운 친구들에게 괴로워하면서 털어놓은 푸념을 떠올려보면, 그가 반드시 '하고 싶지 않아서 하지 않았던' 것만은 아닌지도 모른다.

> "작곡가들은 내가 진짜 작곡가가 아니라고 하지. 지휘자들도 내가 진짜 지휘자라고 여기지 않아. 피아니스트들도 나를 진짜 피아니스트로 보지 않지."

> "나는 베토벤이 죽던 나이보다 겨우 2살 적을 뿐이야. 하지만 기억에 남을 만한 작품은 아직 하나도 쓰지 못했어."

그는 말년에 이르러서도 진심으로 대작을 포기하지 않고 있었다. 그러나 마지막까지 작곡을 주저했다. 셀즈의 견해처럼 '패역한 세대'에 대한 회의 때문이기도 했겠지만, 다재다능하고 명성도 드높지만 스스로 위대성과 능력을 확신할 수 없었기 때문이기도 했다.

위대한 광대를
기다리며

　　　　　　　　　　　1970년대에 유명했던 〈하버드
대학의 공부벌레들〉이라는 미국 드라마가 있다. 하버드 법대생들의 애환
을 그린 드라마인데, 한 에피소드에서 스스로 천재라 자부하고서 자신만만
하게 하버드에 진학했으나, 바닥을 면치 못하는 성적에 괴로워하던 한 대
학생이 스스로 목숨을 끊는다. 어머니는 자식이 마지막으로 종이에 끄적
인 말, "햄릿 왕자도 아니면서"가 무슨 뜻인지 기필코 알아내려고 한다. 그
래서 아들의 학우들과 선후배들을 두루 찾아다니며 물어보지만 아무도 뾰
족한 답을 내놓지 못한다. 결국 전설적인 법학자 킹스필드 교수를 찾아가
쪽지를 보여주자, 교수는 대뜸 서가에서 책을 하나 뽑아들더니 한 부분을
읽어준다.

> "햄릿 왕자도 아니면서
>
> 뭘 그리 심각한 얼굴로 쭈그리고 앉아 있느냐?
>
> 일어나라! 그리고 춤을 추어라! 너는 광대이니.
>
> 광대라면 사람을 웃기고 웃는 게 제격이려니.
>
> 심각한 생각 따위일랑 네 분수에는 어울리지 않느니!"

　　컴퓨터를 방불케 하는 기억력 하나만 믿고 법대에 들어왔지만 법학 공
부에는 기억력 이상의 재능이 필요함을 깨닫고, 스스로를 주제도 모르는
고민을 해온 광대였다고 한탄한 것이 유언의 정체였던 것이다.

번스타인도 비슷했다. 그의 천부적 재능을 '광대 수준'이라고 비하하는 것은 아니다. 그러나 그는 본질적으로 베토벤처럼 내면에 침잠하며 고뇌하는 사람이 아니었다. 그리하여 절대 고독 속에서, 오히려 운명을 초극하고 시대를 뒤흔드는 위대함을 탄생시키는 사람이 아니었다. 능력이 부족했다기보다는 천성에 맞지 않았던 것이다. 그는 끊임없이 무대에 올라야 했다. 눈부신 스포트라이트 속에서 춤추고 빙글빙글 돌아야 했다. 대중과 호흡하고 대중이 자신에게 열광한다는 감각, 그것 없이 그는 살아갈 수 없었다. 그 때문에 그는 지휘와 작곡, 연주 모두를 끝까지 놓지 않았으며, 자신의 모든 재능을 집중해 필생의 대작을 써낼 수가 없었던 것이다.

오늘날 번스타인의 작품을 포함한 현대음악은 별로 연주되지 않는다. 일반 대중에게는 심연 같은 한 걸음 옆, 음악사 책과 학교의 강단에만 자리하고 있다. 클래식 음악 자체마저 '대중의 열광'을 얻는 살아 있는 음악으로서의 지위를 급속히 잃어가고 있다. 그런 점에서 번스타인과 같은 사람은 또다시 절망할까? 아니, 오히려 제2, 제3의 번스타인이 필요한 시점인지 모른다. 그는 평생 대중과 호흡하기를 바랐으며, 마지막까지 그것에 성공했다. 필생의 대작 따위가 아닌 그것이 번스타인의 천명에 따른 성공이었다. 그리고 그런 '위대한 광대'가 나와야만, 잊혀져가는 미의 영역도 다시 대중의 '한 걸음'을 이끌어낼 수 있으리라.

제 8 장

미래의 초상

현
대
의
예
언
자
들

● 나치와 홀로코스트, 그리고 엇비슷한 시기에 소련에서 벌어진 숙청과 심지어 미국이나 프랑스에서도 존재했던 차별과 배척. 유대인들에게는 참으로 비참하고 억울했을 이 어두운 시대도 이제는 과거가 되었다. 이제 유대인은 이스라엘 국민이든 아니든, 대부분 비참하고 학대받는 주변인이 아니라 해당 사회의 주류에 당당히 편입된 사람이 많으며, 게다가 지난 날 혹독한 박해를 받았다는 '도덕 자본'까지 갖고 있음으로써 타 민족을 향해 큰소리칠 수 있는 입장에 서 있다고 하겠다.

홀로코스트가 과거사가 되면서, 고난을 직접 겪지 않은 유대인 지식인이나 엘리트도 늘어나게 되었다. 그들은 각자의 사회에 완벽히 동화되어, 어쩌다 당신은 유대계 아니냐는 소리가 나오면 그냥 웃고 고개만 으쓱하며 넘기기도 한다. '프랑스계다', '독일계다', '아일랜드계다'나 마찬가지 소리라는 듯이.

그러나 바로 100여 년 전, 오스트리아를 비롯한 유럽도 비슷한 상황이었다. 사회는 유대인을 완벽하게 받아들인 듯했으며, 노력해서 성공한 유대인들은 '나는 독일인이다', '오스트리아인이다', '프랑스인이다'라고 생각하며 자신과 자신의 자손들이 그 땅에서 뿌리내리고 오래오래 평화롭게 살아갈 것을 조금도 의심하지 않았다. 그리고 얼마 지나지 않아, 모든 것이 무너져버렸다.

그런 일이 되풀이되지 않으리라 단언할 수 있을까? 세상이 다시 한 번 미쳐 돌아가는 일이 과연 이제는 없을까? 세계화와 정보화, 신자유주의화는 유대인들의 코스모폴리탄적 꿈을 더 할 나위 없이 완성했을까? 그리고 그런 세계에서, 유대인 말고 다른 인종과 민족도 안심하고 행복을 찾으며 언제까지나 살아갈 수 있을까?

적어도 몇몇 유대인은 그렇게 생각하지 않는다. 그들은 홀로코스트를 겪지 않은 세대이지만, 각자의 사회에 도사리고 있는 어두움과 위험을 감지했다. 그리고 다시 한 번 재난이 유대인에게, 모든 인류에게 내릴 수 있음을 소리 높이 경고하고 있다. 이 책의 마지막 장에서는 현대의 예언자들, 광야에 외치는 소리의 주인공들을 만나보자. ●

지그문트 바우만

21세기의
예레미야

★

Zygmunt Bauman, 1925.11.19~

젊은 공산주의자의
초상

"세상에 있는 모든 갇힌 자들을 발로 밟는 것과

지존자의 얼굴 앞에서 사람의 재판을 굽게 하는 것과

사람의 송사를 억울하게 하는 것은 다 주께서 기쁘게 보시는 것이 아

니로다.

주의 명령이 아니면 누가 이것을 능히 말하여 이루게 할 수 있으랴.

화와 복이 지존자의 입으로부터 나오지 아니하느냐.

살아 있는 사람은 자기 죄들 때문에 벌을 받나니 어찌 원망하랴.

우리가 스스로 우리의 행위들을 조사하고 여호와께로 돌아가자.

우리의 마음과 손을 아울러 하늘에 계신 하나님께 들자.

우리의 범죄함과 우리의 반역함을 주께서 사하지 아니하시고

진노로 자신을 가리시고 우리를 추격하시며 죽이시고 긍휼을 베풀지

아니하셨나이다.

주께서 구름으로 자신을 가리사 기도가 상달되지 못하게 하시고

우리를 뭇 나라 가운데에서 쓰레기와 폐물로 삼으셨으므로

우리의 모든 원수들이 우리를 향하여 그들의 입을 크게 벌렸나이다.

두려움과 함정과 파멸과 멸망이 우리에게 임하였도다.

딸 내 백성의 파멸로 말미암아 내 눈에는 눈물이 시내처럼 흐르도다.

내 눈에 흐르는 눈물이 그치지 아니하고 쉬지 아니함이여.

여호와께서 하늘에서 살피시고 돌아보실 때까지니라."

– 「예레미야애가」 3:34~50

기원전 7세기경 활동했던 유대 예언자 예레미야Jeremiah는 '슬픔의 예언
자'로 불린다. 그는 유다왕국이 쇠퇴를 거듭하다가 끝내 멸망한 시기에 살
았고, 자신도 재앙에 휘말려 이집트에 포로로 끌려갔다가 죽은 것으로 알
려져 있다. 그런데 이방인의 신앙을 공격하고 정통 유대교 신앙을 옹호하
는 점에서는 다른 예언자들과 다름이 없었다. 하지만 그가 슬픔의 예언자

인 까닭은 이스라엘 백성이 끝내 회개하지 않아 파멸하고 말리라는 예언과, 이 말을 끝내 귀담아듣는 사람이 없어서 그 예언이 실현되고야 말리라는 절망에 찬 외침을 「예레미야」와 「예레미야애가」를 통해 피를 토하듯 되풀이하고 있기 때문이다.

당시의 정세가 매우 불안했음에도, 다수의 유대인은 '우리는 선민이며, 하나님이 세우신 다윗의 성도는 어떤 지상의 세력도 침범하지 못할 것'이라는 믿음만 가지고 방심하고 있었다. 그리고 예레미야의 예언이 단순한 도덕주의적 경고를 넘어서는 종말론이라 해 기피하고 탄압했다. 그러나 역사는 예레미야의 말대로 되었으며, 그는 눈물을 흘리며 한탄했다. '차라리 내 예언이 틀렸더라면! 내가 돌팔이 예언자로 밝혀지는 것이 전부였더라면!'

21세기, 냉전이 끝난 지도 한참 되었고 정보화와 세계화와 신자유주의화가 노도처럼 흐르면서, 이따금 위태위태하지만(9·11테러니, 서브프라임 사태니, 후쿠시마 원전 사고니, 에볼라 바이러스니 하는 등으로) 그래도 대체로 즐거운, 멋진 신세계의 삶을 연출해주고 있는 현대. 지금 바로 여기에도 예레미야와 같은 예언자가 있다. 그의 이름은 지그문트 바우만. 20세기에서 21세기에 걸쳐 유성우처럼 줄줄이 나타나 빛을 발했던 유대인 인문학자 중 한 사람이되, 그들 중에서도 조금 특이한 이력을 가지고 있는 사람이다.

지그문트 바우만은 1925년, 폴란드 포즈난에서 태어났다. 부모는 모두 유대계였지만 유대교 계율을 따르지는 않는 비정통파였다. 하지만 훗날의 경험으로 그의 아버지는 열렬한 시오니스트가 되며, 이 때문에 아들과 대립한다. 바우만이 자신의 유대교적인 뿌리를 격하게 혐오하게 된 까닭은 젊은 시절 마르크시즘에 심취하고, 말 그대로 '붉은 전사'로서 일선에서 싸웠던 데서 주로 찾을 수 있다. 계기는 그가 14세 때, 나치의 폴란드 침공으로 제2차 세계대전이 일어나자 가족이 소련으로 피신하면서 생겼다.

학교에서 애국주의와 결합된 마르크시즘의 세례를 받은 바우만은 독일군이 1941년 끝내 소련까지 침입하자 10대 후반의 끓는 피로 자원입대해 자신의 고향을 빼앗고 제2의 고향마저 유린하려는 나치와 싸운다. 물론 스탈린이 트로츠키를 비롯한 혁명 동지들을 숙청한 뒤 독재 체제를 구축하고, 러시아 서민들과 동유럽인들을 옛날 차르 시대처럼 숨도 못 쉬게 옭아맨 나머지 그곳 주민의 상당수가 처음에는 나치를 환영했다거나, 스탈린 등 소련 수뇌부의 뇌리에 히틀러에 버금가는 반유대주의가 뿌리박혀 있다는 사실은 까맣게 모르는 채였다.

소비에트 조국에 대한 바우만의 충성심은 1945년의 무공십자훈장으로 인정을 받았다. 그는 그해에 정치장교로 임관해 우크라이나 반란 진압 등에서 활약했으며, 동시에 비밀정보원으로도 활동했다고 한다. 그의 주된 임무는 폴란드에서 벌어지고 있던 반소련 레지스탕스 운동의 실체를 캐고 주모자들을 소련군에 넘기는 일이었다! 이 시기에 대해 바우만은 명확하게 진술하기를 꺼린다. "나는 주로 책상머리에만 앉아 있었다"라고 하지만, 그때까지 홍위병처럼 열성적으로 복무해온 그의 이력을 볼 때 과연 그랬을지 의문이다. 아무튼 그 경험이 나중에 그가 미망迷妄에서 깨어났을 때, 아렌트의 '악의 평범성'이라는 개념을 뼈에 사무치도록 인식하게끔 몰아갔을지 모른다.

한편, 이즈음 바우만은 학업의 길에도 본격적으로 발을 들여놓는다. 정치장교이자 첩보원으로 활동하는 가운데 바르샤바의 폴란드 사회과학원에서 사회학 공부를 시작했으며, 얼마 뒤에는 '사회학은 부르주아 학문'이라는 당의 결의에 따라 일시적으로 철학 공부로 옮긴다. 이는 결과적으로 그의 식견을 넓혀준 셈이 된다. 바르샤바 대학에서 학업을 이어가던 때 자니나라는 여성과 사귀었고, 1948년에 결혼했다. 이 무렵 자신의 일에 회의감이 생겨난 그는 결혼을 계기로 첩보원 노릇을 그만둔다. 아무튼 공로를 인정받아 소령까지 승진한 바우만의 생활은 편안했으며, 앞에는 어떤 장애도 없는 듯싶었다. 1953년까지는.

28세가 되던 1953년, 그는 평생 몸 바치리라 여겼던 군에서 느닷없이 불명예제대를 하게 된다. 그 까닭은 아버지의 행동에 있었다. 열성 시오니스트였던 아버지가 이스라엘로 이민하는 방법을 이스라엘 대사관에 문의했다는 것이다. 이는 조국에 대한 충성심 부족을 뜻할 뿐 아니라, 군의 반유대주의적 본능을 건드린 일이었다. 아버지와 아들은 이 일로 크게 싸우고, 한때 의절까지 했다. 하지만 바우만의 뜨거운 충성심은 짙은 회의감으로 얼룩져 있었다. '왜 어느 곳보다 자유로워야 할 공산국가에서 이민을 알아보는 일조차 허락되지 않고, 어느 사회보다 평등해야 할 사회에서 특정 인종을 차별하는가?'

직장은 없고 회의감만 있던 기간 동안 그가 마음을 쏟을 대상은 한창 재미를 붙여가던 공부뿐이었다. 사회학 석사학위를 얻은 그는 1955년에 바르샤바 대학의 강사가 되었고, 철학자 레셰크 코와코프스키Leszek Kołakowski 등과 마르크스주의 이론가로 활동하면서 군인 인생에서 학자 인생으로 갈아탄다. 그러나 1960년대 후반, 스탈린주의와 반유대주의를 견디다 못한 그는 '불온한' 목소리를 내던 끝에 당에서 탈퇴했으며, 그 결과

1968년에 다른 유대인 지식인들과 함께 숙청되어 조국을 등지지 않을 수 없게 된다.

지칠 대로 지친 그는 한때 몹시 경멸하던 시오니즘에 의탁해보기로 했다. 이스라엘로 망명해 텔아비브 대학의 교수가 되지만, 팔레스타인 사람들에 대한 야만적인 박해와 서유럽 출신 유대인들의 동유럽 출신자에 대한 차별에 실망한다. 그는 이때의 경험 등에 근거해 "유대인들은 그토록 오래 염원해온 국가를 세우고 나서, 과거 자신들이 겪었던 부조리를 고스란히 되풀이하고 있다"라고 비판했으며, '제3의 조국'에 다시는 애착을 보이지 않았다.

1971년, 그는 다시 유랑의 길을 떠나 리즈 대학 사회학과 교수로 영국에 정착했다. 선배들과 사뭇 다른 삶을 염원했지만 끝내 그들처럼 유랑자의 운명을 맞이하지 않을 수 없었던 바우만. 이제 그는 근대 산업혁명과 시민혁명의 발상지였으며 마르크스와 레닌이 사회주의 사상을 갈고 닦았던 땅에서 남은 인생을 꾸려가기로 한다.

1980년대까지 바우만은 계속해서 마르크스주의 이론에 천착했다. 하지만 그는 저간의 경험과 새로운 사조에 대한 지식으로 인해 보통의 마르크스주의자에 머물지 않았다. 안토니오 그람시Antonio Gramsci의 수정된 마르크스주의가 그의 마음을 끌었고 아도르노의 비판 사회이론, 게오르그 짐멜Georg Simmel의 탈근대 사회이론, 아렌트와 조르조 아감벤Giorgio Agamben 등의 정치철학 등이 두루 영향을 끼쳤다. 그는 잘 배우고 잘 가르쳤지만, 강단을 넘어서는 주목은 받지 못했다. 이례적으로 1989년에 펴낸 『현대성과 홀로코스트』가 눈길을 끌어서 그의 이름이 한때 시중에 회자되었다. 이 책에서 바우만은 나치가 너무도 기괴한 존재였기에 홀로코스트 같은 보기 드문 참극을 연출한 것이라는 통념을 거부하고, 일반적이고 평범한 근대사회의 지평에서 홀로코스트가 빚어졌으며 따라서 그런 참극은 지금, 여기서 재현될 수도 있다고 주장했다. 마르크스주의, 탈근대론, 비판이론, 악의 평범성 이론 등이 두루 녹아 있는 대작이었지만, 이내 현실사회주의가 몰락하면서 '탈전체주의', '세계평화의 희망', '역사의 종말' 개념이 세상을 들끓게 했던지라 아주 큰 반향을 얻었다고는 할 수 없다.

예 레 미 야 는
이 렇 게   말 했 다

'바우만의 시대'는 1990년 리즈 대학에서 은퇴한 이후, 70대에 접어든 그가 아카데믹한 틀에서 벗어나 지식인과 일반 대중을 상대로 여러 문제작(『액체근대Liquid Modernity』, 『리퀴드 러브Liquid Love』, 『유동하는 공포Liquid Fear』 등 이른바 '액체liquid' 시리즈)을 발표하기 시작한 21세기 초엽에 비로소 찾아왔다. 40여 년 동안 열렬히 추구했던 대상이 미망으로 돌아감을 확인하고, 다시 20여 년 동안 아무도 알아주지 않는 고독을 짊어져야 했던 그의 글에는 깊은 비관주의가 침잠해 있다. 놀라운 예지로 현대사회의 치부를 까발리고, 그 지속 불가능성을 단호히 예언하지만 이렇다 할 희망으로 이끌지는 않기 때문에(그가 배우고 깨달은 대로라면, 그는 그렇게밖에 말할 수가 없다), 그의 메시지는 21세기 세계에 던지는 예레미야의 애가哀歌가 되는 것이다.

_ 현대사회의 지속 불가능성을 단호히 예언하지만 희망으로 이끌지는 않기 때문에 바우만의 메시지는 21세기 세계에 던지는 예레미야의 애가가 된다. 그림은 하르먼스 렘브란트의 〈예루살렘의 파괴를 한탄하는 예언자 예레미야〉.

먼저 현대사회에 대해 바우만은 국가관료제, 법치주의, 합리주의가 지배하는 근대국가와 현대사회를 안정성을 얻기 위해 자유를 희생시킨 결과라고 본다. 여기까지는 홉스적 사회계약론과 크게 다르지 않아 보인다. 그러나 그런 '고정되고 안정된 틀'은 끊임없이 발생하는 계산 밖의 변수, 가령 유대인이나 집시, 공민권을 요구하기 시작하는 여성, 유색인종, 동성애자, 반공 이데올로기의 폐기를 외치는 좌파 같은 변수들을 발견하고 처리해야 한다. 이는 심지어 강박적이기까지 하다.

가령 홀로코스트로 대표되는 20세기 초의 유대인 박해는 이미 그 사회에 완벽히 동화되어 있던 유대인이 체제에 실질적인 위협을 가했기 때문이 아니었다. '고정되고 안정된 틀'이 자체의 정당성을 확보하고 계속해서 사회에 안정성을 부여한다는 신호를 주기 위해 '없다면 발명할 필요가 있었던' 위협 요소로 호명되었기 때문이다. 이런 체제의 관료적이고 합리적인 소명을 받은 개인은 '생각하는 백성'이 아니라면, 그런 잔혹하고 실질적으로 무의미한 처리(홀로코스트) 집행인이 된다. 이렇게 악은 '무대장치의 신 deus ex machina'으로 평범성banality 속에 편재한다. 바우만은 자신이 거쳐온 20세기의 체제들, 스탈린주의적 사회주의 체제와 서구 자본주의 체제, 신생 이스라엘 체제까지 모두 '항상 잔혹해져야 늘상 자비로울 수 있는' 체제라는 점에서 한결같았다고 본다.

그러나 그렇게 고정되고 안정된 틀, 이른바 '딱딱한 근대'는 이제 끝나가고 있다고 한다. 세계화, 정보화, 신자유주의로 요약되는 '새로운 현실'은 기존의 체제가 통제하고 처리하기에는 너무도 많은 계획 외의 변수를 빠르게 생성하고 있다. 권력은 이제 시장으로 넘어갔을 뿐 아니라 체제 밖으로 증발되어버렸으며, 국민국가는 더는 홉스적인 안정성을 국민에게 보장해줄 수 없다. 이렇게 시작된 '액체근대' 사회에서 사람들은 공동체를 잃은 개인으로 불안 가득한 자유를 누리며 지속가능하지 않은 경쟁에 무한히 내몰리며 살아야 한다.

경제 역시 유동적으로 바뀌었다. 근대 자본주의는 본래 쉴 새 없이 거래와 교환과 소비가 이루어지는 '유통의 신세계'로 이해되어야 했다. 그러나 초기에는 상품을 대량생산함으로써 자본을 대량 축적한다는 '공급의 신세계'로 이해되었고, 이는 정통 마르크스주의적 관점이었다. 공급은 결국 수요를 웃돌 수밖에 없기 때문에, 자본주의는 대공황 이후 필연적으로 소멸할 것으로 보였다. 그러나 본질적인 요소는 유통이라고 케인스부터 장 보드리야르Jean Baudrillard에 이르기까지 일침했고, 자본주의는 '후기'로 넘어갔다. '복지국가'가 출현하고, 전에는 단지 소모품에 지나지 않았던 노동자의 복리를 증진해 '유효수요'를 창출함으로써 덜거덕거리며 멈추는 듯했던 자본주의 생산 기계가 다시 가동했다.

그러나 이제는 다시 '액체 자본주의' 시대다. 케인스나 위르겐 하버마스 Jürgen Habermas의 생각과 달리, 후기 자본주의 시대에 노동자는 자본주의를 떠받치는 기둥으로 재조명된 것이 아니라 '새로운 식민지'로 호명되었을 뿐이다. 자본주의는 무한한 유통이라는 사명을 다하기 위해 주기적으로 새로운 식민지를 발견해야만 생존할 수 있다. 따라서 현실사회주의권이 자본주의 세계로 편입되고, 인터넷 가상공간이라는 새 영토가 개척된 지금 노동자의 복리는 중요하지 않다. 이제 그들은 손쉽게 모집되고 금방 유통 기한이 지나 폐기되는 잉여 인간, '쓰레기가 되는 삶'일 뿐이다. 그리하여 후기 자본주의에서 보장되었던 복지는 빠른 속도로 공수표가 되고 있다. 따라서 다수의 개인은 미래의 계획을 세울 희망을 잃은 채 출산도, 결혼도, 연애도 포기하며 잉여로서 삶의 방식에 적응해나가고 있다.

이렇게 본질적으로 유동적인 사회에서는 사랑도 유동적이다. 아니, 모든 인간관계가 '추후 알림까지만'이라는 단서를 붙은 채 이루어진다. 개인

_ 바우만은 학자로서 자신의 분석에 따르면 결국 파멸밖에 없으리라고 자신 있게 예언한다. 그러나 한 인간으로서 그는 자신의 예언이 틀리기를 소망한다. 사진은 9·11테러 당시의 뉴욕 시내의 모습.

은 타자에게 명백하고 현존하는 쾌락만 기대하며, 기댓값이 충족되지 않을 때 결별은 직불된다. 고대부터 20세기까지 가족은 끝없이 유랑하는 민족, 끝없이 고통 받는 개인에게 마지막 도피처이자 보루였다. 그러나 현대의 유동성은 그런 안전지대를 운이 좋은 소수에게만 허락되는 '명품 아이템'으로 바꾸어가고 있다.

결국 우리 시대의 다수는 물론, 심지어 '운이 좋은 소수'까지도 공포에서 벗어나지 못한다. 공포는 물처럼 어느새 우리 사이에 스며들어오고, '아차' 하는 사이에 목까지 차오른다. 자본주의의 미친 질주가 언제고 끝날지 모른다는 공포(서브프라임 사태나 남유럽 디폴트 사태는 예고처럼 보인다),

자연이 염치없는 인간들을 더는 인내하지 않을지 모른다는 공포(『침묵하는 봄』에서 레이첼 카슨Rachel Carson이 느낀 공포 이래 얼마나 많은 시간이 지나고, 얼마나 많은 반성이 있었는가. 그러나 과연 얼마나 많은 개선이 있었는가?), 억눌리고 빼앗긴 자들이 마침내 들고 일어날지 모른다는 공포(9 · 11에서 IS까지, '점거 프로젝트'에서 퍼거슨 사태까지), 전혀 엉뚱하게 우연(한때 운명이라 불렸던)이 우리에게 유리하지 않게 움직이는 그 순간이 오리라는 공포(혜성 충돌, 화산 폭발……) 등. 우리는 그 공포에서 벗어나고자 다시 무한 경쟁이라는 비교적 친숙한 압박에 스스로를 몰아넣거나, 원색적이고 말초적인 엔터테인먼트에 몸을 맡기거나 한다. 그러나 벗어날 수는 없다. 잊을 수만 있을 뿐. 그리고 그날은 반드시 온다. 예루살렘이 멸망한다. 우리는 바빌론 강가에 주저앉아 통곡한다.

모두의 각성을
위해

바우만의 현대사회 분석은 지적으로 심대한 바탕을 깔고 있으면서도 우리가 일상에서 목도하고 확인할 수 있는 사항들에 근거한다. 그렇기에 오늘날 여러 분야의 지식인에서부터 일반 대중에 이르기까지 널리 공감을 얻을 수 있었으며, 21세기의 예언자로서 명성을 확보할 수 있었다. 그의 이론이 다분히 '짜깁기' 식이며 상당 부분은 사태의 피상성에 국한해 분석하고 있다는 비판은 그다지 메아리를 얻지 못한다. 문제는 그가 지적하는 문제점이 실존한다는 것이며, 그를 비판하는 학자들이 그의 주장을 정면으로 반박하는, 우리로서는 희망적인 분석을 내놓지 못한다는 사실이다.

예레미야가 독특한 예언자였다는 점은 그가 비관주의로 일관한다는 점, "우리의 범죄함과 우리의 반역함을 주께서 사하지 아니하시"라는 최악의 상황을 제시한다는 점에 있다. 바우만 역시 꾸준히 내놓는 책마다 지독한 비관과 음울한 전망으로 일관하면서, 마지막 부분에 '그렇다면 무엇을 할 것인가? 희망은 어디에 있는가?' 하는 답을 주지 않고 예레미야적인 절망을 준다. 하지만 잘 살펴보면 완전히 그렇지만은 않다.

"예언자들은 자기 임무를 제시하고, 임무를 수행할 결의를 제시하며, 그에 대한 통찰력도 제시한다. 그 통찰력이란 뒤피가 지금 위협을 가하고 있는 재난을 두고 우리가 생각하기를 바랐던 것을 생각하면 얻을 수 있다. 아무튼 그들은 우리의 안방에 종말이 임박했음을 알리는데, 학술계의 월계관을 기대해서가 아니라, 자신들의 예지력을 과시하고 싶어서도 아니라, 자신들의 예언이 틀리는 미래를 바라기 때문이다. 그리고 그 방법밖에는 다가오는 재앙을 멈추게 할 수 없기 때문에, 자신들의 예언이 엉터리로 끝나도록 만들지 못하기 때문이다. 우리는 예언할 수 있다. 재갈이 물려지고 길들여지지 않는 한, 우리의 부정적 세계화는, 안보의 장치를 발가벗기고 대신 부자유의 형태로 안보를 제시하는 세계화는, 재앙을 불가피하게 만들 것이다. 이 예언이 나오고 진지하게 고려되지 않는 한, 인류는 그 재앙을 피할 수 있도록 만들 아무런 희망을 가질 수 없을 것이다. 다가오는 공포, 우리의 힘을 송두리째 앗아가는 공포에 대한 유일한 치료법, 그 시작은 그것을 바로 보는 것이다. 그 뿌리를 캐고 들어가는 것이다. 그것이야말로 그 뿌리를 찾아들어가 잘라버릴 수 있는 유일한 기회를 제공하기 때문이다. 다가오는 세기는 궁극적인 재앙의 시대가 될 것이다. 아니면 지식인과 민중(이제는 인류 전체라는 의미의) 사이에 새로운 협약이 이루어지는 시대가 될 것이다. 희망을 갖자. 이 두 개의 미래에 대해, 아직도 우리에게 선택의 기회가 남아 있으리라고.”

　　－『유동하는 공포』

　바우만은 학자로서 자신의 분석에 따르면 결국 파멸밖에 없으리라고 자신 있게 예언한다. 그러나 한 인간으로서 그는 자신의 예언이 틀리기를 소망한다. 물론 너무도 여리디여린 소망이다. 예레미야부터 지금까지 이미 수없이 많은 종교인, 지식인, 사회운동가가 촉구했지만 결국 한 번도 충분히 성취된 적 없는 '우리 모두의 각성'을 조건으로 삼고 있기 때문이다. 그러나 어쩌면 지금이야말로 인류가 일찍이 맞이한 적 없는 순간이기에, 일찍이 이루어진 적 없던 일 또한 기적처럼 이루어지지 않을까? 선택할 기회? 그런 것은 언제나 있었다. 그런데 그 기회에 함께 뻗는 수많은 손이 과연 있을까? 이번만큼은, 이번에야말로?

　과연 우리가 '언제나 그랬듯이' 답을 찾을 수 있을 것인지? 바우만은 모른다. 우리도 모른다. 우리는 그저 한숨을 쉬며, 텅 빈 상자를 두려운 마음으로 들여다볼 뿐이다. 거기에 아직도 뛰쳐나가지 않은 '희망'이 남아 있는지. 사실은 희망만으로는 이미 늦었을지도 모르지만.

에이브럼 놈 촘스키

그림자를 뚫고
들어가야 한다

★

Avram Noam Chomsky, 1928.12.7~

소 외 된 자 들 을
향 한 시 선

          에이브럼 놈 촘스키는 아마 생
존하는 서구 지식인 가운데 가장 영향력 있는 인물일 것이며, 버락 오바마
Barack Obama 대통령이나 힐러리 클린턴Hillary Clinton 못지않은, 어쩌면 그 이
상의 세계적 명성을 가진 미국인일 것이다. 그런데 누가 그에게 "당신은
현존하는 가장 유명한 유대인입니다"라고 말한다면 그는 벌컥 화를 낼지

도 모른다. 그는 심지어 이처럼 그의 생애를 주제로 삼은 글조차 못마땅해한다. 그는 어떤 정체성으로 규정되기를 극도로 싫어하는 사람, 누구보다 자유로운 영혼이기 때문이다.

그러나 한편으로 보면 그는 자유로운 영혼에 걸맞은 파란만장한 삶을 살지는 않았다. 그의 유대인 선배들처럼 가난과 핍박, 무명으로 반생을 보내지도 않았고 이 나라 저 나라 떠돌지도 않았다. 가족과는 평생 좋은 관계를 유지했으며, 애정 문제로 괴로워한 적도 없다. 유복한 가정에서 태어나 17세에 아이비리그에 들어갔고, 21세에 결혼했고, 23세에 박사가 되었고, 27세에 MIT 교수가 되어 지금까지 약 60년 동안 교수 자리에 있고, 30대에 석학으로서, 40대부터 세계적 진보 지식인으로서 명성을 획득했다. 어딜 뒤져보아도 이처럼 안정적이고 평탄한 인생은 찾아보기 어렵다. 또한 유대인의 자식으로 태어나 유대인과 결혼했고, 『탈무드』와 히브리어에서 인생의 길잡이를 찾았을 만큼 유대인으로서 정체성도 누구보다 뚜렷하다. 그러나 그는 은근히 서명에서 '에이브럼'을 떼어버리고 놈 촘스키라고만 서명할 정도로 유대인임을 밝히기 꺼린다. 몸은 젖과 꿀이 흐르는 땅을 떠난 적이 없으면서, 시선과 목소리는 언제나 광야에 있다. 그 까닭은 무엇일까?

촘스키도 '방랑하는 유대인의 운명'과 완전히 무관하지는 않은데, 다만 그 업業은 그의 아버지 대에 끝났다. 윌리엄 촘스키는 제1차 세계대전이 터지기 직전인 1913년, 말기에 이른 제정 러시아의 혼란과 유대인 탄압을 피해 미국으로 망명했다. 그는 한동안 볼티모어에서 막노동을 해서 먹고 살아야 했지만, 이윽고 초등학교에서 일자리를 얻었고, 생계가 조금 안정되자 존스홉킨스 대학에 진학해 순전히 고학으로 졸업했다. 그 뒤 필라델 피아로 이주해서 벨라루스 이민자 출신 유대인이었던 엘시 시모노프스키와 결혼했다. 1924년에는 그라츠칼리지에서 히브리어 교수직을 얻었다. 그리하여 1928년에 맏아들 에이브럼이 태어날 때는 부유할 정도는 아니어도 안정된 생활을 누리고 있었다.

히브리어 교수의 아들로 태어난 촘스키는 어려서부터 자연스레 학구적 분위기에 젖어들었다. 부모는 그를 겨우 2세 때부터 오크레인 컨트리데이스쿨(존 듀이John Dewey의 교육 이념을 따르는 실험적이고 진보적인 학교)에 보냈으며, 가족의 저녁 식사 자리에서는 정치, 경제, 사회 등 다양한 주제를 놓고 토론이 벌어졌다고 한다. 촘스키는 10세가 되기 전에 집에 있던 방대한 크기의 콤프턴 백과사전을 전부 읽었으며, 『탈무드』를 히브리어로 읽고, 10세 때는 당시 진행되던 스페인 내전에 대한 진지한 분석 글을 써서 학교에서 발표했다. 그리고 12세에 그의 아버지가 집필 중이던 『다비드 킴히의 히브리어 문법』 초고를 읽고 언어학에 대한 관심을 키우기 시작했다고 한다.

그런데 12세가 되던 1940년에 센트럴고등학교에 진학했을 때, 오크레인과는 전혀 다른, 시험 점수와 위계질서를 강조하는 학교 문화에 충격을 받는다. 당시의 교육 문화에서 오크레인이 특별했고 센트럴이 평범한 것이었지만, 자유와 자율에 익숙해 있던 촘스키로서는 스트레스가 심할 수밖에 없었다. 게다가 심하지는 않았지만 유대인에 대한 급우들의 따돌림 역시 느낄 수 있었다. 그 때문인지, 촘스키는 이듬해에 뉴욕으로 홀로 여행을 떠난다. 장애인이면서 뉴욕 거리에서 무면허 심리 상담을 하며 살아가는 이모부를 만나기 위해서였는데, 이모부와 지내면서 그의 친구들인 룸펜 지식인들과 예술가들(대부분 유대인이었다)의 이야기를 듣는 경험은 촘스키에

— 촘스키는 10대 때부터 '길거리의 사람들', 돈 없고 힘없지만 누구보다 진실하고 정의로운 사람들에게 평생 변치 않을 연대 의식을 갖게 되었다. 사진은 1936년 앨라배마의 노동자들.

게 삶과 사회에 새로운 식견을 갖게 해주었다.

이미 10세 때, 글을 통해 스페인 무정부주의자들을 지지했던 그는 이제 확실히 당시 미국 지식사회의 주류였던 사회주의를 버리고(민중에 대한 또 다른 억압 기구를 만들 뿐이라고 보았기에), 루돌프 로커Rudolf Rocker(좌익 마르크스주의자이자 유명한 아나키스트)식의 무정부주의에 기울었다. 그리고 '길거리의 사람들', 돈 없고 힘없지만 누구보다 진실하고 정의로우며 지혜롭기도 한 사람들에게 평생 변치 않을 연대 의식을 갖게 되었다. 그는 유랑자의 운명을 면제받았지만, 시선은 늘 유랑자, 추방자, 광야에서 헤매는 자들에게 머무르게 될 것이었다.

21세기,
계몽은 계속된다

1945년 제2차 세계대전이 끝나던 해, 촘스키는 펜실베이니아 대학에 진학했다. 그보다 5세 연상인 키신저가 하버드 대학에 진학한 해였다. 그러나 키신저는 유럽의 박해를 어린 시절에 체험하고 부모와 함께 미국으로 탈출했으며, 주경야독을 하며 간신히 학교에 다니다가 세계대전 중에는 미군에 징집되어 다시 유럽으로 돌아가 나치와 싸우는 힘든 삶을 살았다. 그에 비해 박해, 망명, 고학 과정을 아버지 대에 끝마쳤으며 전쟁이 20세가 되기 전에 끝나버려서 징집도 면한 촘스키는 행운아라고 할 만했다. 그 이후 두 사람의 정치적 견해와 행보가 정반대인 것에는 그런 성장 과정의 차이가 얼마간 작용하지 않았을까? 촘스키는 처음에 대학 생활에 잘 적응하지 못했는데, "자유의 전당이라던 대학 역시 고등학교 못지않게 규율과 조직 질서가 판을 치고 있었기" 때문이라고 한다. 1947년쯤, 그는 대학을 중퇴하고 이스라엘로 가서 키부츠에서 공동생활을 하는 계획을 진지하게 검토했다. 이는 어린 시절 소꿉친구였다가 그즈음 재회, 사귀기 시작한 캐롤 샤츠(1949년에 결혼한다)의 꿈이기도 했다. 그러나 이때 촘스키는 젤리그 해리스Zellig Harris라고 하는 탁월한 학자를 '발견'했으며, 그에게 매료된 나머지 이스라엘로 가는 일을 연기하게 된다.

해리스는 당대의 가장 뛰어난 언어학자이자 자유롭고 탈권위적인 사고 방식의 소유자, 정치적 진보주의자였다. 촘스키의 아버지처럼 러시아 출신 유대인이며, 그와 마찬가지로 1913년에 러시아를 떠나 미국에 왔다. 그리고 촘스키가 검토하고 있던 키부츠 생활을 직접 경험해본 사람이기도 했다. 촘스키는 "그에게 끌린 것은 그의 정치 성향 때문이었다"라고 말했으나, 결과적으로 해리스의 영향과 총애를 받으면서 본격적인 언어학자의 길을 걷게 된다. 그의 지도 아래 1951년 언어학 석사학위를 받고, 같은 해에 그의 소개로 하버드 대학 특별연구원이 되면서 펜실베이니아에서 박사과정을 시작했다.

하지만 촘스키는 해리스의 이론에서 대부분의 언어학자가 추종하고 있던 구조주의의 돌파구를 발견, 이를 집중적으로 추구함으로써 학문적으로는 해리스와 결별한다. 1953년에는 아내 캐롤의 강력한 희망에 따라 결국 이스라엘로 가서 키부츠 생활을 시도한다. 그러나 6주 만에 다시 미국으로 돌아왔으며, 1955년에도 키부츠에서 6개월간 머물다 돌아왔다. 키부츠에서 행해지는 집단주의에 반발했다고도, 이스라엘의 팔레스타인인 차별 정책에 실망했다고도 하는데, 그렇다면 두 차례나 키부츠로 간 이유가 잘 설명되지 않는다. 촘스키는 이에 대한 명확한 설명을 피하고 있다. 아무튼 그 사이 그는 '변형생성문법이론'의 바이블이 될 『언어학 이론의 논리적 구조 The Logical Structure of Linguistic Theory』를 써냈으며, 1955년에 한 장chapter만을 제출해(책 전체는 1975년에 가서야 출간했다) 펜실베이니아 대학에서 박사학위를 받는다. 그리고 같은 해에 MIT의 조교수에 임용되었다. 이제 평생을 머물 둥지에 안착한 것이었다.

촘스키가 임용될 즈음에 MIT는 언어학 분야에서 불모지나 다름없었고, 촘스키도 언어학과 교수 역할뿐 아니라 기계번역 프로젝트의 연구를 담당하는 동시에 언어학과 철학 교양 강좌를 맡게 되었다. 그러나 그는 임용 이듬해에 「언어기술을 위한 세 가지 모델」이라는 논문을 발표해 인지과학이라는 학문 분야를 태동시키고, 1959년에는 버루스 스키너Burrhus Skinner의 『언어행동Verbal Behavior』을 비판하는 서평으로 행동주의를 정면으로 반박하면서 먼저 심리학에서 파장을 일으켰다. 그에 비해 1957년의 『통사구조론Syntactic Structures』에서 더욱 구체화된 변형생성문법이론은 한동안 비주류에 머물렀지만, 역시 차차 주목을 받으며 구조주의 언어학을 대체해나갔다. 확고한 기점은 1965년에 발표한 『통사 이론의 제諸양상Aspects of the Theory of Syntax』이었다.

촘스키의 이론은 언어학, 심리학, 철학, 정치학에서 모두 동일한 핵심 사상에 근거하고 있었다. '사유하는 인간의 자유와 무한한 가능성의 신뢰'였다. 가령 구조주의 언어학은 태어날 때는 백지 같은 인간이 어떤 의미에서는 완성되어 있는 언어를 반복적으로 접함으로써 언어를 습득하게 된다고 보았다. 따라서 언어학의 과제는 이미 존재하는 언어체corpus의 구조를 파악하는, 해부학 같은 것으로 이해되었다. 하지만 촘스키는 이미 언어를 활용할 수 있는 능력(촘스키가 '언어습득장치'라고 부르는 Language Acquistion Device: LAD)을 가지고 태어나는 인간이 능동적으로 언어를 이해하고 생성해나간다고 보았다. 구조주의자들은 사람이 수동적으로 기존의 언어를 습득해 활용한다고 하지만, 사람이 태어나 언어를 배우기까지 보고 듣는 문장은 그가 평생 동안 사용하게 되는 문장과 사용 가능한 모든 문장에 비하면 턱없이 적다.

그런데 어떻게 접하지도 않은 문장을 생각하고 말할 수 있단 말인가? 이런 주장은 1958년에 이루어진 실험에서 뒷받침되었다. 아동들에게 'tass', 'wug'처럼 실제로는 없는 명사를 들려주고 복수를 말해보도록 하자, 대부분 'tasses', 'wugs'라고 대답했던 것이다. 이는 새로운 단어를 접한 아동들이 '명사의 복수에는 -s를 붙이고, 이미 s로 끝나는 명사라면 -es를 붙인다'는 규칙을 자발적으로 활용해 이제까지 존재하지 않았던 언어를 '생성'한다는 증거로 해석되었다(이 결과는 아동들이 해답을 '생성'한 것이 아니라 '추정'한 것이며, 기존의 누적된 증거들[명사의 복수에는 대개 '-s'가 붙는다는]을 근거로 자기 의견을 내놓았을 뿐이라고 해석할 수도 있다. 하지만 그래도 아동들이 무의식적으로 시행착오적인 언어 이해를 한다는 근거로는 충분하다). 나아가 촘스키는 LAD를 가지고 태어난 아이들이 영어든 중국어든 빠르게 익혀서 말할 수 있게 되는 것을 보면 LAD의 배후에는 모든 언어에 공통되는 '보편 문법'이 존재하는 것이 틀림없다고 보았다. 따라서 언어학의 과제는 보편 문법을 발견해내는 것이다.

행동주의 심리학 대신 인지주의 심리학을 내세우게 된 문제의식 역시 비슷했다. 행동주의는 인간을 주어진 자극에 기계적으로 반응하는 존재로 여겼고, 따라서 인간 내면에서 어떤 심리 작용이 일어나는지는 그에게 어떤 자극이 주어졌는지만 파악하면 자동적으로 도출된다고 보았다. 그러나 촘스키는 인간이 그렇게 자극에 수동적으로 반응하는 존재가 아니며, 능동적으로 자극을 이해하고 수용하는 존재라고 보았다. 따라서 같은 자극에 노출된 사람도 개인별 인지구조에 따라 다른 행동을 하게 된다. 정치학에서 그가 모든 종류의 집단주의와 지배에 반대하고, 자유로운 개인의 연대를 통한 지배 체제의 전복을 주장한 것도 마찬가지 맥락이었다. 인간은 일정한 조건만 제공하면 일사불란한 살인 기계로 바뀌는 '악의 평범성'의 노예가 아니다! 생각하는 백성은 어떤 상황에서도 정의로운 선택을 할 수 있다!

그런데 '모든 언어의 개별성을 초월하는 공통 문법'이라는 아이디어는 개체의 자율성을 강조하는 사상과는 모순되어 보이며, 구조주의를 넘어선 초구조주의처럼 생각된다. 이는 개체의 개별적 특성을 절대시하는 상대주의와는 다르게, 신화의 다채로움을 단순한 구조로 환원하려 했던 레비스트로스의 구조주의처럼, 촘스키의 사상도 '심층적 합리성'을 중시한 나머지 개별적 특성에 대한 관심이나 존중은 덜하다는 사실을 나타낸다. 그가 늘 비주류의 편에, 주변인들의 사이에 서 있는 것 같지만 이는 언제나 '보편적 인권', '민주주의', '자유와 평등' 등의 강조와 재확인 과정으로 환원될 수 있다는(다시 말해서 '차별적', '억압적', '비합리적'으로 보이는 여러 문화적 전통에 대해서는 결코 친절하지 않다는) 사실과도 연결된다. 또한 그는 기성 권력구조를 비판하면서 비판 이론가들, 그리고 그 뒤를 이었다고 할 수 있는 포스트모더니스트들과 비슷한 주장을 하는가 싶다가도 비합리적인 기제를 근거로 체제를 해체하려는 자세("나는 내가 생각하지 않는 곳에 존재한다")는 거부하며 어디까지나 합리적이고 상식적인 근거에 머무르고자 한다. 말하자면 촘스키는 근대 서양의 합리주의자들이나 계몽사상가들과 많이 닮아 있다. 비록 그들에 비하면 '무지한 일반 대중'에 신뢰가 매우 크지만 말이다.

"대중에게 진실을 알리려면 올바로 선택된 대중에게 진실을 알려야 한다. 대중에게 진실을 알리는 이유는 교화敎化의 목적도 있지만, 일차적인 목표는 인간적 의미를 갖는 행동을 촉구하기 위함이다. 그래야 세상의 고통과 슬픔을 줄여갈 수 있기 때문이다.……이런 흐름(폭압과 착취 구조가 강화되는 흐름)을 저지하고 뒤집어서 계몽 시대의 가치관, 자유와 인권을 조금이라도 회복하기란 결코 쉬운 일이 아니다. 기만과 왜곡의 그림자를 뚫고 들어가 세상에 대한 진실을 알아내는 것이 급선무고 첫 단계다. 그 후 민중의 힘을 조직화해서 세상을 변화시키기 위해 행동해야 한다." - 「지식인의 책무」

멈추지 않는 현실 비판

촘스키의 현실 정치 비판이 처음 주목을 받은 때는 베트남전쟁이 한창이던 1960년대 말이었다. 미국이 '롤링선더 작전'을 펼쳐 북베트남을 온통 불바다로 만들고 있던 당시, 그는 「불법적 정부에 저항하라」(1966), 「지식인의 책무」(1967) 등의 글을 통해 미국의 전쟁 수행을 비난했다. 이는 베트남전쟁에 반전운동이 본격화되는 계기를 마련했으며, 촘스키는 첫 정치 서적인 『미국의 힘과 새 지배계급American Power and the New Mandarins』을 1969년에 내놓으며 "지금 미국은 소수의 전문가 계급이 자신들의 이익을 위해 여론을 조작하고 거짓 애국심을 주입하는 지배 체제"라고 조국이자 자유 진영의 본산을 극도로 폄하했다. 그는 다만 글로만 저항하지 않았으며, 워싱턴에서 1976년에 벌어진 대규모 반전시위에 참여했다가 체포·투옥되기도 했다.

베트남전쟁 말고도 촘스키의 비판 대상은 널려 있었고, 전쟁이 끝난 뒤에도 비판은 멈추지 않았다. 이스라엘의 대아랍 정책과 이를 은근히 후원하는 미국의 자세, 1973년 칠레 아옌데 정권의 전복에 관여한 것을 비롯한

_ 촘스키는 1960년대 말 미국이 '롤링선더 작전'을 펼쳐 북베트남을 온통 불바다로
  만들고 있던 당시, 여러 글을 통해 미국의 전쟁 수행을 비난했다.

미국의 남미 정책, 1990년대 구舊유고 내전에서 벌어진 나토NATO의 무력
개입, 1999년 동티모르 분리 독립운동에 가해진 인도네시아 정부의 가혹
한 탄압과 배경이 된 미국의 정책, 2001년 9·11테러 이후 전개된 '테러와
의 전쟁' 등. 키신저가 백악관을 드나들며 이룩한 신新현실주의 외교의 일
체를 부정한 셈이다.

　외교만이 아니라 신자유주의 경제정책과 문화정책, 각국의 언론 자유와

인권 탄압 사례도 그의 비판 대상이었으며, 반대로 국가권력이나 기업 권력의 횡포에 맞서 싸우는 시민단체나 대중운동 진영에는 어김없이 박수와 격려를 보냈다. 최근 한국의 노동운동이나 세월호 특별법 제정 시위 등에 지지 메시지를 보낸 행동도 그 예다. 『미국의 힘과 새 지배계급』을 쓴 이래 촘스키는 자신의 정치적 메시지를 연설이나 기자회견 외에도 책의 형태로 꾸준히 세상에 내보내고 있으며, 그중에서 『패권인가 생존인가』는 베네수엘라의 우고 차베스Hugo chavez가 2006년 유엔에서 연설할 때 인용한 덕분에 아마존닷컴 도서 판매 순위 1위를 기록했고, 2008년에는 대한민국 국방부가 『미국이 진정으로 원하는 것』과 『정복은 계속된다』를 금서로 지정하는 바람에 본의 아니게 촘스키의 모든 정치 서적 판매고가 부쩍 올라가기도 했다.

인류 사상 가장 큰 변혁이 놀랍도록 빠르게, 또한 무섭도록 폭넓게 일어난 세기였다고 보아도 과언이 아닐 20세기. 20세기의 격동은 유럽을 비롯한 각지에서 조용히 뿌리 내리고 살아가던 유대인들을 다시 한 번 유랑의 운명으로 내몰았다. 그러나 그중 상당수는 그런 도전에 과감히 응전했으며, 세상이 바뀌려는 시점에서 자신의 색채로 세상을 바꾸어나갔다. 그리하여 20세기의 대변혁 굽이굽이마다 유대인 천재들의 표식이 남았으며, 그 표식의 마지막 주인공으로 세상에 남아 있는 사람들로는 바우만과 놈 촘스키를 꼽을 수 있다.

1925년생과 1928년생인 두 사람은 비슷하게 태어나 인문학자로서 현대 문명을 비판한다는 비슷한 길을 걸어가고 있는 듯 보인다. 그러나 20세기의 중후반을 결정지은 냉전 시대에 바우만은 '사회주의 조국'에 실망하고 떠났다가 결국 현실 사회주의의 종말을 보고, 이제는 자본주의의 종말을 걱정하는 사회주의자로 살아가고 있다. 한편 촘스키는 20세기의 유대인 거물들과 달리 박해와 유랑을 겪지 않았으며, '자유 진영의 본산'에서 태어나 미국이 가장 위력을 떨치던 때 순조롭게 사회 엘리트의 반열에 올랐고, 다시 그 지배력이 여러 면에서 흔들리는 시기에 현실 비판자로서 새로운 계몽의 목소리를 내고 있다. 그런 점에서 촘스키야말로 최후의 '20세기의 위대한 유대인'이라고 보아도 좋으리라. 이제 그 이후의 세대에서는 유대인 출신자들이 가혹한 운명에 휘둘리지도 않고, 유대인의 정체성을 굳이 드러내지 않고도 소속 사회에서 평안히 살아가게 되었으니 말이다.

그래도 촘스키는 어린 시절, 반유대주의와 시온주의의 갈등을 약하게나마 경험했으며 성장해서도 이스라엘로 '귀향'을 고민하면서 살았다. 그러나 이제는 세계대전, 대공황, 파시즘의 상처를 대충 봉합한 세계 문명이 다시금 유대인들을 동화하고 있다. 계속 그럴 수 있을까? 전체주의의 출현 전, 빈이나 베를린, 프라하나 키예프에서 근심 없이 살던 유대계 시민들의 운명이 하루아침에 갈가리 찢기는 일이 이제 다시는 없을까? 바우만의 슬픈 예언대로라면, 조만간 모든 민족이 유대인처럼 방랑하게 될 것이다. 촘스키의 막연한 희망대로라면 매우 어렵게나마 인류가 각성하고, 세계는 계몽의 빛 아래 사랑과 평화를 누리게 될 것이다. 어찌되든 우리는 이 독특하고 불운한, 비범하며 과감했던 민족의 발자취를 연구해야 할 것이다. 그 별들이 저마다의 분야에서 남긴 지울 수 없는 족적과 함께. 그것이 그들이 겪은 것과는 성격이 제법 다르지만, 현대사에서 참담한 비극과 크나큰 아쉬움을 겪을 수밖에 없었던 우리의 책무일 것이다.